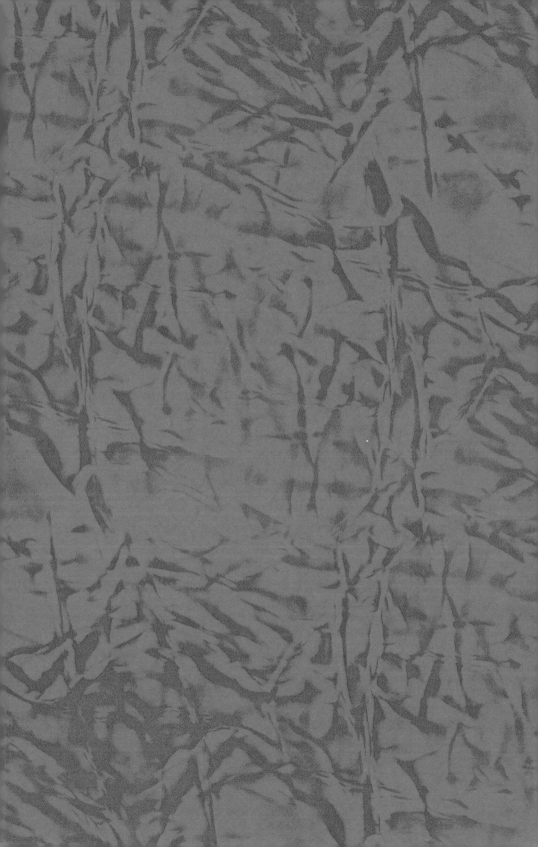

풍요에의 도전

K. G. Myrdal
Challenge to Affluence

K. G. 미르달 저 / 최광열 역

서음미디어

이 책의 독자들에게

　최근 수년간 미국 경제의 느릿느릿하고 변덕스러운 움직임
이 걱정거리로 되어 왔다. 현재의 경향이 그대로 계속된다면
미국의 대외정책은 더욱더 좌절되기에 이를 것이다. 대내적
으로 위험한 일은 미국 국민이 가장 소중히 간직해 왔던 자
유와 기회균등이라는 이상은 인정사정없이 거부하는 것 같은
계급 구조를 국민 위에다 강제로 덮어씌운다고 하는 것이다.
　이러한 두 가지의 위험은 상부상조하여, 미국으로 하여금
사상과 생활의 자유주의로부터 멀리하게 할 우려가 있는 하
나의 누적과정을 형성한다. 그러한 자유주의야말로 미국 국민
자신의 행복한 장래에 대한 희망이었을 뿐만 아니라 내가 언
제나 말하고 있었던 바와 같이, 전 인류의 희망이기도 하다.
　나는 오늘날의 세계에 있어서 가장 중요한 문제는 어떻게
하면 미국 경제를 상대적인 경제정체의 자동작용으로부터 벗
어나게 할 수 있을까 하는데 있다고 생각하고 싶다. 이러한
중대한 문제에 관해서 나는 숨김없이 나의 마음을 털어놓기
로 할 것이다. 언제 그리고 어디에서 경제학자가 그 모습을

공중 앞에 나타내게 되건, 그가 할 일은 바로 이것이라야 한다는 생각이 나에게는 든다. 만약 그 경제학자가 외교적으로 되고자 한다면, 그는 자기의 본래의 임무를 벗어나 그가 할 수 있는 공헌을 다하지 못하는 것으로 될 것이다.

그 뿐만 아니라, 나는 이곳 미국에서는 외국인으로서의 사양을 조금도 하지 않고, 자기가 생각하는 바를 솔직하게 그리고 자유로이 이야기 할 수 있을 것 같은 느낌이 든다. 그것은 내가 우연히 생활이나 연구를 통해서 미국을 잘 알게 되었고, 또한 사랑하게 되었기 때문이다. 보다 명확하게 말한다면, 나는 내가 일찌기 '미국의 신조'라고 정의했던 기본적·전통적인 가치와 완전하게 일치하고 있다는 것을 깨닫게 된다. 그것은, 미국이 꾸준히 지켜왔던 계몽운동이라는 급진적인 모든 이상이다. 그리고 이러한 모든 이상은 미국 국민 속에 아주 깊이 뿌리를 박고 있으므로 아무리 많은 일시적·단기적인 역설이 생겨난다 하더라도, 결국은 그의 정책의 동향을 결정하게 될 것이라고 나는 믿고 있다. 그러나 그것은 끊임없이 횃불처럼 높이 쳐들어져야 한다. 더구나 역사가 그 템

포를 빨리하고 있고, 그리하여 다음과 같은 위험을 증대시키고 있는 현대에 있어서는 특히 그러한 것이다.

그 위험이라고 하는 것은 그러한 역설이 한 곳에 집중되고 굳어져서, 하나의 비뚤어진 단단한 원형을 만들고, 그 속에서 이들 모든 이상이 시들게 되는지도 모른다고 하는 것이다.

이에서, 내가 다음과 같은 나의 확신에 관해서 언급하는 것을 용서해주기 바란다. 그것은 사회과학의 문제는—무엇을 해야 할 것인가에 관한 실천적인 문제뿐만 아니라, 사실이나 모든 사실 간의 관계를 확인한다고 하는 이론적인 문제도 또한—명백한 구체적이고 명시적인 가치전환을 기준으로 하지 않고서는 합리적으로 제기될 수가 없다고 하는 것이다. 이러한 관점에서 본다면, 최근 수십 년 동안에 또 다시 활기를 되찾고 있는 낡아빠지고 끈덕진 '후생경제학'은 객관화 할 수 없는 것을 '객관화'하고자 하는 형이상학적인 시도 이외는 아무 것도 아니다.

그것은 바로 그 접근 방법에서, 급변하는 국내적·국제적인 무대 위에서 일어나는 사태에 의해 제기되는 요구에 경제학이 적응하는 것을 저해하는 철학적인 지체를 나타내고 있다.

현대에 있어서는 가치판단을 명백히 사회적 분석 속에다 집어넣는다는 것, 그리고 그것은 그릇된 객관성이라는 가면 뒤에다 비윤리적으로 숨기지 않는다고 하는 것이 결정적으로 중요하다.

내가 우선 벽두에서 자유와 기회균등이라고 하는 미국적 이상을 끄집어내게 된 이유는 바로 여기에 있다. 그 이상은 내가 현실을 관찰하는 입장과 내가 분석으로부터 끄집어내는 실제의 결론을 다 같이 결정한다. 이러한 이상은 가치로서는 충분하게 명확하지는 않다. 이 자그마한 저서에서 내가 나의 가치전제를 더욱 상세하게, 그리고 구체적으로 말하는 것을 삼가 하지 않으면 안 되는 경우, 나는 1인칭 단수로 말함으로써 그 불충분함을 보충할 것이다.

나는 나의 견해가 누구에게나 공통적인 것은 아니라고 하는 것을 알고 있으므로, 이렇게 할 필요는 더욱 커지는 것이다. 나의 견해는 아마 미국의 대다수의 경제학자들과도 같지는 않을 것이다. 비록 그들도, 또한 내가 이미 언급했던 바와 같은 위대한 자유의 전통 속에서 살고 있다고 생각하고 있다 하더라도 말이다. 그 이유는 그들이 사실을 다르게 보고 있거나, 혹은 또한 그들이 은연중에 별개의 가치전제를 적용하고 있기 때문이다.

그것은 나에게는 더 없이 아주 좋은 일이다. 사실 나는 모든 사람이 나와 의견을 같이 하는 경우에는 매우 어색한 느낌마저 들게 되는 것이다. 결국 내가 말하고자 하는 것은 내가 1인칭 단수를 사용하는 경우에는 그것은 'singularis modestis'(손위에 대한 1인칭)이고, 'singularis majestatis'(손아래에 대한 1인칭)는 아니라고 하는 것이다.

이 책은 내가 금년 4월에, 버클리의 캘리포니아대학에서 이 제목으로 3회에 걸쳐 행하였던 McEnervey 강좌의 강의를 수정하고, 다소 증보한 것이다. 다음으로 이 강의는 1월에 뉴욕공화국재단 10주년기념 논문집에 기고하였던 짤막한 논문이 토대로 되어 있었다.

제10장의 유럽공동시장에 관한 내용은 내가 하게 되었던 다음의 두 개의 강연이 기초로 되어 있다. 그 하나는 금년 정월에 뉴욕의 대외관계협의회에서 행하였던 것이고, 다른 하나는 4월에 샌프란시스코의 외교문제협의회에서 행하였던

것이다.

소수민족문제에 관한 약간의 추가설명은 1962년 6월 워싱턴 D. C의 하워드대학에서 행하였던 강연에 의한 것이다. 그것은 「인종문제(Race)」 제4권 제1호에 발표한 것인데, 이 책에서는 부록으로 재수록 되어 있다. 나는 구술을 위해 준비했던 원고의 대부분을 그대로 두기로 하였다.

책의 형태로 출판하기 위한 원고를 훑어보고 있었을 때, 나는 다루어진 모든 문제에 관해서 내가 이전에 취하고 있었던 입장에 언급한 곳을 삭제해 버릴까, 그대로 둘까 하는데 대해서 여러 가지로 생각해 보았다. 결국 나는 그것을 그대로 두기로 결정하였다. 그렇게 하게 된 이유를 다음에서 설명하기로 할 것이다.

세계가 달라지고, 저자의 경험이나 지식이 늘어감에 따라, 저자가 많은 특정의 문제에 관한 자기의 견해를 수정한다는 것은 지극히 당연한 일이다. 나는 자신이 새로운 결론에 도달하게 되었다는 것을 발견하게 되면 언제나 기쁜 마음이 든다. 그렇지만 근본적인 문제에 관해서는, 특히 기본적인 사상이 강하게 포함되어 있는 경우에는 견해의 일관성이 마땅히 기대되어야 할 것이다. 그러한 문제에 관해서는 저자는 이전에 취해 왔던 입장을 되돌아보아야 한다는 의무를 느껴야 할 것이고, 그리고 만약 그가 끊기지 않은 선을 볼 수 있다면 마음을 놓게 되는 것이 당연하다 할 것이다.

이 책을 저술하는데 있어서는, 나의 견해를 사실 그대로 나타내는 것이 내가 독자들에게 약속했던 솔직성의 일부로 되는 것이었다. 그것은 세계사의 특정한 갈림길에서 서둘러 만들어진 의견이 아니라, 오랜 기간에 걸쳐 간직해 왔고 말해 왔던 의견이다.

나는 스웨덴과의 다소 잦았던 비교에 대해서 변명을 하고 있는 것은 아니다. 나는 다년간 외국에서 연구를 한 뒤에, 이제 스웨덴을 새로이 다소 비판적으로 그러나 동정의 눈으로 다시 한 번 되돌아보고 있기 때문이다. 그 비교는 정당하다고 나는 믿고 있다. 이들 두 개의 나의 정신적 조국은 면적은 각각 다르다고 하지만, 이들 두 나라가 도달하게 된 소비나 생산의 수준이라는 점에 있어서 뿐만 아니라, 더욱 근본적으로는 사회적·경제적 가치라는 점에 있어서도 내가 생각할 수 있는 어떠한 두 나라보다도 더욱 닮아 있다.

덧붙여 말한다면, 이들 두 나라는 이러한 점은 고쳐졌으면 하고 생각되는 것을 포함하고 있다. 이를테면, 두 나라에서는 모든 것을 돈으로 재고자 하는 물질적인 '황금만능주의'와 같은 기풍에다 큰 관심을 쏟고 있다는 것과 사물을 보는 눈이 점점 일률적으로 되는 경향에 있다는 것 같은 것이 그것이다. 하기야 미국의 경우와는 달라서 스웨덴에 있어서의 의견의 일치는 보통의 대중 간에 있어서 보다도 민주화되고 널리 분기(分岐)되어 있는 '상층부'간에 있어서 한층 고도로 발달되어 있다.

이 책의 원고를 준비하는데 있어서, 나는 위에서 말한 짧은 논문을 읽어 주었던 여러 대륙에 흩어져 있는 많은 친구와 동료, 그리고 이 책의 원고까지도 읽어주었던 약간의 인사들로부터의 비판적인 논평에 의하여 많은 도움을 받게 되었다.

스톡홀름대학 국제경제연구소에서

군나르 미르달

[인용허락에 대한 감사]

저자는 다음의 집필자나 발행자에 대해서 판권소유 도서로부터의 인용을 허락해 준데 대하여 사의를 표하고자 한다.

The American Scholar지 군나르 미르달, 「무역과 원조」Harpers Magazine지 노오먼 토마스, 「노동조합은 민주적인가」Harper & Row사, 군나르 미르달저 「국제경제론 : 문제와 전망」 및 「미국의 딜레마」

CONTENTS

CONTENTS

CONTENTS

풍요에의 도전

K. G. Myrdal

Challenge to Affluence

Part 1
미국의 상대적인 경제정체
Relative Economic Stagnation in America

제1장 문제의 개관

완만하고 불안정한 경제성장

미국의 경제성장 기록은 아무래도 만족하지 못하다. 모든 것을 통틀어 1962년까지의 10년간의 연평균 성장률은 3%를 상당히 하회하고 있다. 미국 경제는 경기후퇴, 기간이 짧고 불충분한 경기상승, 그 중간의 정체기 등의 연속상태에 정착해버린 느낌이 든다. 전후기에 있어서 어떤 일관된 패턴을 볼 수 있었다면, 그것은 경기후퇴를 뒤따르는 회복이 점점 느릿해지며, 또 생산의 상승에 비해 노동력의 고용이 점점 불충분해지는 경향에 있다는 사실이다.

나는 미국 경제가 스스로의 힘으로—즉 항상 기대되는 정부의 여러 정책을 포함하여, 미국 경제 속에서 현재 작용하고 있는 모든 힘의 결과로서—이 전철에서 빠져 나갈 수 있다는 것을 예상할 만한 증거는 아무 것도 찾아볼 수가 없었다.

미국 경제의 이 같은 모습은 결코 놀랄 만큼 새로운 것은 아니다. 최근의 발전상은 금세기 초엽, 아니 오히려 그 이전부터의 미국의 경제발전의 일반적인 패턴에 아주 잘 합치하고 있다. 제1차 세계대전까지의 미국 경제는 대부분이 일할 수 있는 연령의 방대한 이민의 유입을 고려에 넣는다 해도, 평시에 급속한 확대를 이룩한 적은 한 번도 없었다. 그리고 그 성장은 항상 비약적이며 미리 예측할 수 없는 것들이었다. 또 이것이야말로 제2차 세계대전 중의 공업화된 서구 국가 전체에서 볼 수 있었던 패턴이었다.

그러나 전후에는 소련과 그 밖의 유럽의 공산주의 국가뿐만 아니라, 대부분의 서구 국가나 일본도 급속하며 또한 상당히 안정된 성장을 이룩했다. 다만 영국만은 대단히 슬퍼해야 할 예외로서, 특히 최근의 10년간의 경제발전이라는 점에서 완전히 뒤졌던 것이다. 이러한 사실은 예컨대, 1948년 이후 유엔 유럽경제위원회에 의해 간행되고 있는 연차개관 속에서 충분히 분석되고 있는 사실이지만, 제2차 세계대전 후, 많은 서구 국가들이 나타낸 이 같은 새로운 발전의 패턴은 정부 측의 매우 현명하며 용의주도한 경제정책이 그 큰 원인이 되고 있다. 물론 예외도 있을 것이며, 이들 어느 나라에서나 더욱 큰 개선을 가하는 것이 가능하기도 하고 또한 바람직한 일이기도 하겠지만.

그러므로 우리가 미국에 대해서 털어놓을 수 있는 불만은 미국이 경제 진보를 유발시키는 방법에 관한 우리들의 새로운 지식과, 이러한 지식을 우리들의 이익이 되게끔 이용하고

자 하는 우리들의 새로운 결의를 실제로 적용한다는 점에서 뒤져 있다고 하는 사실에 대해서이다. 더구나 이 책에서 다음에 밝히는 바와 같이 미국의 경제정책의 이와 같은 불행한 낙후는 그 국민 대다수의 복지에 대해서 뿐만 아니라, 그 대외정책의 방향과 효과의 양자에 대해서도 심각한 영향을 끼치고 있는 것이다.

미국에서는 경제정책으로서 입안되지 않고 자생한 것임에도 불구하고, 경제적인 효과를 가지는 운명을 짊어지고 있는 저 유명한 자동적 경기안정 장치는 어떻든 오늘날까지 경기 후퇴가 심각한 불황으로 진전되는 것을 막아 왔다. 그러나 그러한 가능성을 완전히 배제한다는 것은 불가능한 일이다. 가령 불황이 시작되었다 하더라도, 설마 1930년대의 대공황처럼 진전될 때까지 내버려 두어지는 일은 없을 것이다. 그렇다면 이번에는 정부의 강력한 행동을 불러일으킬 것이라 가정하고 기뻐하고만 있을 수는 없다. 모름지기 정책이라는 것은 이 같은 불황이 시작되는 실마리조차 있을 수 없도록 선수를 쳐서 실시되어야 하는 것이다.

또는 오히려, 가령 경기 후퇴가 경미한 상태로 머문다고 가정하더라도 기성의 발전의 패턴은 모두 불완전한 것인 이상, 이제 정부의 정책은 경제를 전혀 새로운 패턴에 끼어 맞출 목적으로 입안되고 실시되지 않으면 안 된다. 이때 강조하지 않으면 안 될 점은 지속적인 '소경기'로써도 이런 일을 달성시키는 데는 충분하지 못하다는 것이다.

그 목표는 미국 경제가 발전하는 조건의 근본적 변화, 즉 그 결과가 단지 수년 동안만의 급속한 경제성장이 아니라, 동시에 장래에도 충분히 착실한 경제성장을 가져올 만한 근본적 변화가 아니면 안 된다. 정치가 잘 되어가고 있는 나라에서는 경기 후퇴는 필연적인 것이 아니다. 특히 후자의 이유에서, 세계의 다른 부분에서 일어나는 사실에서 그다지 영향을 받을 필요가 없는 대국에 있어서 그러하다.

우리는 저개발국의 개발을 논할 경우에는 1인당의 국민 산출고의 상승을 기준으로 하여 성장을 생각하는 데 익숙해져 있다. 그러나 그 대신, 미국이나 소련 서구 국가, 그 밖의 공업지역의 여러 나라의 성장률을 측정할 경우에는 대부분의 경우, 우리는 그다지 엄밀하지 못하며, 국민 산출고의 증가를 기준으로 하여 우리의 경제성장을 아주 간단히 산출한다.

경제 진보의 정도의 계측에다 인구증가율을 고려에 넣지 않는다는 것은 미국의 경우에는 특히 중요한 의미를 띠게 된다. 왜냐하면, 미국에서는 매년의 인구 증가율이 1.7% 가량으로 부유국 치고는 참으로 고율이기 때문이다. 그러므로 가령 서구 국가들과 국제 비교를 시도해 보는 경우, 성장률의 격차는 과소 표시된다.

만일 서구 국가의 성장률을 우리가 저개발국의 경우에 하고 있는 방법으로 디플레이트 해보면, 1952년까지의 10년 동안의 미국의 성장률은 1% 전후가 되어 버려, 우리가—아주 대충의 통계를 기초로 하여—빈곤국인 인도의 같은 기간의 성장률이라 생각하고 있는 것과 그리 틀리지 않는 것이 된다.

노동력 고용에 대한 영향

미국의 불길한 사실은 실업수준이 높으며, 또한 점점 상승해가고 있다는 것이다. 상대적인 경제정체란 단지 미국 국민이 생산성이 높은 경제에서 얻을 수 있는 현재의 소비나 레저의 편익을 매우 즐기기 때문에 경제를 급속한 성장의 상태로 유지할 만큼의 저축이나 투자의 여지가 너무나 조금밖에 남지 않는다는 상황만을 뜻하는 것은 아니다.

스웨덴의 순투자율은 거의 미국의 2배 가량 높지만 미국과 거의 같을 정도로 보유하며, 미국보다 겨우 3배쯤 높을 뿐인 1인당 성장률에 완전히 만족하고 있는 스웨덴에 대해서도 아마 이와 같은 말을 할 수 있을 것이다. 물론 스웨덴은 성장률을 높이기 위해 더욱 많은 저축과 투자를 할 수 있었을 것이다. 그러나 스웨덴은 적어도 완전고용을 유지하고 있으며, 또 그 밖의 생산자원을 거의 최대한으로 활용하고 있다.

또 스웨덴은 국민 '전원'이 소비수준의 향상과 계획적인 레저를 향수함으로써 점점 경제 진보의 과실의 혜택을 받도록 배려하고 있다. 그러므로 스웨덴의 정책은 한층 높은 투자수준이나 한층 높은 성장률을 가능하게 하기 위해 더욱 소비를 제한해야 한다는 입장에서 비판할 수도 있다—또 실제로 비판되고 있다. 또 혹은, 다른 사람도 논하고 있듯이 스웨덴은 그 경제정책을 한층 더 높은 수준에 오를 수 있도록 하지 않으면 안 된다.

저축과 투자에 관한 전통적인 국민경제 계획의 개념이 비현실적이라든가, 교육·연구, 그 밖의 형태의 공공소비에 국민생산물의 더욱 큰 몫을 돌린다면 물리적인 투자를 늘리는 것보다 경제성장률의 상승에 훨씬 도움이 될지 모른다는 것은 일찍부터 지적되어 온 사실이다.

한층 높은 성장률을 달성하는 데는 어떻게 하면 좋은가의 논의에는 개입하지 않더라도 다음과 같은 상태를 생각해 본다면, 우리는 이런 종류의 비판을 가볍게 다룰 수는 없다고 말할 수밖에 없다. 저개발국의 비참한 상태는 말할 것도 없이 스웨덴 같은 복지국가에서도 특권계급이 아닌 사람들의 필요는 채워지지 않은 채 남아 있다. 그러나 적어도 노동력 전체는 확실히 일하고 있으며, 투자된 것은 충분히 또 매우 유효하게 쓰이고 있다.

미국에서는 그렇게 되지 못하고 있다. 국민의 복지에 있어서, 그리고 또 매우 우려할 만한 일이지만, 결국은 국민의 단결에 있어서 가장 불행한 것은 다음과 같은 사실이다. 미국민의 일부는 풍요한 생활—때로는 고원한 사상과 겸허한 생활이라는 전통적인 청교도의 이상과는 모순될 만한 위압적인 광고에 의해 창출되는 욕망을 만족시킨다는, 어느 쪽인가 하면 속악(俗樂)하고 풍요로운 생활—을 보내고 있는 데 대해 대개는 잠자코 있지만, 대다수의 소수파는 생활의 보장이나 보기 흉하지 않은 생활수준도 향수하지 못하고 있다.

이 책의 테마는 미국의 국내에서 기회나 생활수준의 평등을 증진시킬 만한 강력한 조처를 강구하지 않으면 미국 경제를 급속하게 또한 착실한 성장과 안전고용으로 전환시킨다는 일이 불가능하다는 것이다. 설령 우리가 빈곤자 측의 보다 많은 물적 재화에 대한 긴급한 필요를 잘 채울 수가 있었다 하더라도, 미국에서는 더욱 유효하게 만들어지고 조직화된 지역사회에 대해서의 보호세대·병자·불구자·노인·청소년에 대한 따뜻한 보호제도에 대해서의, 또한 국민 전체의 보다 높은 문화에 대해서의 필요가 아주 많이 채워지지 않고 있는 것이다.

미국은 이제 풍요한 사회가 되었고 생산과 소비의 높은 수준에 달하였으므로 경제 진보의 속도를 늦추어도 좋다는 안심감이 스며들고 있지만, 이것은 아무리 보아도 잘못된 것이다. 그 뿐만 아니라 부유한 저개발국에 있는 사람들은 매우 비참한 빈곤 속에서 살고 있어 우리에게는 그것이 도저히 사실이라고 믿을 수가 없을 지경인 것이다.

거기에다 실업은 개인과 그의 가족을 엉망으로 만들어 버린다. 실업이 증대해가고 있는 현재는 국민 전체로부터 절단된 희망을 잃은 비참한 사람들로 이루어지는 하층계급이 생길 위험한 벼랑에 서 있는 것이다.

미국의 현상에 포함되어 있는 악화요소

앞에서 말한 것 못지않게 불길한 또 하나의 사실은, 한편에서는 거액의 국방비라는 형태로 엄청나게 대규모의 유발제가 주어졌음에도 불구하고, 미국 경제의 완만하고 종잡을 수 없는 발전이 일어나 그 노동력에 있어서 완전고용을 주는 일이 점점 불가능하게 되었다는 것이다.

이러한 국방비—수십 억 달러의 우주 개발비를 포함한다—는 점점 증대하고 있어 국가예산의 반, 또는 국민총생산의 약 10%를 한입에 삼키고 있다. 이것은 미국의 고정기업 투자 총액보다 많으며, 민간 국내투자 총액의 3분의 2 이상에 해당한다. 군대는 엄청난 수에 달하는 민간 노동력의 실업자의 반 수 이상에 해당하는 인간을 고용하고 있다.

현재의 국제정세 속에서는 이처럼 거액의 국방비와 이처럼 많은 노동력의 고용은 정치적으로 필요하다고 보여지고 있다—고 해서, 그것이 경제학자로서 갖지 않으면 안 될 중대한 결론을 조금도 손상시키는 것은 아니다. 그 결론이라는 것은 만일 우리들이 미국 경제가 이와 같이 거액에 달하고, 절대적으로 보면 점점 증대해 가는 군사비의 거대한 유발제에 의존하고 있다는 것을 인식한다면 미국 경제의 성장은 아주 불만족하게 생각되며, 또 실업자의 숫자는 특히 높게 느껴진다는 것이다.

이 같은 국방비를 맡고 이처럼 많은 노동력을 이 같은 방법으로 사용하지 않으면 안 된다는 것은 건전한 경제에 있어서 중압이 될 것이다. 그런데 미국의 경제는 이미 보아온 바와 같이 공급으로서 시장에 나타나지 않는 재화와 서비스의 생산에 대한 이와 같은 터무니없는 수요가 존재하고 있음에도 불구하고, 자국의 노동력을 고용하고 그 자원을 이용하는 데 점점 곤란을 느끼고 있다는 것이다.

미국의 현상이 포함하는 또 하나의 악화 요소는 미국의 국제수지상의 지위의 저하이다. 최근 10년간에 외환 사정은 급격히 변화하여 미국에 불리하게 되었다. 미국은 전후의 최초 10년 간을 특징짓고 있던 세계적인 달러 부족과는 판이하게 이젠 수년 동안에 걸쳐서 그 수출 초과분 속에서 해외에 있어서의 각종 군사적·민간적 의무를 이행하거나, 종종 일어나는 민간투자나 자본유출을 허용하는 일에 점점 곤란을 느끼게 되어 있다. 그 결과는 금보유고의 감소가 되고, 또한 더욱 중대한 일이지만 그 유동채무의 증대라는 것으로 되었다.

그것은 미국 경제를 미국 정부의 힘으로는 어떻게 할 수 없는 외국의 모든 힘이 하는 대로 내맡기고 있다는 것이 된다—적어도 미국의 성장률이 더욱 급속해지지 않는 동안에는, 또한 환수지의 방위 이외에는 아무런 동기를 갖지 않은 것 같은 특수한 정책 조처를 취하지 않는 한, 이 같은 사태는 조금도 변하지 않을 것이다.

외환 면에서의 이와 같은 움직임이 국내의 불충분한 경제 동향에 대해서 갖는 관계는 이중의 관계이다. 한편에서는 널리 인정되는 바와 같이 이처럼 좋지 못한 환사정은 미국 정부로 하여금 국내의 수요나 투자를 억제하는 긴축정책을 국내의 화폐·자본시장에 적용시키는 원인이 되었다.

어쨌든 환 사정의 악화는 정부로 하여금 미국의 경제계를 자극할 만한 행동을 취하는 데 주저하게 만들었다. 왜냐하면 그것은 수출 초과의 감소로 이끌고, 또 동시에 순자본유출의 증가를 불러일으킬 만한 불리한 예측을 국내외에 만들 우려가 있었기 때문이다. 이러한 효과들은 모두가 미국의 환 사정을 한층 더 악화시킬 우려가 있었다. 현재의 외환 상황은 미국 국내의 경제상의 논의에 있어서 여전히 많은 사람들이 확대정책 쪽으로 나아가는 데 망설이는 하나의 조건이 되고 있다.

한편, 국제적인 상품시장이나 자본시장의 양면에 있어서 미국 경제의 경쟁력을 저하시켜 왔음은 의심할 여지가 없다. 근년 미국의 덕택으로 국제수지 사정을 강화해 온 모든 국가는 모두 고도의 성장률을 달성하고 그 노동력의 완전고용 내지는 고용의 급속한 증대를 실현하였던 것이다.

논의의 개략

이 책의 제1부에서는 미국의 생산의 완만하고 불안정한 성장이 국내에 미치는 경제적·사회적 영향을 논할 것이다. 우리는 먼저 높고 또한 더욱 높아가는 실업수준과 이 추세의 여러 원인의 고찰부터 시작한다. 이것은 우리를 풍요 속의 빈곤이라든가, 실업자·취직 불가능자·불완전고용자 등의 비특권 계급을 미국에서 만들고 있는 악순환의 작용이라는 것과

내가 살아가는 이유

김남석/편저 값 15,000원

세계적인 철학가 15인의 행복론과 인생론. 오늘 내가 살아가는 이유는 무엇일까. 나를 위해 살아가는 것일까. 침묵...허무...공허. 그리고 숱한 생각과 생각들. 삶에 있어 가장 중요한 것은 쾌락의 추구가 아니라 내가 존재하는 이유가 있느냐 없느냐가 아닐까? 나의 존재 이유와 삶의 의미를 되새겨본다.

21세기 인간경영

마쓰모토 쥰/ 후나이 유끼오 공저

시대를 앞서가는 경영을 하고 싶은가? 그렇다면 먼저 인간경영을 하라. 일본내 1,500개사 경영고문을 맡으며 30년간 100% 경영실적을 성공시킨 세계적인 경영컨설턴트의 성공노하우. 그가 관여하는 곳마다 성공하는 바람에 세계적인 대기업들이 앞다투어 그의 경영노하우를 배우려 하고 있다. 값 15,000원

허튼소리 (1. 2권)

걸레스님 중광/저

21세기 최대의 기인! 반은 미친듯 반은 성한듯이 세상을 걸림없이 살다간 한 마리 잡놈 걸레스님! 중 사시오! 내 중을 사시오! 그는 진정한 성자인가? 예술가인가? 파계승인가? 아니면 인간 중퇴자인가? 값 15,000원

값 15,000원

업(전9권)

지자경/안동민/차길진 공저

세계적인 영능력자 지자경, 안동민, 차길진이 밝히는 영혼과 4차원세계의 전모! 나의 전생은 무엇이며, 전생에 지은 죄는 어떻게 소멸할 것인가? 저승세계는 어디쯤 있을까? 저 광대한 우주 공간의 어디쯤에 천당과 지옥은 있는가? 그리고 어떻게 살다가 갈 것인가?에 대한 명쾌한 해답을 내리고 있다.

영혼과 전생이야기 (전3권)

안동민 편저

당신의 전생은 누구인가? 사후에는 무엇으로 환생할 것인가? 사람이 죽으면 어떻게 되는가? 이승과 저승은 어떻게 다른가? 전생을 볼 수 있는 원리는 무엇인가? 사람은 왜 병들게 되는가? 운명은 누구나 정해져 있는가? 이 영원한 수수께끼에 대한 명쾌한 해답! 값 13,500원

같은 더욱 광범한 문제로 이끌어 갈 것이다. 이러한 사람들은 국민 일반으로부터 점점 구제받을 수 없을 만큼 동떨어지게 되고, 국민의 생활과 희망, 업적의 혜택을 입지 못하고 있는 것이다.

이와 같은 미국 국민 속의 활용되지 못하고 있는, 또는 충분히 활용되지 못하고 있는 계급은 동시에 미국의 생산자원의 최대의 낭비를 상징하는 것이다. 따라서 우리는 역사상의 이 중대한 시기를 맞아 한편에서는 자유와 기회균등이라는 미국적 이상과, 다른 한편에서는 경제 진보라는 이상 사이에 두드러진 복합관계가 있다는 것을 볼 수 있을 것이다. 사실 경제 진보에 박차를 가하는 주요한 정책수단은 사회주의에 도움이 되는 대규모의 사회개혁이 아니고서는 안 된다.

급속하며 또한 안정된 경제성장의 새로운 패턴을 확립하기 위해서는 정책이나 국가계획을 더욱 조정할 필요가 있을 것이다. 그리고 완전고용정책은 생산비 가격구조를 안정시키고 국제수지를 방위하기 위한 적절한 조처를 포함하지 않으면 안 된다. 이와 같은 것들의 보다 기술적인 여러 문제는 다른 장에서 다루어질 것이다.

그 점에 이르기까지는, 잘 알려져 있는 사실과 미국의 신조 속에 포함되어 있는 것과 똑같이 잘 알려져 있으며, 또 현실적이기도 한 이상에서의 논리적 추론을 기초로 하여 논의를 진행시킬 수가 있다. 이 같은 논의를 추진시켜 정책적 결론을 내리는 것은 경제학자 본래의 임무이다. 그러나 정책적 결론을 실천적 행동에 옮기는 기회나, 그러한 일을 행하는

데 대한 미국의 정치적 태도나 제도 속에 있는 금제(禁制)를 고려하는 것을 회피하는 것도 비현실적일 것이다. 제1부의 마지막 장은 이 문제에 할당되어 있다.

제2부에서는 국내의 상대적인 경제정체가 미국의 대외정책에 대하여 가지는 의미가 검토될 것이다. 그 일반적인 성격은 좌절이라는 것이다—미국의 이상과 이해관계의 선에 따라 외부 세계의 영향을 미치는 미국의 현실적 가능성의 좌절이며, 또한 하나의 결과로서 미국 국민의 정신의 좌절이기도 하다. 미국의 완만하고 불균등한 경제성장의 이 같은 정신적 영향은 전세계의 동향이 미국의 국민처럼 마음 속 밑바닥에서는 평화를 애호하고 있는 국민 속에 깊은 실망감과 공포감까지를 불러일으킴과 동시에 점점 심각해지지 않을 수 없다. 왜냐하면, 그와 같은 평화애호 국민의 대망과 희망은 항상 그 국민과 전인류에 대한 보다 좋은 생활이 시민적 가치를 지향하고 있기 때문이다.

제2장 실 업

점점 높아져 가는 실업률

미국의 완전실업은 이제 민간 노동력의 6%의 수준을 상하하고 있다. 이것은 총노동력의 약 4%에 해당하는 군관계의 국민을 제외하고서의 이야기이다.

노동시장이 매우 고도로 조직화되고 통계업무가 완비되고 있는 미국과 같은 나라에서도 실업이라는 개념은 상당히 막연한 개념으로 포함해서는 안 될 사람을 포함하고 있는가 하면—더욱 자주 있는 일이지만—포함했어야 할 사람을 제외하고 있기도 하다. 이 책에서는 이 같은 문제를 파고들 필요는 없다. 왜냐하면 우리의 목적에 있어서 중요한 것은 미국에 현존하는 실업의 광범한 넓이 뿐이기 때문이다.

또 하나의 기술적인 점만은 말해두는 것이 좋을 것이다. 미국의 실업자 수는 서구 나라에서 열거되는 숫자에 비해 매우 과대평가되어 있다는 것이 일찍이 주장된 일이 있었다. 그것은 숫자를 구하는 방법이 다르기 때문이라는 것이다. 비교적 최근의 정부의 조사가 나타내는 바에 의하면, 그것은 이전에 생각되어지던 것만큼 중대한 것이 아니며, 또 혹은 서독이나 이탈리아와 비교하는 경우에 있어서처럼 이들 나라의 상대적 실업을 과대평가한다는 역의 효과를 가지고 있다.

실제의 실업자 수는 비자발적으로 실업하고 있는 다음과 같은 두 가지의 부류를 포함하므로 어떤 미지수만큼 할증하지 않으면 안 된다. 그것은 파트 타임으로 일하고 있는 사람과, 그리고 풀 타임의 조건을 갖춘 직업을 구하고는 있지만 지금은 그러한 직업이 없으므로, 적극적으로 직장 찾기를 하려고 하지 않는 잠재적 노동자이다.

민간 노동력은 7,200만 명을 상회하므로 완전 실업자는— 6%가 현재의 평균 수준이라고 생각한다면—400만 명을 넘어선다. 실업으로 고통을 받고 있는 다른 2개의 부류는, 만약 그 실직의 상태를 완전실업으로 환산하면 아마 그 절반가량이 되며, 실제의 실업자는 대개 600만 명, 즉 민간 노동력의 약 9%에 달한다. 노동시간의 단축에 의해 실업을 확산하는 것은 현상에서의 어느 입장에서 볼 때, 하나의 개선으로 보일는지 모른다. 그러나 파트 타임으로의 고용은 더욱 많은 노동자가 실업의 해악으로 괴로움을 받고 있다는 사실을 뜻한다는 것은 잊어서는 안 된다.

노동자들 특히 기혼 부인이나, 고용주에게는 점점 매력이 없어지는 40~50세 이상의 남녀가 구직을 하지 않게 된다면,

그것은 사회에서의 다른 형의 생활이나 노동을 출발시키는 것이 된다. 장기적이며 또한 광범한 실업이 만연되고 있는 시기에는 이 같은 상태가 정상적인 것으로 느껴지게 되므로 그들 속에는 자기 자신을 실업자라고 생각지 않고 '주부'라든가 '퇴직자'라고 생각하는 사람이 있을지도 모른다. 그러나 이 같은 새로운 패턴은 인적 자원이 충분히 활용되고 있지 않다는 것을 의미한다. 이러한 사람들은 만일 자유로운 기회가 주어진다면, 아마 일하는 것이 당연하며, 또 자신을 위하는 일이라고 생각할 것이다. 따라서 그들의 자유와 기회는 의심할 나위 없이 제한된다.

일에서 '은퇴'하는 것은 수입의 저하도 뜻한다. 이 같은 특수한 타입의 실업 발생이 흔히 그리되기 쉽듯이 최저 소득계층에서 가장 높을 경우에는 그것이 더욱 심각해진다. 기혼 부인에 대해서 남편의 실업의 영향은 이것과는 반대될지도 모른다. 그러한 부인은 가령 그것이 정규의 것이 아니고 또 그다지 급여가 좋지 않아도, 또한 보통 같으면 아이들과 함께 집에 있고 싶다고 생각하더라도 구직의 필요성은 있다고 생각할지도 모른다. 그러므로 실업의 효과는 노동력의 증가를 뜻하지만, 그러나 그것은 사회적으로 그리 바람직스러운 것은 못된다.

가장 우려할 일은 이젠 눈에 띄게 실업이 늘어나고 있는 경향이 있다는 것이다. 현대의 평균수준은 40년대나 50년대의 초기보다 훨씬 높다. 이 같은 실업의 상승 경향과 더불어 실업자의 실직기간이 점점 길어지는 경향이 일어난다. 점점 많은 청년이 아무리 해도 취직을 하지 못하고, 점점 많은 노령 노동자가 실업하거나 구직을 단념하고 있다.

최근의 '소경기' 중의 실업자 수의 움직임과 이런 경향의 배후에 있는 인과기구의 연구는 모두가 다음에 논하는 것과 같은 발본적인 시책이 강구되지 않는 한 그런 경향이 계속될 가능성이 있음을 나타내고 있다. 공공연한 실업 이외에 취직 불가능자와 더욱 많은 불완전고용자, 즉 그 생산성과 임금이 비정상적으로 낮은 상태에 놓여 있는 노동자를 추가하지 않으면 안 된다. 이 가운데는 술어적인 의미에서는 실업해 있지 않아도, 빈곤한 모든 사람이 포함되어 있다.

우리는 이와 같은 한층 광범한 문제를 다음 장에서 다루기로 할 것이지만, 그곳에서는 상대적인 경제정체와 고율실업의 사회적 영향, 그리고 특히 더욱 영구적인 실업자, 취직 불가능자 및 불완전고용자 등의 '하층계급'에 의해 이루어진 미국의 계급구조의 경직화가 문제가 된다. 이 장에서는 우리는 더욱 좁은 의미에 있어서의 실업에 의해 제기되는 경제문제만으로 한정할 예정이다.

기술적 변혁

점차 높아져 가고 있는 미국의 실업수준을 설명하기 위해 흔히 인용되는 모든 원인 중에는 최근의 급속한 기술적 변혁이 있다. 그것은 50년대에 총민간 노동력에 대한 농업노동자의 비율을 12.6%에서 8.5%를 감소시킨 노동절약적인 농업생산 방법과 제조공업에 있어서 특히 두드러져 있지만, 도매상이나 소매상에서도 볼 수 있는 오오토메이션이다.

물적 재화에 관한 한, 더욱 소량의 노동력으로 더욱 많은 생산물을 생산하고 또 분배할 수가 있다. 미국의 주요 제조공업의 어떤 것은 현재 실제로 그 제품의 생산량을 증대시키면서도 한편으로는 노동수요를 감소시키고 있다. 전자계산기의 사용이 증가한다는 사실도 사무직원이나 더욱 낮은 관리부문의 근로자를 감원시키게 될 것이다.

일반적으로 말해서 기술적 변혁이 고용에 미치는 가장 중대한 영향은 그것이 노동수요의 방향전환을 의미한다는 사실이다. 미숙련노동은 점점 수요가 줄어든다. 일찍이 비교적 안정되어 있었으며 급료가 높은 고용과 이에 상응하는 사회적 지위를 보증하고 있던 어떤 종류의 기능이라도 낡은 것으로 되고 있다. 이 같은 사실은 경험을 쌓은 노동자의 실업통계가 어째서 실업총수보다 현저히 낮은 성장률을 나타내지 않는가라는 이유를 설명하고 있다. 농업노동자는 생산적 노동의 기회가 특히 심하게 감소할 것을 각오하지 않으면 안 된다.

일반적으로 노동수요는 점점 교육과 훈련을 받은 사람들, 특히 도시에서 일하고 있는 고도의 교육과 훈련을 받은 사람들에게 행해진다. 이와 같은 효과는 신규의 노동자를 채용할 경우의 절차를 형식화함으로써도 달성된다. 특히 대기업에서는 학력과 지능검사 점수, 면접의 좋은 인상이라는 것이 보통의 의미에서의 직업상의 기능보다 훨씬 크게 작용한다. 따라서 실업의 발생률은 사회적·경제적 이유나 거주의 위치 관계로 그리 교육과 훈련을 받지 않은 사람이라든가, 혹은 또 가족농업을 하고 있는 사람처럼 점점 노동이 필요 없게 되어 있는 산업에 매달려 있는 사람들 사이에서 가장 높아지는 경향이 있다.

노동수요와 노동공급 간에 구조적인 격차가 이리하여 만들어진다. 그것은 많은 실업과 동시에 많은 잔업이 행해지고 있다는 사실로써 증명된다. 잔업은 교육이나 훈련을 받은 사람에게 집중되며, 실업은 교육이나 훈련을 받지 않았거나 혹은 또 그 기능이 이제 불필요하게 된 사람들에게 집중된다.

기술적 발전이 노동수요의 새로운 방향에 대한 명백한 귀결과 아울러—많은 경우에 그렇게 생각되고 있듯이—실업의 일반적 증대의 하나의 원인으로서 들 수 있는지 없는지에 대해서는 이 장의 훨씬 뒤쪽에서 고찰할 것이다.

인구의 변화

낮은 경제성상률과 높은 실업이라는 조건 아래에서 현재 진행 중에 있는 인구의 변화는 노동을 불필요하게 만드는 기술적 변화의 효과와 연관되는 경향이 있다. 노동력은 급속히 증가하고 있으며, 앞으로도 계속 증가할 것이다. 1970년에는 취업자 또는 구직자의 수가 1960년보다 1,250만 명이 많아질지도 모른다. 이에 비하면 50년대의 증가는 850만 명이었다.

인구 변화의 영향에 대한 하나의 특수한 비뚤어짐이 전시와 전후의 고용상승기의 높은 출생률을 반영하는 노동력의 연령구조의 변화에 기인하여 일어나고 있다. 총 수 2,600만 명에 달하는 약년 노동자가 60년대에 비로소 노동력에 참가할 것이다. 새로이 노동력에 참가하는 사람의 거의 반수는 25세 이하일 것이다. 이것은 적어도 반세기 동안의 어떤 과거의 경험에 대해서도 날카로운 대조를 나타내고 있다.

50년대에는 노동력에 새로 참가한 자의 5% 미만이 그 연령층에 속해 있었고, 40년대에 있어서는 그 수는 실제로 감퇴하였다. 1970년에는 노동에 충당되는 25세 이하의 사람은 1960년에 비해 45%나 많을 것이다. 따라서 노동자 중의 거의 4명에 1명은 그 연령일 것이다.

1950년으로 되돌아와 보면, 해마다 약 200만 명의 미국 청년이 18세가 되어 있었다. 지금은 그 수가 300만 명이며, 1965년에는 400만 명이 될 것이다. 그것은 60년대를 통하여 이 같은 고수준을 계속하게 될 것이다. 이런 사실은 포화상태의 노동시장에서 일자리를 얻으려 하고 있는 약년 노동자의 수가 매우 증가하고 있음을 의미한다. 그러나 그러면서도 다음의 10년 동안에는 25세부터 45세까지의 미국인의 수는 거의 불어나지 않을 것이다.

25세부터 30세까지의 인구수는 실제로 감소될 것이다. 그
것은 30년대의 대공황의 시기에 그들의 양친 세대의 출생률
이 낮았음을 반영하는 것이다. 그러나 최고 연령자의 계층은
현저히 증가일로를 걸을 것이다. 65세 이상의 노인은 1970년
대보다 2배 가량의 속도로 증가할 것이다. 실업이 점점 광범
해짐에 따라 노동시장에 대한 이들 젊은 신참자중 불균형적
일 만큼의 다수의 사람들이 직업을 갖지 못하게 될 것은 명
백하다. 그들은 설령 직업을 갖더라도 근속 순위가 낮거나
그 밖의 이유로 직장을 곧 잃을 것이다.

이처럼 실업이 약년 노동자에 집중하는 것을 막는 유일한
대책은, 일반적으로 실업을 감소시키며 그리고 더욱 많은 약
년 노동자를 교육이나 훈련을 위해 노동시장으로부터 멀리해
두자는 강력한 정책을 실행하는 일일 것이다. 이와 같은 조
건 아래에서라면 약년 노동자의 상태는 만일 그들보다 위의
연령계층—그들도 조만간 그렇게 될 것이지만—이 축소되어
있거나, 혹은 불변이라면 다소 희망이 없지도 않다는 상태로
될 것이다. 한편 50세를 지난 노령 노동자의 상태는 나빠질
것이다. 특히 실업수준이 더욱 높아질 경우에는 그러하다.

기술진보가 노동시장에 미치는 영향

기술진보가 노동시장에 미치는 영향은 리카아도 시대 이래

종종 경제학자 사이에서 논의되어 왔다. 기계는 과연 노동을 배제하는가, 아니면 생산성이 향상되기 때문에 보다 높은 임금으로 새로운 고용기회를 여는가에 대해서의 논쟁은 이론적으로 말해서 많은 미묘한 점을 가지고 있지만 여기에서는 그 점에 대해서 파고들 필요는 없을 것이다.

그러나 기존의 역사적 경험으로서 다음과 같은 사실을 이야기해 두는 것은 아마 헛된 일은 아닐 것이다. 그것은 만일 장기적인 예상을 하고 단기의 개개의 예외를 무시한다면, 서방국의 선진적인 경제에 있어서의 기술진보가 지금까지에는 일반적으로 대량실업을 불러일으키지 않았다는 사실이다. 장기적으로 보면, 그것은 오히려 대중의 임금률이나 생활수준을 점점 향상시키기 위한 기초가 되어 있었던 것이다.

대량실업이 발생한 경우에는, 그것은 총수요가 저하하는 경우에 일어나는 경기순환 때문이라고 설명되는 것이 통례였다. 경기가 하향일 때는 언제나 어김없이 아주 젊은 노동자, 노령자 및 미숙련노동자에 대한 실업의 집중을 볼 수 있었다. 그리고 경기의 상승은 항상 그들의 재고용을 뜻하고 있었다. 약년 노동자나 미숙련노동자의 경우에는 경기의 상승은 고용이나 보다 나은 고용에 필요한 기능을 습득하는 기회를 증가시켰다.

최근 수십 년 동안에 서구의 많은 선진 복지국가는 경기순환을 조절하고, 고도 고용을 안정시키는 방법을 배웠다. 그러므로 여러 가지 방법으로 기술진보가 노동자에게 해를 주지 않도록 한다는 비교적 중요치 않은 문제가 남게 된다. 그 방법이라는 것은 가격형성에 간섭하거나 때로는 노동자의 유출을 추진할 수도 없고, 또 충분히 빨리 흡수할 수도 없는 경우의 농업에 있어서 이루어지고 있는 것처럼 직접의 보조금을 교부하는 일이며, 정책조치를 통하여 어떤 종류의 산업, 특히 주택이나 그 밖의 각종 공공시설의 건설을 자극하는 일이다. 또 청년의 교육이나 훈련의 방향을 고치거나 늘리는 일이나 노령 노동자의 재훈련의 기회를 제공하는 일 등이다. 그러나 실업의 원인이라든가, 개개의 경우의 실업의 성격과는 별개의 주요한 실업대책은 생산물에 대한 총수요를 항상 활발하게 만들어 두는 일이었다.

이러한 조건이 확립된 경우, 노동공급을 노동수요에다 재조정하는 작업은 큰 곤란 없이 수행되었다. 그러므로 오늘날 미국의 실업문제와 관련해서 제기되지 않으면 안 될 하나의 문제는 실업은 과연 흔히 생각되고 있는 것과 같은 단순한 방법으로 기술진보에 의해 참으로 불러일으켜졌는가, 혹은 또 그것은 장기간에 걸친 너무나 낮은 성장률과 고용률에 의한 것인가 하는 것이다. 여기에서 고도 고용의 경제에 대한 최근의 경험을 짤막하게 언급해 두는 것은 유익할지도 모른다.

스웨덴에서는 기술진보가 역시 급속하게 진행하고 있다. 농업과 임업의 노동력은 미국의 경우와 같을 정도로 급속히 감소하고 있다. 완전고용이 착실히 유지되고 있으므로 활동적인 확장산업—그 대부분은 수출산업이다—은 종종 그 노동수요를 채우는데 대단한 곤란을 느꼈다.

스웨덴에서는 오오토메이션이 인간노동의 현실적인 부족이나, 부족하게 되지나 않을까 하는 염려에 의해 급속히 촉진되었고, 따라서 기업에 의해서는 확장의 한 수단으로 간주되고 있다 해도 결코 과언은 아니다. 오오토메이션에 의존한다는 것은 완전고용이나 확장산업의 경우에는 종종 노동부족이 두드러지게 된 노동시장의 상황에 의해 더욱 필요하게 되는 것이다. 그것은 일반적으로 사회 전체에 있어서도, 노동자 자체에 의해서도 전적으로 건전한 것으로 간주되고 있다. 이에 반하여 미국에서는 오오토메이션은 많은 경우, 실업의 주요 요인이라고 논해지고 있는 것이다.

한편 스웨덴은 일찍이 있었던 불황의 시기에 실업구제에 지출한 것보다 훨씬 많은 액수를 실업방지에 지출하지 않을 수 없게 되어 있다. 그 자금은 생산적으로 소비되고 있다. 그것은 노동자를 재훈련하거나 노동자와 그 가족을 수송하고 새로운 주거를 마련하는 등의 비용에 충당되고 있다.

어떤 경제, 가령 가장 선진적인 경제에 있어서는 쇠퇴해가고 있는 개개의 산업과 지구 및 지역 전체가 있다. 그런 경우, 노동자는 이동하는 것을 돕지 않으면 함정에 빠진 것처럼 될지도 모른다. 실업의 방지를 목표로 정한 이 같은 선택적 정책은 고용을 높일 뿐만 아니라, 나아가 총생산을 증가시킬 수도 있다. 왜냐하면 그것은 노동자를 생산성이 높은 산업으로 데려오는 것을 의미하기 때문이다. 그러나 이 정책을 잘 수행해 나가기 위한 전제조건은 완전고용정책이 굳게 지켜져 일반적인 노동 부족이 유지된다는 것이다.

이와 같은 상황 속에서는 실업정책의 순수한 복지적 향상은 점차 희미해져 간다. 이 정책은 보다 높은 생산성에 대한 투자이다. 국가는 실업할 염려가 있는 노동자에 대해서 뿐만 아니라 확장되고 있는 기업에 대해서도 서비스를 행하고 있는 것이다. 이 점에서 실업계는 고마워하고 있는 것이다.

이런 각도에서 보면, 경제학자로서는 미국의 노동시장의 문제를 주로 낮은 수요의 문제를 보고 싶어진다. 필요한 일은 우선 첫째로 총수요에 박차를 가하고, 그리하여 고용을 자극하는 것과 같은 경제정책일 것이다. 그러면 오오토메이션은 성격을 바꿔 흔히 생각되고 있는 것과 같은 실업의 원인이 되는 대신에 활기 있는 기업이 노동부족의 조건 아래에서 확장되는 것을 가능하게 만들기 위한 필요물이 될 것임에 틀림없다. 그럴 경우에는 정부는 그 실업대책을 구제로부터 노동시장에 있어서의 유동성의 증대에 대한 표적을 정한, 그리고 매우 생산적인 원조의 정책으로 전환할 수가 있을 것이다.

기업 확장 이상의 것이 필요

의심할 나위도 없이 이 같은 견해에는 여러 가지 사실이 포함되어 있다. 미국의 노동시장의 현상으로부터 끌어내지 않으면 안 될 첫째의 정책적 결론은 의심할 것도 없이 기업이 급속한 확장을 하기 위해서는 어떤 종류의 활력소를 넣지 않으면 안 되는 것이다. 그렇게 하지 않으면, 달리 어떤 정책

조처를 취해보아도 가망이 없다. 케네디 정부는 진지하게 그러한 정책을 채용하였다.

그렇지만 미국이 실업을 없애는 데에는 기업 확장을 하는 것만으로 족하다는 견해에는 많은 조건이 따른다. 노동의 유동성을 증대시키기 위한 스웨덴의 정책은 그대로 즉시 미국에서 본받을 수는 없는 것이다.

그 이유의 하나로서 스웨덴의 현상은 단지 단기간뿐만 아니라 20년 이상에 걸친 고도 고용의 유산이나 또 30년대에도 미국보다 실업이 훨씬 적었다는 유산에 의해 특징지워져 있다. 이 긴 기간 중 스웨덴에서는 노동시장이나 이 나라의 몇몇 부문에 있어서의 수요와 공급의 밸런스를 유지하도록 작용하는 모든 시장의 힘이 끊임없이 작용하고 있었다.

한편에서는 많은 산업으로부터 노동이 풀려 나왔으나, 그 중의 어떤 산업에서는 미국과 마찬가지로 생산이 자꾸 증가해 있음으로써 실업을 발생시키는 일은 없었다. 완전고용이란 풀려난 노동에 대응할 정도로 노동수요를 늘여가고 있었던 다른 직업이 있다는 것을 의미하므로, 이러한 일이 가능해지는 것이다.

다른 한편 완전고용의 상황은 개개의 노동자가 한층 고도의 기능이나 급속히 변화하는 노동수요의 방향에 더욱 잘 적응할 만한 훈련을 습득하는 것을 자극하거나, 이를 위한 편의를 제공하였다. 실업이라는 빈곤과 절망의 상태로 밀려난 노동자는 점점 적어져 최근 수십 년 동안에는 거의 하나도 없게 되었다. 그러므로 그들은 기업정신이나 곧 적응하는 태세나 직업적으로 향상하고자 하는 야심을 계속 유지할 수가 있었던 것이다.

그들은 노동조합이나 정치 참여를 통해 적극적으로 정부에 작용하여, 노동공급을 노동수요에 적합시키고 그들은 실업의 막다른 골목에 갇혀 두지 않게 하는 교육이나 훈련 시설을 제공하도록 압력을 가하였다. 이러한 심리적·정치적 요인을 잊어서는 안 된다. 국민의 다른 자들과 동떨어져 생활할 수밖에 없게 되는 희망을 잃은 사람들로 이루어지는 밑바닥 계급이라는 따위의 것은 없었다.

"미국의 실업은 오히려 점점 구조적 실업이 되어 가고 있다. 해마다 뿐만 아니라 달마다 높은 실업수준이 간과되고 있다는 사실은 정책목표로서 완전고용을 달성시키는 것을 점점 곤란하게 만들고 있다."

미국의 실업의 이와 같은 구조적인 성격은 우선, 첫째 이미 현재와 같은 낮은 경제성장률과 높은 실업수준에 있어서는 높은 교육을 받고 숙련을 몸에 익힌 노동자가 부족하다는 것을 의미한다. 이런 사실은 그러한 엘리트 계급에 속하는 종업원에 의한 잔업이 높은 숫자로 나타나고 있다는 점에서 드러나 있다.

기업 활동의 상승 경향은 난제를 지닌 질이 낮은 실업자의 부분이 고용되는 것보다 훨씬 이전에 이러한 종류의 노동자의 부족에 의해 곧 곤경에 부딪칠 것이다. 기업 확장은 이러한 물리적 제약을 해결하지 않으면 결코 멀리까지 진전할 수가 없지만, 그것은 또 인플레적인 효과를 가지지 않을 수가 없다. 왜냐하면 그들의 임금은 아무래도 상승의 경향을 띠기 때문이다. 균형 잡힌 단순한 기업의 확장에 의해서는 달성할 수가 없다.

종래의 경제분석의 피상적인 성질

미국의 실업이 구조적인 것이며, 노동시장의 중요한 부문에 있어서 초과 고용과 공존하고 있다는 이러한 사실은 물론 조금도 저자의 발견은 아니며, 모든 사람이 알고 또 인식하고 있던 사실이다. 그러나 매우 묘한 이야기이지만, 미국의 경제문제에 관한 논의의 대부분은 그것과는 반대의 가정, 즉 고용과 실업은 동질적인 양으로서 다룰 수 있다는 가정 아래 진행되고 있다.

전세계에 걸쳐서 일반화가 되었지만, 미국의 현상에 적응하면 피상적이고 그릇된 것으로 되는 이론이 있다. 그것은 크누트 빅셀(1851~1926년)과 지난 반세기의 스웨덴의 여러 후계자로 거슬러 올라가며, 존 메이너어드 케인즈(1883~1946년)에 의해 다듬어지고 개선되고 또 복잡화 되었다. 미국에서도 마찬가지였다. 그렇지만 그 본질은 단순한 것이다.

재화와 서비스에 대한 총수요는 총공급에 상용되는 것으로 되어 있지만, 그러나 종래의 이론처럼 그들이 필연적으로 일치한다고는 생각되지 않는다. 또한 소득은 소비와 저축으로 나누어지며 생산은 투자와 소비재나 서비스의 생산으로 나누어진다.

저축과 투자는 서로 상응되는 것으로 되어 있지만, 물론 사후를 제외하고는 똑같다고는 생각될 수 없다. 저축성향이 같지 않다는 사실이 재화·서비스의 총수요와 총공급 사이의 격차를 만들어낸다. 그리고 그것은 경제가 확장과정에 있는가 혹은 축소과정에 있는가를 결정한다. 이러한 이론모델이 미국경제의 현상이나 전망의 분석에 적응되는 경우에는 그것은 모든 주요 개념—소득·생산·저축·투자—을 다수의 세목으로 분류하고 미국 경제의 단기적 동향을 예측하기 위해 그 세목들 사이의 관계를 깊이 연구함으로써 전체적으로 세련된다.

그러나 고용은 이 분석에서는 대개의 경우, 분석되지 않는다. 왜냐하면 생산의 확대는 고용의 증대와 실업의 감소를 뜻한다는 것이 암묵의 전제가 되어 있는 까닭이다. 실제로 총수요의 증대는 오히려 직접적으로 노동수요의 증대를 수반하며, 따라서 또 고용의 증가를 수반한다는 것이 전제가 되고 있다.

이러한 단순한 논증의 방법은 높은 고용수준으로부터의 단기적인 이탈의 분석에 있어서는 허용될 것이다. 그것은 예컨대, 스웨덴의 경제문제에 있어서는 적당한 접근방법이 된다. 왜냐하면 스웨덴은 완전고용 경제를 장기에 걸쳐 유지하고 있으며, 그동안 시장의 모든 힘과 작용과 강력한 정부의 정책과의 양자가 구조적 실업을 저지하였기 때문이다. 그러나 그와 같은 추론은 실업이 구조적인 것이 되고 있는 미국의 현상에는 적응할 수가 없다.

미국 경제의 분석을 시도할 경우에 이러한 각종의 노동수요나 각종의 실업과 그 변화는 이를테면 각종의 민간투자—새로운 건설이나 내구생산설비, 재고 변동, 주택건설, 내구소비재에로의 투자 등으로 분류되는 갖가지의 산업에 대한 민간투자—나 자본, 금융시장의 변화에 대해 주어지는 것과 같은 고도의 주의를 필요로 한다.

이와 같이 세련을 가하지 않으면 그 분석은 미국의 현상의 중요한 요소, 즉 노동공급의 형과 노동수요의 형과의 사이에 발생되는 대로 내맡겨져 있던 격차에 뿌리박고 있는 실업의 구조적인 성격을 보지 못하게 된다.

미국의 상대적인 정체와 고율실업에 관한 현재의 논의의 얼마나 많은 것이 이 새로운 정통파 학설을 기준으로 하여 행해지고 있는가를 발견하게 된다는 것은 참으로 놀랄 일이다. 그것은 미국의 경제학자, 정치가, 그리고 제6장에서 의견을 말할 예정으로 있는 발언권이 있는 민중 전체가 근시안적으로 되어가고 있는 경향과 관련이 있는 것이다.

교육과 훈련, 재훈련의 필요성

미국에 있어서 대규모의 구조적 실업이라는 현상은 기술진보를 통하여 불필요하게 된 노동자라도 쉽게 할 수 있는 일이 없다든가, 대다수의 약년 노동자나 노령 노동자의 질의 노동수요의 변화에 대한 조정이 뒤늦은 데 원인이 있다.

공격적 견지에서 보면 노동수요가 확대되는 경우의 방향과 이용되지 않고 있는 노동공급에 대한 현재의 질과의 사이에 미국에 있어서 현재의 격차를 극복하는 데는 두 가지의 방법이 있다. 한 방법은 현존의, 또는 쉽게 획득할 수 있는 것 같은 질의 노동수요를 가져오는 분야에서의 생산을 확대하는 일이다. 또 하나의 방법은 교육과 훈련에 의해 노동공급의 질을 바꾸는 일이다. 뒤에 가서 밝히는 바와 같이 이러한 정책으로 유발되는 이 두 가지 타입의 변화는 서로 밀접하게 관련되고 있다.

우리는 먼저 수요노동의 질과 공급노동의 질과의 사이에 있는 격차를 극복하는 제2의 방법에 대하여 논한다. 기술진보나 노동자를 고용하는 경우, 절차의 형식화는 항상 교육과 훈련을 받고 있지 않은 노동자에 대한 수요를 감소시킴으로써 교육이나 훈련의 시설을 대폭적으로 늘리는 것이 필요하다.

또한 현재 진행되고 있는 인구의 변화를 아울러 생각한다면 이러한 시설들은 우선 첫째로 청년에게 사용시키지 않으면 안 된다는 사실이 분명해진다. 젊은 연령계층에 속하는 인구의 증가가 특히 급속하므로 교육이나 훈련의 시설은 인구증가에 비례하는 필요량 이상으로 더욱 급속히 확대시키지 않으면 안 된다. 그 뿐만 아니라 이러한 노력은 특히 현재로는 불충분한 교육이나 훈련밖에 받지 못하고 있는 지역이나 경제적·사회적 계층의 청년에게로 향해져야만 한다.

이러한 지역이나 계층에 속하는 사람들은 실업이나 불완전고용이 길게 끌어지는 결과, 무기력해지거나 퇴폐적이 되는 경향을 나타내게 됨에 틀림없으므로 이 작업은 점점 어려워지는 것이다. 조급한 해결을 곤란하게 만들거나 혹은 불가능하게 하는 또 하나의 요소는 이러한 시설, 특히 교사나 학교의 건물 자체를 만들어 나아가지 않으면 안 된다는 것이다. 그것은 설령 자금조달이 되어도 시간이 걸린다.

일반적인 학교 교육 이외에도 미국은 직업훈련의 분야에서도 가일층의 큰 노력을 기울일 것이 필요하다. 미국에서는 직업훈련이 교육제도의 정규 부분이 된 적은 한 번도 없었다. 여기에는 새로운 철학이 필요하다. 이 같은 훈련은 일반적인 교육과 마찬가지로 막다른 골목으로 이끌어가는 대로 내맡길 것이 아니라, 청년이 수평적으로 다른 직업으로 옮겨가거나 또 장차 기회가 있으면 더욱 높은 책임 있는 지위에 올라갈 수 있도록 해주지 않으면 안 된다.

목화를 재배하는 면작(棉作)지대의 흑인청년에게 필요한 것은 면작에 숙달되는 일—그리고 통나무집의 창을 닦고 밭일을 하는 것—이 아니라, 그들이 면작지대로부터 벗어나 미국 경제의 점점 확대되는 부문에의 일자리를 구하여 경쟁하는 데 도움이 되는 것과 같은 훈련인 것이다.

모든 농촌의 아이나 모든 사양화된 산업이나 지역에 속하는 청년에 대해서도 같은 것을 말할 수 있다. 더욱 일반적으로 말하면, 직업훈련은 차차 시대에 뒤떨어져 가고 있는 기술의 기능을 습득하는 데에만 집중해서는 안 된다. 청년은 더욱 큰 미국 속으로 들어가 거기에서 일할 수 있도록 교육될 필요가 있다. 훈련이 헛되거나 혹은 좋은 일에 종사하는 데 방해가 되지 않도록 하기 위해서는 반드시 이러한 일이 필요한 것이다. 이와 동시에 영구히 실업상태가 되거나 임시의 일자리 밖에 없는 2류의 시민층의 발생을 방지하기 위해서는 노령 노동자의 재훈련도 긴급을 요하는 일이다. 그러나 우리는 '일시해고의 노동자나 위험지대에 있는 노동자를 잘 재취직시킬 수 있는 참다운 기회가 있는 것은 확장경제의 경우뿐이라는 것'을 깨닫지 않으면 안 된다.

스웨덴의 고도로 생산적인 고용정책은 완전고용과 활발한 노동수요가 전제로 되어 있었다. 광범한 실업이 있고 일반적인 확장이 없는 경우에는 재훈련을 받은 자는 일자리를 찾는 일이 힘들 것이며, 자칫하면 본래의 지위로 밀려날 것이다. 그렇게 되면, 이 노력은 수포로 돌아가며, 생산자원은 낭비되어 버릴 것이다.

모든 타입의 직업훈련은 정부의 의무로 간주해야 될 것이다. 산업이 그것도 두드러지게 거대한 산업이 점점 많은 직장 교육이나 종업원에 대한 훈련을 시행하고 있는 것은 사실이다. 미국의 대산업은 자기의 직접의 이해 범위 내에서는 분명히 진보적인 힘이다. 그것은 지금에는 정부—연방, 주, 군—가 대학 정도까지의 정규교육에 지출하고 있는 금액의 거의 3분의 1을 지출하고 있다고 추계되고 있다. 그 중에는 취업 시간중이나 종업 후에 감독자나 그 밖의 간부사원이나 혹은 사외의 전문가나 교사의 지도에 의해 공장과 사무소, 교실 등에서 이루어지는 공식적인 계획이나 비공식적인 훈련이 포함된다. 이것은 크게 칭찬할 만한 사업이다. 미국의 산업은 다른 어떤 서구 국가에도 못지않은 직업훈련에 관한 선견지명을 칭찬받아도 마땅하다. 만일 산업 측의 이 같은 큰 노력이 없었다면 미국 전체의 고용상태는 현재보다도 훨씬 어두운 것이 되어 있을 것이다. 그러나 거기에는 한계가 있다는 점에 눈을 가려서는 안 된다. 교육이나 훈련은 많은 경우, 이미 고용되어 있는 자에게 실시되고 있다. 그것은 대부분, 이미 매우 높은 수준의 교육이나 훈련을 받은 사람들에게 실시되고 있다. 그것은 본래 공공기관에 의해 부여되어야 할 다른 교육이나 훈련에 대한 보충이며 추가이다. 뒤떨어져 있는 것은 미국의 정부였지 민간기업이 아니다.

노동수요를 증가시키는 것이 필요

우리는 대규모 실업의 로스를 제거하기 위한 정책의 최초의 명백한 제일보는 교육이나 훈련을 받은 노동의 상대적 부족에도 불구하고 충분히 시도할 수가 있을 것 같은 확장으로 향한 돌진력을 경제에 부여하는 일이어야 한다는 것을 강조하였다. 이러한 확장을 향한 돌진은 노동공급의 질을 향상시키는 강력한 조처를 취하지 않고 시도한다면 당장 천정에 달하며, 그 천정은 인플레이션마저도 나아갈 수가 없을 것이다. 그것은 실업이라는 어려운 문제를 남겨 놓게 될 것이고, 이러한 문제는 다른 어떤 이유가 없다 하더라도, 그 천정으로 말미암아 붐(Boom)이 가시게 되는 경우에는 곧 고개를 들게 될 것이다. 다른 한편 이러한 확장이 없으면 청년의 교육이나 훈련, 특히 노령 노동자의 재훈련은 더욱 많은 노동자를 취업케 하는데 거의 성과를 거두지 못하게 될 것이다.

이와 같은 일반적인 경제 확장정책뿐만 아니라 경제의 특수부문의 노동수요를 증대시키는 노력도 필요하다. 이 같은 노력은 앞에서 논한 바와 같은 노동력의 질을 높이는 필요와 거의 조화된다. 그러므로 교육이나 훈련의 시설을 증설한다는 것은 교사와 이들 교사의 교사를 점점 많이 제공하고 채용할 필요가 있다는 것을 의미한다.

보건위생의 분야나 사회봉사에 대해서도 같은 말을 할 수 있다. 특히 하층계급에 대한 인간적인 처우와 보호, 그리고 그들의 건강, 문화 및 행복의 개선과 같은 것은 미국에 있어서는 서구의 가장 앞선 복지국가처럼 일반적으로 충분히 주어져 있지 않다. 기술발전은 서비스산업에 종사하는 노동력의 생산성도 향상시킬 것이나, 이 부문에 있어서는 막대한 충족되지 않은 수요가 있으므로 그 노동수요의 확대라는 것은 큰 정책목표가 되지 않으면 안 된다.

한편 우리는 제조공업이나 농업에 있어서는 노동수요의 감소경향이 계속되는 것을 예상치 않으면 안 된다. 설령 우리가 풍요하지 않은 대다수 사람들의 충족되지 않은 수요를 유효수요로 전환하는 정책을 취한다 해도, 정도의 차이는 있을지언정 그 사실에는 변함이 없다. 이와 같은 재분배의 문제는 뒤의 제3장과 제4장에서 논하기로 한다.

장래의 넓은 전망으로서는, 이 같은 동향은 결코 비관하지 않아도 될 것처럼 느껴진다. 현대사회는 우리가 필요로 하는 물적 재화를 만들어내는 데에 점점 적은 근육노동밖에 필요 없게 될 것임에 틀림없을 것이다. 그런 경우에는 우리의 노동력의 점점 많은 부분이 청소년의 교육, 노인의 시중, 병의 예방과 치료, 과학의 진보, 국민 전체에 대한 문화의 증강이나 보급 등에 종사할 수가 있을 것이다. 그러나 제조공업이나 농업에 있어서 노동수요의 감소의 직접적인 결과는 노동을 풀어내는 일이며, 그러한 노동은 설령 강력한 공공정책에 의해 서비스업의 노동수요가 급속히 증대되는 일이 있어도 서비스업용으로 재훈련할 수는 없다. 그 결과는 또 근육노동 이외의 온갖 일에 적응할 수 있을 만한 교육이나 훈련을 받지 않고 노동시장에 들어오는 약년 노동자에 대한 수요를 감소시키기도 할 것이다.

이 같은 상황에 있어서는 미국이 도시의 재건, 거대한 빈민가의 일소, 특히 대도시 지역의 시대에 뒤떨어진 불충분한 운수 계통의 건설이나 개조 등의 시급한 필요를 느끼고 있는 것은 뜻밖의 행운이라고 생각해도 좋을 것이다.

강력한 공공정책의 필요성

교육이나 훈련시설의 증설이나 경제의 특수부문의 커다란 노동수요의 창출은 어느 것이나 시장의 힘의 이용의 결과로서 자동적으로 나타나는 것은 아니다. 이들 노동시장의 새로운 조건을 만들어내기 위해서는 공공정책의 계획과 실시가 필요하다.

이러한 선을 따른 정책 활동을 계획하고 결정하는 것이 긴급히 필요하다. 장기적인 대량실업은 그 자체가 미국의 실업의 성격을 구조적인 것으로 만들 타입의 노동수요와 노동공급과의 사이의 격차를 유지하고 또 증대시키는 경향을 가진다. 느릿느릿한 경제성장률의 상태 아래에서는 기술적 발전도 인구변동도 이 같은 불행한 경향을 조장한다. 실업경제가 오랫동안 방치되면 될수록 완전고용이 주는 급속한 또한 착실히 확장되는 경제를 만드는 일이 점점 어려워진다. 정책이라는 것은 어떤 상황 아래에서도 역효과적인 성과를 가져올 수가 없다.

이러한 결론들은 결코 독창적인 것이 아니며, 설령 경제학자들이 여전히 비현실적인 케인즈적 방법으로 추론하고 있어서도 노동시장이나 교육의 전문가 같으면 누구나 알고 있는 사실이며, 또 다음의 보고서 속에서 말하고 있는 것과 부합되고 있는 것이다. 그것은 또한 케네디 대통령이 잇달아 낸 성명에서 강조한 것과도 부합하고 있다.

이들 결론이 자유롭고 기회균등이라는 미국의 전통적인 이상에 합치되고 있다는 것은 분명하다. 사실 이 나라를 덮치고 있는 실업이라는 상황과 미국의 진보적인 생활양식이나 노동양식에 융합되기 위해 필요한 교육이나 훈련을 받지 못하고 있는 미국의 하층계급이 생겨난 것은 미국사회의 신조 자체에 대한 도전인 것이다.

"위험한 것은 대통령이 호경기를 일으킬 필요가 있을 경우에만 자기의 정책 제안을 멋지게 승인시키지만, 그러나 충분한 요구를 하는 일은 없으며, 어느 경우에도 의회로 하여금 교육이나 훈련의 개혁이나 경제 확장이 완전고용의 수준에 달하고 그 수준에 머무는 것을 가능하게 하는데 필요한 공공사업을 만드는 일의 극히 작은 부분 이상은 승인시키지 못한다는 것이다."

그러므로 미국은—잠시 동안은—그 경제성장이 급속한 상승을 얻을지 모르지만, 그러나 우리가 균형경제라 부르는 것과 같은 안정된 성장을 보증하는 일은 없을 것이다. 따라서 미국은 실업을 상당히 오래 감소시키지 못할 것이며, 또 실업 증가의 장기적 경향을 정지시키지도 못할 것이다.

이러한 견해는 흔히 품어지는 두 가지의 견해와 상반되어 있다. 그 하나는 미국이 풍요의 뿔, 즉 풍요의 피하기 힘든 딜레마에 빠져 있다는 것이다. 그것은 급속한 생산증가는 불필요하고, 또한 충족되지 않는 필요에다 그 기초를 두고 있는 것도 아니며, 그리고 완전고용의 목표는 이미 앞에서 말한 것과 같은 성격과 규모를 가지는 기술진보와는 양립하지 않는다는 것이다.

이러한 견해는 다음 장에서 제시하는 바와 같이 미국에서는 충족되지 않는 필요 따위는 없다고 생각하고 있는 점에서 그릇된 것이다. 나아가 그것은 근본적으로 패배주의적인 견해이다. 그것은 정태적이며, 공공의 책임이나 정책의 합리적인 해결방법과 연결되지 못하고 있다.

제2의 견해는 충분히 동태적이고 정책지향적인 것이기는 하나, 그러나 피상적이고 잘못되어 있다. 그것은 고용수준을 간명하게 상대적인 경제활동에 관한 하나의 함수로 된다고 생각하고, 우리에게 필요한 유일의 것은 호경기 붐을 일으키는 것이라고 보고 있다. 그러나 노동의 질을 노동수요의 증대에 적합하도록 높이고 또 각종의 건설사업에 있어서 근육노동에 대한 더욱 많은 수요를 만들기 위해 강력한 노력이 없다면, 붐은 단순히 붐에 불과하며, 이에 잇달아 불황이 일어날 것이다. 그러므로 붐의 기간 중에서조차 완전고용은 일어나지 않을 것이다.

주노동시간 단축의 제안에 관한 각서

이에 대해서 나는 다음과 같은 반성을 덧붙이고 싶다. 그것은 주노동시간을 단축함으로써 노동자 사이에 '실업을 분담'시키려는 제안은 조금도 바람직한 방향을 제시하고 있지 않다는 것이다.

이 나라에서는 주노동시간이 금세기 중에 60시간에서 40시간으로 감소했으며, 이것은 미국인이 경제 진보에서 거두어들인 커다란 수확의 하나이다. 그러나 미국에서도, 또 그 점에서는 다른 어떤 나라에서도 그 문화 수준은 아직 소수자뿐만 아니라 다른 사람들도 노동과 수면 사이의 더욱 많은 시간을 적절하게 사용할 수 있는 데까지에는 도달하지 못하고 있다—고등교육을 받은 소수자는 대개의 경우, 훨씬 오랜 시간을 일하고 있는 것이다. 최근의 사회연구 가운데는 이러한 청교도적인 태도에 대한 지지가 있다고 나는 생각한다. 그러나 주노동시간의 단축 자체가 바람직한 일인가 아닌가의 문제는 전혀 별도로 치더라도—그것은 만인이 인정한다고는 단정할 수 없는 가치전제에 바탕을 두고 있다고 논할 수도 있지만—이러한 변화가 지금으로서는 다분히 구조적인 성격을 가지고 있는 미국의 실업을 감소시킨다고 생각하는 것은 이유가 박약하다.

주노동시간의 단축은 조합의 강력한 보호를 받고 있으며, 그 대부분이 숙련 노동자이며, 어떻든 노동수요에 알맞은 교육이나 훈련을 받고 있는 노동자에 대해서 실현되는 경우에는, 그것은 실업자의 대부분에 대한 수요를 증가시키지 않고 단지 실제로 필요한 그런 종류의 노동의 부족 때문에 붐이 억제되지 않으면 안 되는 상부한계를 더욱더 내리눌리는 이용을 가질 뿐이다.

인플레 압력은 오직 실업이 실질적으로 감소하기 훨씬 이전에 확대를 정지시킬 필요를 드러내며 두드러지게 할 뿐이다. 유력한 노동조합에 속해 있는 노동자—주노동시간의 단축은 이들의 강요에 의해서 이루어진다—시간의 단축과 더불어 인플레이션으로 향하는 움직임이 비교적 빨리 나타날 것이다.

제3장 실업과 빈곤

하층계급의 출현

실업에 관한 사실이나 그 직접의 원인은 우수한 통계보고의 덕분으로 미국에서는 잘 알려져 있다. 케네디 대통령은 한층 더 높은 긴박감을 가지고, 점점 상승해가는 높은 실업수준을 주요한 경제문제라기 보다 오히려 '60년대의 주요한 국내적 도전'이라고까지 간주하였다. 학문적·통속적인 연구나 신문은 아주 열심히 매월의 실업동향을 쫓고 있으므로 그것은 미국의 생산자원의 이와 같은 오용에 대해서 전국민의 관심을 강하게 하는데 도움이 되고 있다.

이에 비해서 그다지 자주 지적되고 논평되는 일이 없는 것은 사회의 밑바닥에 있는 실업자나 그 다음 차례인 취직 불능자나 불완전고용자와 그 가족으로 이루어진 하층계급을 함정에 빠뜨리게 하는 것 같은 현재 진행되고 있는 변화의 경향이다. 한편, 그러한 하층계급보다 위에 있는 다수의 사람들에 대해서는 점점 민주적인 교육제도의 구조가 적어도 2세대의 과정에 걸쳐 더욱 많은 참다운 자유나 기회의 균등을 만들어 내고 있는 것이다.

미국의 이미지 자체는, 적어도 경기가 상향일 때는 건전한 신체와 정신을 가지고, 또 끈기가 있는 자라면 누구라도 일자리를 찾을 수 있으며, 또 최고의 그리고 가장 보수가 많은 지위에 오를 수가 있는 자유롭고 개방적인 사회라는 이미지였으며 지금도 그러하다. 제1차 세계대전까지의 시기에, 수백만의 가난한 유럽인에게 미국에서 새로운 기회를 가져보자는 생각을 일으키게 한 것은 이러한 이미지였으며, 또 실제로 이에 어느 정도 부합할 만한 현실이기도 하였다.

현실은 이런 이미지와 완전히 일치하지는 않았다. 그리고 지난 수세대에 걸쳐 하나의 과정이 진행되었다. 그것이 한편에서는 점점 많은 사람들에게 많은 기회를 개방하였지만, 또 일부의 사람에게는 많은 기회를 폐쇄한 과정이기도 하였다. 결국 이제 와서는, 그 과정은 국민의 참으로 동화된 부분이 아니라 쓸모없고 비참한 밑바닥 계급인 진짜의 하층계급을 분열시키려 하고 있는 것이다.

높은 데에서 시작해 보면, 거만의 부를 가지고 인간이나 생산자원을 제멋대로 부리는 입지전적인 자수성가형의 인간은 대학교육이 완전히 보통의 일이 되고, 학위가 없는 자는 실업계에서는 도저히 출세할 수 없게 된 시기 이후로는, 미국에서는 차차 모습을 감추고 있었다. 기업 그 자체가 점점 대규모로 되고 고도로 조직화 되어가는 경향에 있었다.

이 같은 과정은 넉넉히 반세기 이전부터 진행되고 있었다. 미국의 이미지의 하나의 요소—신문팔이나 구두닦이를 하고 있었지만 훗날에는 상공업이나 금융계의 거물이 된 소년이라 든가 통나무집에서 백악관에 이르는 출세가도를 싸워 쟁취한 인물로써 상징되는 요소—는 사라지지 않으면 안 되게 되었다.

이와 같은 과정의 근본원인은 고등교육이 점차 민주화된 일이었다. 이 점에서 미국은 서방세계의 선구자였고 지금도 그러하다. 최상층에의 여정은 한 인간의 일생으로는 무리하 다 하더라도 학교 교육을 발판으로 삼으면 2세대에 걸리면 할 수 있었고, 지금이라도 할 수 있는 것이다.

그 뿐만 아니라, 설령 최고의 경제적·사회적 지위는 밑바닥 으로부터 출발한 인간에게는 폐쇄되어 있다 해도, 그 밖의 많은 직업에서 얼마든지 승진할 수가 있었다. 게다가, 오랜 동안 사실상 모든 분야에서 기회의 확장이 이루어졌다. 또 게다가 적어도 꼭 이루어져야 할 미숙련노동자의 일자리는 많이 있었고, 경기가 좋을 때에는 언제나 이에 대한 수요가 있었다. 대불황이 끝난 뒤에 또는 전시나 전쟁 직후의 붐 때 에도 역시 마찬가지였다. 그러나 우리는 이러한 미국의 이미 지는 어느 정도까지 항상 하나의 신화 같은 것이었음을 잊어 서는 안 된다.

지금에 와서는, 고등교육을 받지 않고 사회에 진출한 사람 에게는 잠겨 있는 최고의 사회적·경제적 지위는 차치하더라 도, 사회에서 출세할 기회나 또 보기 흉하지 않을 생활수준을 유지하여 그 나라의 일반적 문화와 그 문제의 해결에 관여하는 기회조차도 예전에는 항상 반드시 넓게 개방되어 있지는 않았다.

국민의 대다수는 기회에 따라야 할 자유가 주어져 있지 않았고, 사회적·경제적 향상의 가능성이 박탈되고 있었다. 이러한 사실은 남부의 흑인 면작차지농, 워싱턴 특별구의 남쪽의 그리 멀지 않은 곳에 사는 백인 산지주민, 국내의 도처에서 볼 수 있는 똑같은 백인 빈곤자의 집단, 캘리포오니아의 대농장에서 일하는 이민 노동자, 게다가 도시의 고한제 공장의 노동자 등에 대해서도 해당되었다.

또한 마지막 부류와 약간 중복되지만 많은 점에서 불리한 입장에 놓여 있는 도시의 빈민가에 사는 새로운 이민이 있었다. 그들은 사람 대우를 받게 될 때까지 흔히 필설로 못다 할 행산(幸酸)을 맛보고 온 것이다.

마지막으로, 주기적인 경기 하강기에는 충분히 국민으로 동화된 노동자의 대부분도 실직하여 수입이 없게 되었다. 이러한 일련의 불행은 대공황에 의해 정점에 도달한 것이며, 그 때에는 노동력의 20% 또는 그 이상이 실직하였던 것이다. 그러므로 수백만의 사람의 비참한 빈궁이라는 것은 미국에서는 조금도 새로운 사실이 아니다.

경향으로는 명백히 빈궁에 시달려 있는 자나 그러한 위험에 크게 노출되고 있는 자의 수를 감소시키는 방향으로 향하고 있다. 그 주요한 원인은 미국 경제의 생산성이 향상한 것, 또 교육시설이 크게 개선된 것, 그리고 좋은 학교나 대학교육이 다른 서구의 어느 나라보다 빨리 그리고 아낌없이 보다 많은 사람들의 이용에 제공되었다는 것이었다.

새로운 위협

그럼에도 불구하고 아주 최근의 변화 가운데나 또 가까운 장래의 경향 가운데는 무엇인지 모르게 위태로운 것이 있다. 미숙련노동이나 많은 숙련노동까지도 배제하는 경향은 뚜렷한 것으로, 그것은 아무래도 우리를 멈추게 하여 생각지 않을 수 없게 만든다. 고도로 교육받고 훈련된 노동에 대한 수요의 확대는 지금도 일어나고 있으며, 경제의 성장률이 더욱 높아지면 점점 급속히 일어날 것이지만, 그러나 그것을 이용하기 위해서는 배제된 노동자의 보다 높은 정도의 교육이나 훈련이 요구되는 것이며, 그 정도는 아무리 기민하고 진취적인 노동자라도 그 갭을 뛰어넘는다는 것을 간단히 생각할 수는 없을 정도의 것이리라. 노동자는 사회의 손으로 그렇게 하는 것을 도움 받을 필요가 있으며, 그렇지 못할 때 노동자는 전혀 그것을 해낼 수가 없는 것이다.

지금 일어나고 있는 일은 기업이 점점 대규모로 되고 조직화되며, 반세기 이상 이전에 '입지전적인 자수성가형'의 인간이 최고의 지위에서 자취를 감춘 사실과 비슷하다. 이러한 과정은 먼저, 처음에는 상공업의 종업원의 중견층으로, 다음에는 더욱 낮은 계층으로라는 식으로 점점 내려가 마침내 오늘날에는 미숙련노동자나 많은 숙련노동자가 남아돌 정도가 되기 시작하고 있다.

이것은 새로운 위협이다. 왜냐하면 그 과정이 새로운 요구에 응하기 위해 '모든' 노동력을 교육하고 훈련하기 위해 병행적인 변화를 수반하지 않고 자꾸만 앞으로 나아가 버리면, 최고의 지위에 있던 입지전적인 자수성가형의 인간이 자취를 감춰버렸을 때와 마찬가지로 하층의 자에게는 경제적 진보나 사회적 승진의 넓은 여지는 이제 남겨지지 않기 때문이다. 필요하지 않게 된 사람은 참으로 '버림받은 인간'이다.

그들은 쉽사리 실업자가 되며, 사실 대부분은 취직 불능자나 불완전고용자가 되어버린다. 그들에게 있어서는 좋은 직업을 얻고 그것을 유지한다는 것은 구두닦이 소년에서 출발하여 대기업의 사장으로 끝난다는 일이 먼 옛날에 곤란해진 것이다.

이와 같은 실업자가 전혀 취직이 불가능한 자나 불완전고용자라는 미국의 '하층계급'의 출현은 남유럽이나 동유럽으로부터의 이민의 거의 마지막 집단이나 그 자손이 가까스로 미국 국민 속에 융화되었을 때 일어난 일이다. 그것은 노동수요의 새로운 방향에 적응하도록 교육받고 훈련된 사람들이 그의 노동에 대한 활발한 수요를 찾아내고 있을 때라든가 또 충분한 고용상태에 있는 대다수의 미국인의 일반적인 생활수준—또 이에 의해 미국적 생활양식이란 어떤 것인가에 대해 매스커뮤니케이션 산업이 보급시킨 일반적 개념—이 수세대전까지에는 쾌적한 표준으로 간주되고 있던 표준 이상으로 향상했을 때에 일어나고 있는 것이다. 사회 전반에 걸쳐서 오늘날에는 훨씬 많은 기회의 균등을 볼 수가 있다. 그러나 밑바닥의 사람들에게는 그것이 감소되어 있거나 혹은 전혀 없는 것이다.

입지전적인 자수성가형의 인간이 자취를 감춘 사실은 현재 진행되고 있는 변화에 비하면, 사회의 아주 작은 변화였다. 현재의 변화는 이 새로운 미국의 생활이나 일을 위한 교육이나 훈련이, 보통의 일로서 부여되어 있지 않은 지역 또는 경제적·사회적 계층에 우연히 태어난 사람들에 대해서 모든 좋은 직장이나 얼마 후에는 풍요한 미국에서 갖기에 어울리는 거의 모든 직장을 폐쇄하려 하고 있기 때문이다.

미국의 대부분에는 교육제도를 통한 사회적·경제적 활동성이 있다. 그 수준 밑에 '하부계급'을 가르는 경계선이 그어진다. 이 계급의 자녀들은 그의 부모와 마찬가지로 태어날 때부터 열악한 입장에 놓일 경향이 있으므로 이 계급의 경계선은 거의 신분의 경계선으로서 그어지게 된다.

고율이며, 또한 점점 증대하는 실업의 상황 아래에서는, 노동조합조차 종종 본의는 아니지만 노동자의 하층계급을 취직의 기회에서 몰아내는 이 경계선을 고정시키는 도구가 된다. 오오토메이션의 공정은 유력한 노동조합을 갖는 미국 경제의 부문에 있어서, 특히 널리 보급되고 있다. 그러므로 이러한 노조는 그 요구가 사용자에게 신규 노동자를 고용하지 않는다는 유인을 만드는 경우에도, 자기의 조합원에 대한 직장의 보장을 요구할 수밖에 없게 된다.

실업률이 높은 상황 아래에서는 노조는 종종 자기들의 단체 교섭력이 약체화한 것을 느끼고, 전 노동자의 입장에서 보아 큰 관심사인 고용을 요구하는 일관된 강한 입장을 취함으로써, 그 힘의 너무나 많은 것을 다 써 버릴 수는 없다고 생각하는 때도 있다. 그러므로 노동조합은 일자리를 가지고 있는 사람들의 많은 독립된 집단을 위한 보호 조직이 되어버릴 위험이 있다.

노조를 통틀어 보아도, 그것은 모든 노동자 중의 소수를, 아마 4분의 1을 대표할 뿐이다. 그리고 조합원은 직업을 가지고 있는 한, 국민의 중산계급에 속한다. 이 점에 관련하여 우리들은 노동보호주의가 미국의 노동조합운동, 특히 AFL의 직능별 조합 속에 오랜 전통을 가지고 있다는 것을 잊어서는 안 된다. 이 운동의 큰 단위, 특히 CIO계의 산업별 조합이 국민적인 경제문제에 대하여, 그들이 현실적으로 취하고 있는 것과 같은 포용력이 있는 진보적인 입장을 취할 수 있었다는 사실은 관찰자에게 거의 기적처럼 보인 것이다.

지금껏 우리들이 설명해 왔던 '하층계급'이 그리 큰 발언권을 가지고 있지 않고, 따라서 일과 레저의 양쪽을 바쁘고 기쁜 듯이 즐기고 있는 보통의 충분히 교육을 받은 미국인의 눈에 그다지 띄지 않고 있었다는 사실은, 이 발전의 중대함을 감소시키지는 않는다.

그 뿐만 아니라 오히려 그들이 매우 말이 적으며, 자발성이 없고, 또 그들이 자신의 이익을 위해 싸우도록 조직화되어 있지 못하다는 것은 민주주의에 대해서는 치명적인 일이며, 이 하층계급의 개개의 구성원에게 사기를 잃게 하는 것만으로 그치는 것은 아니다. 유력하고 제대로 된 민주주의는 그 자체의 건전화와 유지를 위해 특권을 갖지 않는 사람들 속에서 부터의 항의하는 운동을 필요로 한다.

실업의 죄화

대공황 때에는 미국과 그 밖의 많은 서구 국가에서의 모든 연구가 실업자의 아주 많은 부분이 '취직 불가능자'가 되어 가고 있음을 분명히 하였다. 전시나 전후에 실업자의 대부분은 곧 소멸하였지만, 미국의 현상에 있어서는 설령 경제성장의 커브를 급격히 또 실질적으로 상승시킬 수가 있었다 하더라도 이와 똑 같은 일이 지금 일어난다고는 확신할 수 없다.

오늘날에는 노동수요의 증대는 가일층 높은 정도로서 숙련 노동자나 교육을 받은 노동자에게 돌려지고 그 밖의 대부분의 사람을 방치해 둘 것이다. 케네디 정부가 이 정도면 참을 수 있다는 실업률을 4%로 한 것은 사람들을 낙담케 하였으나 아마 현실적일 것이다. 이 경우, 정부는 명백히 생산성이 낮은 파트 타임 실업자나 불완전고용자를 계산에 넣지 않고 있다.

붐이 다른 이유가 없어도 교육을 받고 훈련을 받은 노동자의 부족 때문에 결국 깨어지지 않으면 안 될 때에는, 실업수준은 더욱 높아질지도 모른다는 공산마저 있다. 그것은 실업이라는 난문제를 안은 부분만을 남길 것이지만, 그것은 기분이 언짢을 만큼 높을 것이다.

실업은 생활을 파괴한다. 그것은 국내의 청년을 특히 해치게 된다. 그들의 교육이나 문화수준이 낮을 경우에는 더욱 그러하다. 범죄나 매춘, 그 밖의 모든 종류의 부도덕적인 시간보내기가 만연할 것이다. 그것은 바로 30년대의 불황시에 빈민가에서 일어난 일이며, 또 오늘날 현저히 일어나기 시작하고 있는 일이다.

아무 과실 없이 직장에서 내던져진 사람들에 대하여 크게 증액된 실업수당이나, 때로는 임금의 전액까지를 기한에 관계없이 지급해야 할 것이라는 진보적인 저술가들에 의해 제출된 충분히 뜻있는 제안은 의회에 의해 승인되는 찬스가 거의 없다. 그러나 그와 같은 제안은 그 정치적 현실감각의 결여가 어떻든, 나태에 흐르고 한층 더 영구적으로 구호에 기대어 생활해 나간다는 것이 모든 사람에게 있어서, 특히 문화의 혜택을 입을 기회가 적은 청년들에게 얼마나 건강하지 못하며 유해한가를 과소평가하고 있다—이 낡은 청교도적인 신조도 최근의 사회조사에 의해 충분히 확증되어 있다고 나는 생각한다. 일한다는 것은 고전파 경제학자가 생각했던 것과 같은 전적인 '불효용'이 아니고, 또한 대체적인 '불효용'도 아니다.

그것은 반드시 쾌락은 아니더라도, 자존심과 고귀한 생활의 기반이다. 실업의 참다운 구제는 고용밖에 없다. 그렇다고 해서 그것은 물론 사람들이 실업했을 경우에 그들에게 대하여 살아나가는 것을 가능하게 만들어 주는 것이 중요하지 않다고 말하고 있는 것은 아니다.

악순환

이와 같은 하층계급의 형성의 사회적 영향을 탐구할 경우, 본질적 문제는 어떤 사람이 구분선의 위에 오는가 아래에 오는가를 결정하는 도태과정의 성격의 여하이다. 이 도태는 교육이나 훈련을 기준으로 하여 작용한다. 만일 노령자가 국민적 표준과 노동수요의 방향에 대응하는 수준의 교육을 받지 못하고 있으며, 또 청년이 그것을 받지 못하고 있을 경우에는, 그 원인은 대개 그들이 빈곤과 불결한 환경 속에서 생활하고 있었기 때문이다.

저개발국의 상황을 '그 자체를 영속시키는 빈곤'과 같은 악순환의 하나로서 나타나는 것이 관례가 되어 왔다. 그러나 똑같은 악순환은 가장 부유한 나라의 특권을 갖지 못한 계급 속에서도 작용하고 있다. 우선 첫째로 실업은 수입의 상실을 뜻한다. 특히 영구적으로 실업자가 되는 사람이나, 또 그 고용이 임시적이며 실업 보상이 적용되지 않는 범위 내에 있는 사람에게는 수입의 상실은 전액이거나 혹은 매우 다액인 것이다.

그들은 사기를 잃게 되고 무기력해질 것이다. 그들은 부모로서 꼭 필요한 자녀의 교육비도 지불할 수 없게 될 것이다. 그 대신 그들은 설령 값싼 임금이라도 장래의 보장이 없어도 무엇이든 일자리만 있다면 자녀들을 빨리 학교에서 중퇴시키고 싶어질 것이다. 실업자나 빈곤자의 가정환경은 일반적으로 어린이나 청소년이 좋은 직업에 종사하기 위한 교육이나 훈련을 받는데 적합하지 않을 것이다.

실업자는 빈민가에 살지 않을 수 없게 될 것이며, 혹은 더욱 그렇게 될 것 같지만, 그들은 계속 빈민가에 살게 될 것이다. 규칙은 어떻게 되어 있든 빈민가의 학교는 산중의 농민이 살고 있는 지역의 학교와 같이 좋지 못할 것이다. 그리고 복잡한 도시의 빈민가나 시골의 빈농지구 전체의 생활양식은 생활 향상에로의 의욕과 능력을 손상시키는 것일 것이다.

실업의 증대와 평행하여, 또 이에 선행하여 행하여진 대도시의 빈민가 정리사업은 주로 신축 주택의 집세를 치를 여유가 있는 국민의 3분의 1의 중산계급에게 혜택을 주었다는 것이 미국의 두드러진 경향이었다. 왜냐하면 신축 가옥은 어느 면에서도 참으로는 '값싼 셋집'은 아니었기 때문이다. 집을 잃은 사람들은 이미 인간이 가득 차 있는 다른 빈민지구나, 이러한 변화의 과정에 의해 빈민가가 된 지구로 밀려났다.

미국의 주택정책의 이러한 비뚤어진 경향은 다른 거의 모든 사회정책 속에서도 유례를 가지고 있다. 각종의 사회보장 계획이나 어느 정도의 최저임금 규제도 그것을 가장 필요로 하고 있는 그룹의 조금 위에서 정지해 버린다. 임의가입 건강보험제도는 극빈층의 사람들에게는 너무나 돈이 많이 든다. 그들이야말로 심신, 공히 최고의 나병률을 나타내는 것이다.

이와 마찬가지로 농업정책도 주로 부농이나 진취적 농민을 돕고 소농, 영세차지농, 농업노동자 등에 대해서는 제대로 한 일이 없었다. 그들의 대부분이 이농화(離農化) 하는 것은 당연하지만, 그러나 그 과정을 촉진하거나 그들을 빈민가의 실업자 또는 불완전고용자로 끝나게 하지 않기 위해 예방하는 조처는 거의 취해지지 않고 있다.

누적과정으로 이끄는 순환적 인과관계의 이 같은 악순환 중에는 하나의 정치적 요인이 있다. 미국의 가난뱅이는 조직되어 있지 않고, 거의 침묵을 지키고 있다. 그들은 그 수와 그 가혹한 궁상에 어울리는 정치적 압력을 조금도 행사하지 않는다. 그들은 세계에서 가장 혁명적이 아닌 프롤레타리아트이다.

선거권 등록이나 선거활동에 관한 연구가 나타내고 있는 것처럼 미국의 투표율이 비교적 낮은 것은 주로 그들의 책임이다. 이것은 언제나 흑인이 투표하고 싶어도 거의 할 수 없게 되어 있는 남부만의 이야기가 아니고, 미국의 다른 지방에서도 그러한 것이다.

그들은 잠재적 유권자의 큰 이용이 되지 않은 예비군을 형성하고 있으므로, 선거 때마다 내거는 민주당과 공화당 양쪽의 강령은 언제나 여태껏 해왔던 정책과는 전혀 다른 것처럼 비치고 있을 것이다—그렇지만 대개의 경우, 그것은 일반적인 언질은 주지 않는 말로써 표현되는 일이 많다. 그러나 일단 선거가 끝나고 가난한 사람들의 대부분이 역시 투표소에 오지 않았다는 것을 알면, 현실의 정책은 그들을 위해서는 대단한 일을 하지 않는다는 원래의 상태로 되돌아가 버린다.

소수그룹

점점 증가하는 실업은 소수 그룹의 위에 대부분이 덮치게 되어 국민의 통합과정에 대해서 중대한 차질을 가져오게 한다. 미국에서 최대의, 그리고 여전히 가장 불리한 입장에 놓여 있는 소수 그룹은 흑인 그룹이다.

제2차 세계대전 초기 무렵부터 미국의 인종관계가 개선의 방향으로 향하고 있다는 뚜렷한 경향을 볼 수 있었다. 그 시기까지의 60년 동안, 미국 흑인의 신분은 아무런 큰 변화가 없었으므로 이 같은 발전은 한층 두드러져 보인다. 이러한 믿음직스러운 경향의 많은 원인 가운데 매우 중대한 원인의 하나는, 말할 나위도 없이 대공황 이후와 전쟁의 초기부터 노동수요의 수준이 상승한 사실이었다. 더욱 많은 흑인이 기능을 습득하고 노동조합에 가입하여 흑인에 대해 개방되고 있던 새로운 분야에 있어서 선임권과 직장의 보호를 획득하는 것을 허용받았다. 그러나 흑인은 역시 최후에 고용되고 최초에 감원되는 것이었다.

흑인의 실업률은 현재 백인의 실업률의 2배 이상에 달하고 있으며, 그것은 흑인 노동자의 8분의 1 가까이가 실업중에 있음을 뜻한다. 지금도 여전히 남아 있는 편견의 벽 그늘에서 대체로 성공하고 있는 자유직업이나 실업가의 극소수의 상류·중류계급이나, 이제는 상당히 늘어난 숙련노동자나 조합의 보호를 받고 있는 노동자 그룹은 별도로 치더라도, 대다수의 흑인은 보통의 백인 미국인에 비해 훨씬 빈곤하며, 또 훨씬 적은 교육이나 훈련밖에 받지 못하고 있다. 따라서 그들은 노동수요가 교육이나 훈련을 받은 사람들에게 향해져 있고, 또 그렇게 되지 않을 수 없는 현상에서는 비교적 약한 입장에 놓여 있다.

또 그들은 주택을 찾을 때에도 합법적·비합법적으로 직접적인 차별대우를 받고 있다. 흑인 빈민가는 이 때문에 점점 과밀해지고 황폐해 있다. 남부에 있어서는 전체의 교육제도가 지금도 그들을 주로 열악한 학교로 격리하고 있다. 그 밖의 온갖 편견과 차별행위가 흑인을 경제적·사회적으로 압박하는 경향에 있다.

앞에서도 말한 바와 같이, 이러한 것들의 다른 점에서의 경향은 제2차 세계대전 초기 경부터 개선되는 방향으로 향하였다. 그러나 이 같은 모든 개혁은 흑인의 생활상태의 실질적인 변화라는 점에서 효과를 낳는 데는 시간이 걸린다. 흑인 사이에서 볼 수 있는 고율의, 그리고 점점 높아가는 실업은 한편으로 여러 가지 모양으로 미국의 흑인의 지위 향상을 방해하는 하나의 악화의 원인이 된다. 다른 한편, 불충분한 교육과 훈련을 포함하는 이러한 열등한 생활조건은 흑인이 좋은 일자리를 찾고 이를 유지하는 것을 더욱더 곤란하게 만드는 경향을 지니고 있다.

미국의 인종관계의 기뻐할 만한 상승 경향을 위협하는 최대의 위험은 일반적으로 점점 높아가고 있는 실업의 상황 아래 작용하는 이러한 악순환에서 생기고 있다. 여기에서는 열등한 생활조건이 흑인 사이에 비율로 보아 훨씬 많은 실업의 발생을 일으키는 동시에, 실업의 확대가 이번에는 생활조건의 악화를 불러일으키는 것이다. 그러나 실업이 고율이며 더구나 높아가고 있는 때에 다른 자들보다 더욱 많이 실업의 타격을 받는 다수의 흑인 노동자—노동력의 10% 이상—나 비슷한 영향을 받는 푸에르토리코인과 멕시코인, 그 밖의 소수 그룹 외에 미국의 도처에 살고 있는 빈곤한 백인을 덧붙이지 않으면 안 된다. 그들은 국민 전체의 번영이나 미국적 생활양식의 진보에서 제외되는 이러한 하층계급으로 밀려나 악순환의 작용에 의해 그 계급 속에 갇히게 될 것이다.

빈 곤

국세조사국, 워싱터의 1, 3개 성(省), 각주 정부, 대학의 연구소, 그 밖의 연구단체는 최근 미국의 빈곤과 그 배후의 인과관계의 사실들을 폭로시킨다는 훌륭한 일을 해냈다.

이들 기관은 통계적 관찰이나 정의의 절차에 따르기 마련인 오차 이상이 아닌 각종 계산 사이의 격차로써 이런 상황에 관한 일관된 명확한 판단을 제시하고 있다. 이러한 각종의 연구결과의 아래와 같은 요약은 경제진보회의(1962년)에 의해 간행된 「미국에 있어서의 빈곤과 넉넉지 못한 생활(*Poverty and Deprivation in the U.S*)」에서 나온 것이다. 이 회의는 이러한 연구를 모두 검토하고 계산에 도달하기 위해 쓰인 여러 방법에 대해 적당한 고려를 하고 있다.

가령 빈곤이라는 것은 가족을 가진 사람이면 연간소득 4,000달러 이하, 독재자이면 연간소득 2,000달러 이하로 생활하지 않으면 안 되는 상태라고 정의한다면, 1960년에는 3,800만의 미국 국민, 즉 국민의 5분의 1 이상이 빈곤자였다. 넉넉지 못한 생활상태, 즉 빈곤보다는 낫지만 오늘날의 미국에서 비교적 편한 생활수준으로 치고 있는 사태의 조건에 결여되어 있는 자─가족을 가진 사람이면 4,000달러 내지 6,000달러, 독신자이면 2,000달러 내지 3,000달러─로는 3,900만 명 이상, 역시 국민의 5분의 1이 포함되어 있었다.

극도의 궁핍이라는 것은 빈곤선을 나타내는 소득의 절반 이하의 소득밖에 없는 사람인 상태라 생각되고 있는데, 그것은 1,250만 명 이상의 미국 국민, 즉 미국 인구의 거의 7%나 되는 사람들의 운명이었다. 이러한 넉넉지 못한 생활, 빈곤과 극빈이라는 여러 부류에 속하는 사람들의 비율은 불황기 이래, 처음에는 급속히, 다음에는 완만하게 감소하고 있었다.

이러한 속도의 둔화는 지난 10년 동안에 특히 눈에 띄게 두드러졌다.

연간 1,000달러 이하의 수입으로 생활하고 있는 극빈상태의 세대수가 조금 불어난 것같이 보인다. 국민 전체의 소득 분배는 지난 10년 동안에는 점차적인 평등화의 경향을 나타내고 있었는데, 그 때가 되자 상대적인 경제정체가 국민의 경제적 불평등을 증대시키는 새로운 경향 속에 반영되게 되었다.

빈곤은 남부 쪽이 심하다. 그것은 전국의 백인 이외의 인구의 보통 2배 이상이다. 백인의 3배 이상이나 되는 수를 차지하는 백인 이외의 인간은 빈곤선을 확정하는 것으로 생각되는 소득의 반 이하의 소득밖에 얻지 못하고 있는 것이다.

빈곤은 또한 농업에 있어서 가장 현저하나, 농업에서는 농촌 인구의 대부분을 차지하는 소농과 영세 차지농 및 고용 노동자가 빈곤에 허덕이고 있다. 고용 노동자 부류의 약 3분의 2는 연간 1,000달러 이하의 수입밖에 없다.

빈곤은 남편이나 부친을 잃은 여성, 또는 미혼의 여성이 일가의 지주가 되고 있는 가정에 타격을 주고 있는 경우가 더욱 많다. 미국에서는 65세 이상인 자는 특히 가난하다. 65세로 가족을 가지고 있는 사람들 가운데의 3분의 2 가까이가 앞에서 말한 정의에 의한 빈곤 속에서 생활하고 있으며, 거의 3분의 1이 극빈상태에 있었다.

사실 세대의 10분의 1은 극도의 궁핍을 뜻하는 1,000달러 이하로 생활하지 않으면 안 되었다. 몸을 의지할 곳 없는 고독한 노인의 경우는 더욱 심하다. 그 5분의 4는 빈곤상태에 있었고 거의 반수는 극빈상태에 있었다. 65세 이상의 노인을 세대주로 하는 세대의 중위 소득은 3,000달러 이하이며, 독신자의 소득은 1,000달러를 조금 넘었음에 불과하였다. 이 연령계층은 현재 10년 전보다도 거의 2배의 속도로 늘어나고 있다.

낮은 소득은 사람들이 받은 학교 교육의 양과 밀접히 관련되고 있다. 그 세대주가 8년 이하의 초등교육밖에 받지 못했던 세대의 경우에는 거의 3분의 2는 4,000달러 이하의 소득밖에 없는 빈곤의 상태에 있었다. 3분의 1 이상은 2,000달러 이하였다.

독신자인 경우에는 빈곤의 발생률은 더욱 심하였다. 충분히 교육을 받지 못하였던 가족이나 독신자가 빈곤상태에 있는 사람들의 반수 이상을 훨씬 넘게 차지하고 있었다. 건강상의 결함과 저소득과의 사이의 상관관계도 이와 비슷한 것이다.

세대주가 실업하고 있는 세대의 40% 이상이 빈곤하였다. 그것은 빈곤상태에 있는 인구총수의 4분의 1에 해당한다. 나머지 4분의 3은 우리가 '불완전고용'이라 부를 직업을 가지고 있었다. 이 불완전고용이라는 새로운 용어는 저개발국의 개발문제를 분석함에 있어서 생산성의 수준이 낮고 따라서 소득수준도 낮은 지방이나 직장에 달라붙어 있던 사람들을 특징짓기 위해 우리가 발명한 것이다.

농업 인구의 대부분은 이런 의미에 있어서 불완전고용자에 속해 있으며, 진취적이며 번영을 누리고 있는, 주로 대규모적인 농장 경영자는 농업인구 중에서 소수밖에 없다. 도시에서 그들은 저임금의 일을 하지만 그것은 대개의 경우 임시의 일이다.

일반적 평등 속에서의 불평등의 증대

대다수의 미국인에게 있어서는, 자신들 밑에는 대량의 더구나 점점 증대해 가는 실업자가 있다는 사실을 신문에서 읽고 있으면서, 그들이 주로 접촉하고 있는 모든 사람과 함께 그 노동에 대한 활발한 수요나 경쟁이 있는 완전고용, 때로는 초과 고용의 상태 속에서 생활하는 일이 완전히 가능하다. 이러한 일이 가능해지는 것은 실업의 성격이 다분히 구조적이 되어 있는 사실의 결과이다. 한편에서는 미국 사회의 저변에 이러한 일이 일어나고 있으면서, 다른 한편에서는 미국의 대부분에는 점점 증대하는 사회적·역동성, 자유 기회의 균등과 경제적·문화적 수준의 일반적인 향상 등이 있다는 것이 완전히 가능한 것이다. 더욱 많은 개인이나 세대가 경계선의 부근에서 점점 멀어질지도 모른다.

사회복지 정책은 내가 이미 지적한 대로 특히 그러한 국민의 중간층에 대하여 한층 더 큰 보장을 주도록 입안되어 왔다. 그러므로 빈곤선의 아래쪽에서 올라온 사람이 그 선을 멋지게 돌파한다는 일도 다소간 있을는지 모른다. 그러면 그 것은 미국이 지금도 여전히 그 자체의 중요한 이미지와 굳게 확립된 이상을 가진 자유롭고 개방적인 사회라는 거짓된 안심감을 주게 된다. '그러나 도시나 시골의 빈민가에 사는 사람들이 제공할 수 있는 것과 같은 부류의 노동은 점점 필요 없게 되므로 그들은 점점 고립화하고, 실업이나 불완전고용이 철저한 착취에 노출되게 될 것이다.'

여기에 미국의 호화로운 대저택의 지하실에서 풍겨 올라오는 하나의 악취가 있는 것이다.

제4장 자유와 평등

도의적 문제점

첫째로, 대다수의 미국인에게 있어서는 만사가 매우 순조롭게 잘 되어 가고 있다는 사실과 둘째로, 미국은 이전의 흑인노예로부터 아주 최근의 남유럽이나 동유럽으로부터의 이민에 이르기까지 그토록 오랜 동안 갖가지의 동화되지 않은 소수민족의 문제를 안은 채 살아오지 않으면 안 되었다는 사실은 보통의 선량하며 동정심이 있는 상류나 중류계급의 미국인이 다수의 동포가 놀랄 만큼 빈곤하다는 데 완전히 안심하고 있다는 것을 설명하는 데 크게 도움이 되고 있다.

실제로 다수의 동포는 대단히 가난하며, 또 보통의 미국인이라면 누구나 자기나 그의 자녀들에게도, 그리고 주위의 사람들에게도 아주 당연하다고 생각되는 것 같은 기본적 기회를 부여받지 못하고 있는 것이다.

보통의 미국인은 어느 도시에 발을 들여놓아, 크고 비참한 빈민가를 물끄러미 쳐다보고 있어도, 그것이 현존하고 있다는 사실이나, 수십만 아니 수백만의 세대가 그 속에 갇혀서 생활하고 있다는 사실을 현존하는 현실로 인식하지 않을지도 모른다. 그는 빈민 지구의 자치체가 경찰·소방·보건·긴급원조 등에 이제까지보다 얼마나 많은 비용을 지출하지 않으면 안 되는가, 또 이 같은 대책을 강구하여도 빈민굴에서는 그가 살고 있는 정돈되어 있고, 청결한 교외 주택지보다 얼마나 많은 범죄와 매춘, 비합법적인 도박이나 갱 행위, 화재, 노쇠나 만성병 등이 있으며, 얼마나 많은 전염병이나 일시적인 병, 알코올 중독이나 정신장애가 있는가를 신문을 통하여 읽고 알게 될지도 모른다.

그는 빈민굴에서는 유아 사망률이 훨씬 높고, 또 분만에서 산모가 죽는 율도 높다는 것을 알고 있다. 그는 이러한 사태를 살아 있는 현실로서가 아니고 일종의 추상적인 방법으로 보거나 알고 있을 뿐이다.

또 교육을 받은 미국인은 이러한 불행한 사건의 발생률이 빈곤자 사이에서 높은 것은 대개의 경우, 인간의 선천적인 능력의 격차에 의한 것이 아니라, 환경에 의해 일어나는 것임을 일반적 명제로서 알고 있다. 그는 이처럼 이상하리만큼 모순된 이론적 지식을 가지고 있으면서, 모든 사람은 악인이 아닌 이상 실업하여 빈곤에 허덕일 까닭이 없다는 일종의 일반적인 도덕적 감정을 품는다.

그럼에도 불구하고 대다수의 미국인이 이러한 사실에 대해 이렇게까지 관심을 나타내지 않는다는 데는 역시 무엇인가 이상한 생각이 든다. 이런 이상한 느낌은 내가 '그리스도교적 이웃사랑'이라 불리어 왔던 일이 미국에서 만연해 있다는 사실을 상기하면 더욱더 커진다.

미국을 잘 알고 있는 사람은 누구나 알고 있음에 틀림없듯이 미국에서는 비교적 혜택 받지 못하고 있는 사람들에 대한 관용이라는 기본적 정열이 있다—그것은 '약한 자'에 대한 동정심이며 연대감이다. 이것은 미국의 고유한 물질적 및 정신적인 역사 속에 근저를 가지고 있다. 이 점에서 미국은 서유럽과는 매우 다르다.

미국인의 지갑은 다른 나라 사람들의 지갑보다 자선사업에 대해 훨씬 넓게 열려 있다. 우리는 미국이 복지정책을 실시하기 시작하는 것을 대불황이나 뉴딜까지 기다리지 않으면 안 되었던 사실을 보는 경우에 미국은 전세계에서 가장 관용적이며 가장 잘 조직된 민간의 자선사업을 가지고 있었고, 또 지금도 가지고 있다는 사실을 잊어서는 안 된다.

미국에서는 지진 그 밖의 재해의 희생자를 구하기 위한 자선사업의 호소가 외국으로부터 올 때마다 언제나 다른 나라보다 훨씬 호의적인 반응을 보였다. 빈곤한 나라에서의 미국의 전도활동은 수세대에 걸쳐서 훌륭한 것이었다.

대다수의 미국인이 냉혹하고 인색해진 것같이 보이게 되는 것은, 문제가 공공적 수단을 통하여 소득을 재분배하고 집단적 소비를 조직화하는 문제로서 제기되는 경우뿐이다. 그 점에 대해서도 하나의 매우 중요한 한정을 행하지 않으면 안 된다. 미국은 모든 어린이에 대해서 무료의 초등교육에 대한 권리를 재조직하는 것이 빨랐으며, 또 미국의 많은 주는 그 권리를 주 헌법 속에 기입해 두고 있기까지 하고 있다. 그 후, 미국은 다른 어느 나라보다 앞서 고등교육을 민주화하였다. 그러므로 우리는 이 책의 앞쪽에서 이미 이것이 미국 사회의 발전에 대해 기여한 유익한 효과에 대해 이야기했던 것이다. 그러나 이런 기회는 국민 가운데의 가장 가난한 사람들에 대해서는 결코 완전히 실현되지 않았다.

제2차 세계대전이 끝났을 때 미국은—모든 외국을 위해, 제일 먼저 서구 국가를 위해—공적으로 조직된 대규모의 국제적 재분배를 꾀하였다. 마아셜 플랜에 의한 거대한 구제활동은 제10장에서 논하기로 한다. 여기서 강조해 두지 않으면 안 될 중요한 일은, 이것은 정부 관리하에 이루어진 자선사업이며, 미국의 납세자 손으로 지불된 것이었다는 사실이다. 그것이 주로 혜택을 받지 못한 사람들에 대한 친절심에 바탕을 두고 있었다는 것은 미국인이 자기들은 이기심에서 그것을 했다는 것을 자기 자신이나 남에게도 설득하려 했다 해서 부정되는 것은 아니다.

이상하게도 미국인이 국내의 모든 빈곤을 더욱 구체적으로 인식하는데 망설이는 것은 자신들의 정부는 외국을 원조할 각오를 가져야 한다는 관념에 진심으로 찬성하는 것을 더욱더 가능케 한다. 실제로 보통의 미국인은 전후, 세계 전체에 확립된 다음과 같은 일반적 견해에 찬동하였다. 그것은 미국이란 터무니없이 부유한 나라로서, 다른 나라로부터의 많은 조력이 없어도, 원조의 필요가 세계에 나타난 경우에는 언제나 그 필요의 전부를 채우는 일을 맡는 것이 당연하다는 견해이다. 미국인이 외국에 여행가거나 국내에서 외국인을 만나면, 미국은 풍요하다는 신념이 점점 이 같은 견해를 강화하였다.

미국인이 그 후 이러한 태도를 바꾸지 않을 수 없게 된 것은 주로 약 5년 전에 나타난 외환부족 때문이었다. 그들이 여전히 자기 나라를 엄청나게 부유한 나라로 보고 있다는 외관을 나타내고 있던 사실이 종종 외국인에게 미국인은 냉혹하다는 느낌을 가지게 했지만, 그것은 사실과는 정반대이다. 그러한 외국인은 자기 자신에게나 자기의 친구에게 다음의 몇 가지 간단한 사실을 상기시킬 필요가 있었을 것이다.

외국인은 어느 사이엔가 그것을 잊었고, 또 때로는 미국인도 그러했지만, 미국에도 재건하고 싶은 도시의 빈민가가 있다. 국내의 도처에서 더욱 많은 교실과 더욱 많은 교원의 필요가 통감되고 있다. 또 교원의 급료가 싸다는 것도 일반적으로 인정되고 있다. 많은 벽지가 근대적인 의료설비의 필요를 호소하고 있다. 또 예산이 너무나 궁핍하였으므로, 건설하지 못하고 넘겨온 법원이나 우체국의 건물과 다리, 댐 등이 있다.

경제적 이익 및 경제 진보에 대한 필요조건

도의적인 문제에 언급한 것은 그것이 중요하기 때문이며,

원래가 도의적이며 마음속으로는 그다지 냉소적이 아닌 미국민인 경우에 특히 중요하기 때문이다. 미국의 '매정스로운' 사회과학자들은 사람들이 양심을 가지고 있다는 사실이나, 또 이것이 사회적·정치적 과정에 있어서 중요한 것이라는 사실을 잊으려고 애쓰고 있으나 그들은 잘못되어 있다. 더 분명히 말하면 그들은 국민의 청교도주의의 흔히 볼 수 있는 착각에 따라서 반응하고 있는 것이다.

만일 미국이 고율이며 더욱이 점점 상승해가고 있는 실업이나 불완전고용을 수반하는 상대적인 경제정체의 굴레에서 벗어나려면, 미국의 빈곤의 근절이라는 것은 이제 하나의 경제적 이익이 되었고, 또 거의 하나의 정치적 필요사가 되었으므로 개혁에로의 움직임은 강력한 도의적 감정에 의해 지지받게 될 것이라는 것은 예측하기가 곤란한 일은 아니다.

문학이나 신문에서 국민의 정치적·지성적 지도자들에 의해 행해지고 있는 이 문제에 대한 공개논쟁에 있어서는 이미 도의주의적 풍조가 높아지고 있다. 내가 인용한 것과 같은 포괄적 통계가 만들어진 것 자체가 도의적인 고조(高潮)의 한 가지 증좌인 것이다.

빈곤에 관한 책의 홍수가 현재 일어나고 있는 것도 같은 성질을 지니고 있다. 그렇지만 나는 이제 도의적 문제에서 떨어져 나와, 그 문제에 관한 경제학으로나, 또 급속하며 착실한 경제성장으로 향해 추세를 전환시키는 모든 정책에 주의를 돌려야 한다.

제2장에서는, 실업은 우선 첫째로 노동수요의 방향과 노동

공급의 질과의 사이의 격차에 연결되었다. 이 격차가 현재의 실업에 구조적인 성격을 부여하는 것이다. 우리는 실업 감소의 첫째 조건이 경제 확장에 박차를 가하는 일이어야 하지만, 그러나 그것은 이 나라를 완전고용으로 향하여 크게 전진시키는 것이 아님을 알았다.

기술적 개혁은 농업이나 제조공업에 있어서 근육노동을 잇달아 풀어놓게 될 것이며, 또 근육노동 이외에는 아무런 훈련도 받지 않고 노동시장에 들어오는 젊은 노동자의 수는 점점 늘어갈 것이다.

완전고용에 도달하기 위해서는 주로 각종의 건설사업에 있어서 그와 같은 노동수요를 상승시키는 공공정책의 조처가 취해지지 않으면 안 될 것이다. 노동공급을 이 같은 정책에 의해 유발된 노동수요의 증대와 방향 전환에 적합시키기 위해서는 노동자의 대규모적인 훈련과 재훈련이 필요할 것이다.

완전고용의 영구적인 달성을 위해서는 직업훈련을 포함한 교육 분야의 대개혁이 필요하다. 이러한 노력은 우선 첫째로 실업이나 불완전고용이 집중되어 있고, 현재의 기회가 불충분한 미국 사회의 빈곤에 허덕이는 부문에 돌려져야 할 것이다.

이와 같은 노력은 당연히 이루어져야 하며, 그 비용은 공공기관이 지불해야 할 것이다. 이 정책 조치는 점진적 실현을 목표로 계획되어야 한다. 어떠한 상황 아래에서도 목표는 당장 도달되지 못한다. 높은 비율로 더구나 점점 상승해가는 실업은 자칫하면 이러한 종류의 정책의 전제조건을 더욱더 악화시키기 쉬우므로 지금 당장 그것도 충분히 큰 규모로 일을 시작하는 것이 긴요하다.

제3장에서 우리는 낮은 수준의 교육이나 훈련, 일반적으로 말해서 낮은 질의 노동공급이 빈곤이나 빈곤이 뜻하는 모든 것과 상호관계를 가지는 경우의 서로 엉키는 거미집을 해명하였다. 그 결론이 성공을 거두기 위해서는 완전고용정책이 점진적으로 빈곤을 절감시키는 것을 목표로 하지 않으면 안 된다는 것이다.

청년을 교육하고 훈련시키고, 또 교육을 필요로 하는 성인을 재교육하는 노력은 그러한 사람들이 오랜 동안 빈곤하여 도시나 농촌의 빈민굴에 살며, 빈곤에 따르는 그 밖의 모든 결과에 괴롭힘을 당하고 있을수록 점점 큰 곤란에 부딪치며, 효과도 훨씬 적고 따라서 재정적 견지에서 보아도 더욱 많은 낭비를 뜻하는 것에 틀림없다.

경제 확장과 비교적 완전한 고용의 효과로서 빈곤은 우리가 경험을 통해 알고 있듯이 확실히 어느 정도는 감소할 것이다. 외과적 성질의 직접적인 조처도 동시에 필요하다. 그리고 그러한 조처는 만일 경제가 진보하고 있으며, 살기가 편한 자들의 근소한 금전상의 희생으로—사실 나는 이렇게 믿고 있지만, 전혀 실질적인 희생이 없이—이룰 수 있을 것이다.

이상 우리는 노동공급을 노동수요에 가장 잘 적합하도록 바꾸어 가는 여러 정책에 대해 논의해 왔다. 그러나 현재의 상대적 정체의 경향의 역전을 목표로 삼은 경제정책은 한층 근본적으로는 빈곤에 대한 공격에 의존하고 있다. 미국에 있어서 실업을 절감하고 점차 완전고용에 가까워지기 위한 첫째의 조건은 확실히 생산의 확장이다. 생산 확장을 유발하기 위한 정책조치는 총수요의 확장을 의미한다.

단기적인 제안으로서는, 총수요의 증대는 매우 많은 다종 다양한 정책에 의해 달성할 수가 있다. 기술적으로 보면 붐을 일으키는 것처럼 간단한 일은 없다. 그것은 비행기로부터 비료를 뿌리는 것처럼 달러 지폐를 살포함으로써 가능할지 모른다. 이렇게 보면, 중요한 것은 경제를 전속력으로 달리게 하는 것이므로 어떤 특정의 정책 조치를 택하는가는 그리 중요한 일이 아닌 것처럼 보일지도 모른다. 그러나 목표는 단지 급속한 경제성장에 도달하는 것이 아니라 착실한 경제성장에 도달하는 것이어야 하므로, 아무래도 정책 조치의 선택에 주의하는 일이 종요해진다. 우리가 제2장에서 논한 바와 같은 현재의 실업의 구조적 성격 때문에 처음부터 노동자의 교육과 훈련 및 재훈련에 대한 공공투자가 이루어지는 것이 중요하다.

그 일을 하지 않으면 높은 수준의 교육이나 훈련을 받은 인재의 부족으로 이윽고 생산 상승이 정지되며, 반드시 거의 완전고용에 가까운 상태에 도달하기 전에 경기 후퇴가 일어날 것이다. 노동공급 측의 질의 저하라는 것은 빈곤과 얽혀 악순환을 형성하므로 역시 뭐니 해도 처음부터 빈곤을 전멸시키기 위한 강력한 조처를 위하는 것이 당연하다.

이러한 것들은 모두 공공지출을 수반하는 일이지만, 그것은 우선 첫째로 미국의 빈곤자의 운명을 개선할 것이다. 그와 같은 재분배의 경제정책이 일반적·경제적 이익을 지니고 있으며, 다만 빈곤자 자신에게만 이익을 주는 것으로 그치는 것이 아니라고 주장하는 이유는 물론 그들의 실업이나 그들이 취업하고 있는 경우의 낮은 생산성이 미국의 자원의 커다란 불이용이나 불완전이용의 원인으로 되어 있기 때문이다.

현재 쾌적한 상태로 생활하고 있는 대다수의 미국인은 이 정책의 결과로서 현재보다 더욱 좋아질 수는 있어도 나쁘게 되는 일은 없을 것이다. 이러한 활기 있는 사상을 이해시키고 널리 받아들이게 하는 것은 미국에서 사회적 계몽운동을 하는 모든 사람의 중요 임무로 되어 있다.

경제 확장의 문제가 이 장에서는, 우선 첫째로 국내의 인플레이션과 이 나라의 국제수지상의 입장의 악화를 방지하기 위한 적절한 조처가 취해진다는 전제 위에서 다루어질 것이다.

다음 장에서는 경제 확장은 어떠한 경제정책을 필요로 하는가를 연구함으로써 그 분석이 완료될 것이다.

충족되지 않는 필요

미국에 있어서 빈곤의 현실 정도에 대한 설명은 미국 사회의 대단한 풍부함과 그 풍부함에 대해서의 보통의 견해가 두드러지게 과장되었던 것임을 증명한다. 미국 국민의 5분의 1이 현재 빈곤한 생활을 하고 있다는 사실이 공식적으로 인정되고 있는 것이다. 그 중에서도 극히 많은 부분은 참으로 곤궁해 있는 것이다.

또 빈곤에 허덕이고 있는 국민의 5분의 1 위에는 또한 미국의 특징이라 믿어지고 있는 풍요함에 어떤 실질적인 방법으로써도 혜택을 받지 못하고 있는 사람들이 적어도 이와 비슷하게 있다. 많은 소수파의 사람들에게는 풍요한 사회란 한갓 신화 이외의 아무것도 아닌 것이다.

나는 확신하고 있다. 만일 내 친구인 J. K. 갈브레이스가—현재의 필요에 대한 날카로운 감각과 인습적인 사고방식을 싫어하는 기분을 가지고—그의 저서 「풍요한 사회」(*The Affluent Society*)를 오늘날 다시 고쳐 쓴다면 그는 매우 다른 책, 즉 그 자신이 그것의 통속화에 공헌한 어떤 종류의 견해에 도전할만한 책을 쓸 것이다.

그 견해란 미국은 풍요하며 생산을 증대시키는 일을 이제 그리 대단한 문제는 아니라는 것이었다. 오늘날에 와서는 전적으로 당연한 것으로 되어 있는 이 같은 견해가 의심할 나위도 없이 미국의 경제성장에 대해 매우 부당한 안심감을 주는 일에 대해 책임이 있음과 동시에, 또 이 이상의 경제 확장은 한도에 와 있다고 하는 미국인 사이에 널리 퍼져 있는 기분에 대해서도 책임이 있는 것이다.

물론 사실은, 미국에게는 매우 많은 긴급한 기본적 필요가 있으므로 그것이 만일 유효수요로 전환된다면 금후 오랜 동안 급속한 생산의 경제성장을 지속시킬 수가 있을 것이라는 사실이다. 그와 같은 필요는 참으로 풍요한 미국인을 이 나라의 전통적인 청교도적 이상과 뚜렷이 모순되는 어리석은 소비 패턴으로 유인하려는 광고업자의 노력이 없어도 이와 같은 작용은 할 수가 있을 것이다. 그러나 현재 진행중인 기술혁신의 평가나 만일 더욱 높은 성장률이 허용된다면, 거의 모든 분야에서 물적 재화의 생산을 확장할 수가 있는 미국 경제의 능력의 평가 속에는 아주 많은 확고한 진리가 포함되어 있으므로 특권을 갖지 못한 사람들의 생활 정도를 끌어올리는 일은 장기의 급속한 진보에 대한 거의 필연적인 조건이 되는 것이다.

그것이 아니면 전혀 수요가 되지 않거나 혹은 생산성이 낮은 직업에 불완전하게 고용될 뿐인 노동력의 부분의 질을 개선할 급무는 별도로 하더라도, '이미 생산 확장에 대한 총수요의 한층 견고한 기초를 만들기 위해 대규모의 재분배의 개혁정책이 긴급히 필요할 것이다.'

재분배의 개혁정책

재분배의 개혁정책은 미국 경제의 급속하며, 또한 착실한 확장과 고도 고용의 달성을 위한 기반으로서 사회정의의 입장에서 본 경우와 마찬가지로 중요한 것이라고 생각하지 않으면 안 된다.

경제에 대한 정부의 최소한도의 간섭을 수반하는 그와 같은 개혁은 물론 저소득 계층의 조세부담의 경감이다. 미국—주 및 지방자치단체를 포함하여—의 조세 체계 가운데서 고정자산세나 각종의 판매세가 우세하다는 것은 조세재단(the Tax Foundation)의 최근의 연구가 나타내는 바와 같이 저소득자와 중위소득자 계층의 조세 부담의 배분에 대한 국민의 이상에 합치할 수가 없다. 개혁은 뒤늦었고 당장에는, 미국은 충분히 소비하고 있지 않은 사람들의 손에 더욱 많은 구매력을 주는 것이 될 것이다.

또 긴급히 필요한 사회보장제도의 개혁도 경제계에 대한 정부의 간섭을 그다지 필요로 하지 않을 것이다. 이 분야에 있어서 미국은 그 기본적 가치를 공동으로 인정하고 있는 다른 여러 외국보다 훨씬 뒤떨어지고 있다.

미국의 노인의 대부분은 그 배후에 고된 생활이 도사리고 있는데, 그들을 다루는 방법은 주목할 만하다. 노령자가 얼마만큼 두려워해야 할 정도로 빈곤과 빈궁의 상태에 방치되어 있는가를 말해 주는 몇몇 기본적 사실은 앞의 장에서 나타내었다.

노령자와 가족이 있는 경우에는 그 가족은 이제 미국의 빈곤자 전체의 4분의 1을 차지하고 있으며, 그 비율은 만일 사태가 현상대로 방치된다면, 총인구에 대한 노인의 비율이 상승함에 따라 증가할 것이다.

미국에서 흔히 '장로(長老)의 시민'이라 불리워지고 있는 대부분의 사람을 돌봐 줄 필요가 있는데도 돌봐 줄 사람도 없이 비참한 상태나 오욕이나 또 종종 견디기 어려운 고독 속에 방치되어 있어도 좋다고는, 아마 대다수의 미국인이 잘 생각하고 난 뒤의 의견으로서는 내놓지 않을 것이다. 이제야말로 노령자 보호제도의 발본적인 개혁을 실행해야 할 상황이 벌써 익어 있는 것이다.

이제 스웨덴에서는 67세 이상의 노인은 모두 통화가 안정되어 있는 경우에는 상당히 높은 수준까지 그들이 한창 일할 때에 얻고 있던 수입의 3분의 2에 해당하는 소득을 보장받을 것이다. 연령의 한계를 그렇게 높이 정하게 된 것은 첫째로 병자나 불구자, 그 밖의 구호자에 대한 한층 더 완비된 사회보장제도가 있기 때문이다. 그 뿐만 아니라 완전고용의 경제에서는 노령자의 노동에 대한 어떤 종류의 수요가 있다.

실제 문제로서는 많은 67세 이상의 노인도 일하고 있다. 또 만일 여분의 수입을 얻으려는 생각을 꺾어버리는 억울한 조세의 규칙이 없었더라면, 더욱 많은 노인이 일하고 싶은 생각을 가지게 되었을 것이다. 이와 같은 조세의 규칙은 복지국가의 세부를 완벽한 것으로 만들려는 끊임없는 일상사무 속에서 바꾸어질 것이다.

지금 열심히 토의되고 있는 미해결의 주요 문제는 어떻게 하면 노령자의 경제적 보장을 더욱 많은 인간적인 뒷바라지에 의해 보충할 수가 있을 것일까 하는 문제이다. 그렇게 되면, 노인은 그의 생활 문제에 대처하는 경우에 그리 쓸쓸한 상태에 내버려지는 일은 없을 것이다.

미국은 스웨덴과 마찬가지로 부유한 나라이다. 미국인은 대개 자기네들이 훨씬 부유하다고 생각하고 있다. 미국인은 확실히 노인에게 더욱 친절한 태도를 취할 만큼의 여유가 있는지도 모른다. 실제로 나는 진심으로 믿고 있다. 대다수의 미국인은 매일 그들이 참으로 사실을 전부 알게 되고 문제를 뚜렷이 보게 되면, 노인에 대해 진심으로 친절해질 것임에 틀림없다고.

그와 마찬가지로 대다수의 선량한 미국인은 많은 미망인이나 이혼부인이나 정식의 결혼을 하지 않은 아이를 가진 어머니가 거의 원조를 받지 못한 채 방치되어 있어도 좋다고는 참으로 생각할 까닭이 없다. 그러한 사람들도 미국의 빈곤자의 3분의 1을 구성한다.

같은 사실은 아이가 많기 때문에 빈곤이나 궁핍에 내몰려 있는 많은 세대에도 해당될 것임에 틀림없다. 아이를 많이 가진 세대의 상황에 관한 포괄적인 통계는 분명히 존재하지 않는다. 그러나 다른 나라의 여러 연구에서 우리는 이 상관관계가 결정적인 중대성을 가지고 있음을 알고 있다.

미국은 아이가 그 가족의 빈곤의 원인이 되고, 또 동시에 아이들 자신의 인생의 진로에 대한 심각한 핸디캡을 만들어내는 것을 저지하기 위한 정책 조치를 강구하는 점에서 다른 많은 부유국보다 훨씬 뒤떨어져 있다.

다음으로는 불구자와 병자가 있다. 미국은 물론 불구자 연금이나 건강보험의 포괄적인 제도를 만드는 것을 이 이상 지연시킬 수가 없다. 미국은 그 밖의 사회복지 정책의 분야에서 그랬던 것과 마찬가지로, 이 분야에서도 더욱 앞서있는 여러 외국 이상으로, 임의 가입 보험계획안을 바탕으로 하여 더욱 넓은 범위에 대한 건강보험제도를 확립하는데 성공하게 될는지는 쉽게 단정할 수 없기는 하나 가능한 일이다. 그러나 이 같은 해결에는 건강상의 보호나 의료를 가장 필요로 하고 있는 사람이나 민간보험의 보험료를 지불할 여유가 없는 많은 사람들을 원조가 없는 채 방치해 두지 않기 위해서는 정부의 다액의 출자를 통해서 보충할 필요가 있을 것이다.

실업수당제도, 특히 불완전고용자나 임시고용자에 대한 이 제도의 개선은 필요한 사회보장의 개혁안의 하나이다. 그것은 단지 실업수당의 수준을 끌어올리는 문제뿐만 아니라, 모든 실업자에 대하여 또 일시적인 천직을 가지고 있는 사람이라든가, 현행 법규에 의해 자격을 얻을 수 있을 만큼 오래 고용되고 있지 않은 사람에 대해서도, 국민적인 규모로 실업 수당을 받을 수 있도록 해 주는 문제이기도 하다. 이러한 형태의 사회보장의 개선—다른 많은 형태의 것과 마찬가지로—의 재정적 부담은 처음 한동안이 가장 무거워지는 경향이 있지만, 경제가 확장되고 완전고용이 회복됨에 따라 차차 가벼워질 것이다.

사회보장 개선안에 관련해서는, 경제의 운영에 대한 직접적인 국가간섭을 필요로 하지 않는 것 같은 그 밖의 많은 개혁이 있다. 그러므로 최저임금법을 포괄적인 것으로 하고, 현재처럼 예컨대, 호텔이나 레스토랑, 어떤 종류의 소매점·병원·세탁소 등의 경우처럼 임금의 하한을 정하는 것이 특히 중요한 많은 직업에는 적용되지 않는다는 일이 없도록 하는 것이 긴급히 중요한 일이다. 2년 전 최저임금법이 개정된 이후에 있어서도 약 1,600만 명의 노동자가 그 적용을 받고 있지 않다.

저임금인 여러 직장에서 일하고 있는 빈곤한 노동자 대중이 정규의 노동조합으로 조직화되어 노동조합 폭력단의 착취에서 지켜지는 것이 공공의 이익이 되는 것은 분명하다. 노동조합의 울 밖에 있는 대다수의 미국 노동자를 조직화하는 일이 미국 노동조합운동에 의해 그다지 강력하게는 아니지만 추진되고 있다. 만일 미국 경제가 급속하고 착실한 확대의 길을 단단히 내딛는다면 이 같은 노력의 성공은 점점 확실해질 것이며, 진보는 한층 더 급속하게 될 것이다.

다른 한편, 정부 자체는 소농·소차지농·농업 노동자가 빈곤과 곤궁 속에 방치되지 않도록 그 농업정책을 보충하는 책임을 져야 하는 것이다. 그들을 영구적인 구호자로 만들지 않기 위해서는 농촌의 빈민굴로부터의 이주에 박차를 가하는 것 같은 수를 쓰지 않으면 안 될 것이다.

그것은 역시 농촌의 빈민굴에 살고 있는 젊은 노동자나 고령의 노동자에 대한 교육과 훈련 및 재훈련을 뜻한다. 이와 같은 여러 정책도 경제가 급속히 또한 착실히 확대되어 가고 있는 경우에만 실질적인 성과를 거둘 것이다.

그 밖의 정치활동

지금까지 우리는 주로 금전을 기준으로 하여, 또는 어떻든 경제에 대해 많은 정부 간섭을 가하지 않고 조작할 수가 있는 재분배 계획안에 대해 이야기해 왔다. 그러나 그러한 개혁 이외에 더욱 직접으로 정부를 경제의 운용 속에 휘말리게 하는 정책이 필요하다는 것은 명백한 일임에 틀림없다.

정부가 직접으로 경제에 관여하는 것이 많은 경우, 공공부문에 속하는 것이 적당한 사업이나 서비스를 제공함으로써 이루어진다. 왜냐하면 그러한 사업이 민간기업으로부터 생겨나는 것을 기대할 수 없기 때문이다. 그런데 말해 두어야 할 것은, 이것은 민간기업에 대한 비판은 아니다. 민주주의 국가의 국민경제에 있어서 민간기업의 고유한 역할은 정부에 의해 만들어진 여러 조건 아래에서 생산과 판매를 행하며, 그리고 가능한 한 높은 이윤을 올리는 일이지, 이러한 여러 조건 자체를 만들어내는 일은 아니다.

제2장에서, 우리는 이미 청년, 특히 비교적 빈곤한 청년의 교육이나 훈련이라든가, 현재 실업하여 괴로움을 당하고 있거나 혹은 생산성이 낮은 직업에 고용되고 있는 노령 노동자의 재훈련이라든가의 분야에서 더욱 큰 노력이 긴급히 필요하다는 것을 논하였다.

우리는 또한 그것은 간단한 일이 아니라는 것도 지적하였다. 왜냐하면 교사가 우선 먼저 교육이나 훈련을 받지 않으면 안 되는 까닭이다. 여기에서 시사된 것은 발본적이고 포괄적인 교육계획이나 노동자의 후직(後職)과 배치전환을 목표로 하는 실업대책이 필요하다는 것이다.

건강보호나 의료제도에 대해서도 거의 같은 말을 할 수 있다. 의사나 간호원의 훈련을 대규모로 행하고 또 조성하는 일이 필요하다. 이러한 필요를 채우기 위해서는 학교나 병원의 건설에 더욱 많은 자금을 할당할 필요가 있을 것이다. 투자의 증대가 긴급히 필요할 이 마지막 항목에 대해서는, 미국은 스웨덴과 비교하는 것이 유익할지 모른다. 왜냐하면 스웨덴은 현재 인구 1천 명당의 베드수와 이 중요한 지수의 매년의 증가율이라는 두 가지 점에서 훨씬 미국을 앞서 있기 때문이다.

설령 노령자에 대한 의료원조에 관한 케네디 대통령의 아주 근소한 제안이 시행되었다 해도—그것은 만성의 병자에 대한 의료비의 전부를 충당할 수 없고, 또 의사나 약제의 비용에도 부족하지만—그것은 병원의 베드 수나 또한 의사나 간호원에 대한 현재 충족되지 않고 있는 커다란 필요를 표면에 드러내게 할 것이다. 그러나 현재 불합리하게도 무시되고 있는 공공투자가 그 밖에도 많이 있다. 물론 부유국으로서는 대도시의 큰 빈민가나 소도시의 비교적 작은 빈민가를 못 본체하고 그와 동시에 그 노동력이나 그 밖의 생산자원의 대부분이 낭비되고 있는 것을 내버려 둔다는 것은 변명의 여지가 없다.

이미 우리가 지금까지는 빈민가 일소에서의 공공의 노력이 약하고 또한 잘못되어 있었으므로, 국민의 3분의 1인 중산계급에게는 좋았지만 빈곤자에게는 대개 전보다 나쁜 빈민가에 내던져져 있었다는 것을 지적하였다. 이것이 '도시의 쇄신'—디트로이트에서는 보통 '흑인의 철거'라고 말해지고 있는—이라는 미사여구의 배후에 있는 현실이었다.

미국의 여러 도시를 인간의 생활이나 효율적인 노동에 대한 하인으로 되게 한다고 하는 문제는 빈민가 일소의 문제와 밀접히 관련되고 있다. 이러한 문제의 해결을 위해서는 거액의 공공투자가 더욱 긴급히 필요하게 된다. 왜냐하면 이제야말로 인구의 증가 총수 이상의 것이 도시 거주자 수, 특히 대도시 구역의 주민 수를 팽창시키고 있기 때문이다.

미국에 있어서는 공공투자나 공공소비에 대한 중대하고 불합리한 편견이 있다는 것은 이 문제를 연구하고 있는 사람들 간에서는 꽤 널리 인정되고 있는 사실이다. 그것은 민간소비에 대한 고압적인 판매방법과 공공예산의 증대에 대한 전통적인 의혹과 결부되었기 때문에 일어난 일이다. 그렇지만, 만일 사람들이 사적 소비재를 구입하는 경우와 똑같이 그 충동에 따라 즉시 집단적 소비수단으로 구입하였다고 가정한다면, 그리고 집단적 소비수단이 사적 소비재와 마찬가지로 충분히 선전되어 있었다면, 그것은 아마 사람들이 참으로 사고 싶어 한 것과 일치하지 않을 것이다.

두 개의 목표의 일치

이러한 커다란 개혁은 모두 자유와 기회균등의 이상에 대한 미국적인 감각으로 해석된 사회정의에 이익이 된다는 것이 분명하다. 그와 동시에 미국의 정책을 이와 같은 개혁의 방향으로 지향시키는 일은 미국 경제의 급속할 뿐만 아니라 착실한 확대의 전제조건이 된다는 것이 이 책의 주제이다. '미국의 역사상 사회정의의 이상과 경제 진보의 필요 사이에 이처럼 크고 또한 이처럼 완전한 일치를 볼 수 있었던 적은 일찍이 없었다.' 후자의 목표는 전자의 목표에 도달하기 위한 대규모의 정책조치가 실시되지 않으면 달성되지 못한다.

우리는 이런 경우, 미국의 사회적·경제적 모든 정책을 그 국내에 있어서의 대내적 효과라는 견지에서 논의하고 있는 것이다. 그러나 우리는 그러한 정책들이 제2부에서 분석한 것 이외의 국제적 의미까지 가지고 있다는 사실을 우리 자신의 눈으로 가려서는 안 된다.

미국은 금후에도 널리 선전되는 문학이나 영화에 의해 그 결함을 표면에 드러낼 것이다. 이와 같은 솔직한 태도만이 항상 이 위대한 민주주의국의 강점이었으며, 지금도 그러하다. 그것은 강대함의 감각에 뿌리박고 있으며, 그것이 더욱 강함을 증대시킨다. 그러나 그것도 미국이 그의 결함을 극복하기 위해 진지하게 노력하고 있다는 사실이 밝혀지는 경우에 한해서의 일이다.

미국의 흑인이 지금도 여전히 그들에게 주어지고 있는 극히 열등한 지위 이상으로 더욱 강한 인상을 세계에 준 것은 그와 같은 지위를―법제적·정치적·사회적, 그리고 경제적으로 개선하는 일에 진지한 노력이 기울여지고 있다는 것이며, 그리고 제2차 세계대전의 초기 이래 두드러진 개선도 이루어지고 있다는 사실이다.

　나는 저 비극적인 리틀 록 사건이 일어났을 때, 우연히 여행하고 있던 두 대륙과 또 다른 대륙에서 읽은 신문으로부터 다음과 같이 증언할 수가 있다. 아칸소의 공학제도에 대한 저항이나 이를 행한 저열한 방법 이상으로 강하게 세계를 친 것은, 미국에서는 정부와 마찬가지로 법원이 단호한 태도를 취하고 있었다는 사실이었다. 미국은 남아프리카가 아닌 것이다. 그러나 하나의 전제조건은 상황이 활기에 넘쳐 있고, 일이 일어나도 그것은 올바른 방향으로 움직여 간다는 사실이다.

　만일 미국이 그 부에도 불구하고, 그 도시를 광대하고 지긋지긋한 빈민가에 의해 해쳐지는 것을 그대로 방치해 둔다면, 또 만일 미국이 노령자나 불구자, 미망인 및 어린이에 대한 사회조장이라는 점에서 다른 외국에 비해 뒤떨어져 있다면, 또한 만일 일반적으로 미국이 국민의 대부분이 거기에 방치되어 있는 참으로 비참한 빈곤을 묵인한다면, 그것은 결국 서구 세계의 지도자로서의 미국의 지위를 손상하는 것이 된다. 마치 급속한 진보가 평등의 증대와 밀접히 관련되고 있는 것처럼, 사회적 불평등과 굳게 연결되고 있는 미국의 상대적인 경제 정체가 장기에 걸쳐 미국의 특징이 되는 것을 용허할 수는 없다.

　"지위가 높아져가는 자만큼 의혹의 눈으로 보여지는 사람은 없다. 지도자만큼 방종을 용서받지 못하는 사람도 없으며, 또 그처럼 모든 미덕을 충분히 가질 필요가 있는 자도 없다.

더욱이, 미국은 그 자신의 안전을 위해 지도자의 지위에서 물러앉을 수가 없는 것이다."

필요한 한정과 소극적인 결론

이 점까지의 우리의 추론은 현재의 미국에서 정치적으로 실행 가능한 것을 고려에 넣지 않고 진행시켜 왔다. 우리가 도달한 결론은 경제 진보, 자유 및 기회균등이라는 미국의 이상의 전제와 함께 우리가 본대로의 사실에서 추론으로서 논리적으로 끌어낼 수 있다는 의미에서 객관적인 것이다. 그렇지만 그 결론은 쉽게 또한 재빨리 정치적 행동으로 이끌어 간다는 의미에서 현실적인 것으로는 되지 않는다.

합리성에 대한 정치적 금단의 문제에 대해서는 나는 제7장을 이에 할당할 것이다. 여기에서는 이것은 또한 논리적 근거를 가지고 있지만, 소극적인 결론을 말하는 데 그친다. '만일' 우리의 분석이 옳고 또 다음과 같은 명제가 받아들여진다면, '그런 경우에는' 다음의 사실도 분명해질 것이다. 이러한 개혁을 중지하거나 필요 이상으로 소규모로, 또는 너무 급속하지 않게 이를 계속한다는 것은, 급속하며 동시에 착실한 성장을 실현하는 일이나 완전고용경제에 도달하는 일의 실패를 가져오게 할 것이다. 그 명제란 다음과 같다.

1) 미국의 실업이나 불완전고용은 점점 구조적으로 되어가고 있다.

2) 그러므로 노동수요에 적합하도록 노동공급의 질을 재조정하는 일이 완전고용을 위한 하나의 조건이 된다.

3) 이 같은 재조정은 교육훈련 및 재훈련의 분야에 있어서 대규모의 정책 노력을 필요로 한다.

4) 다음에 그러한 노력이 헛일로 돌아가거나 효과가 없도록 되지 않기 위해서는 빈곤을 절감하기 위한 강력한 노력이 전제가 된다.

5) 기술발전의 현 단계에 있어서의 급속하며 착실한 경제성장도, 또한 총수요를 높고 점점 상승하는 수준으로 안정시키기 위해서는 빈곤자간이나 공공부문에 있어서의 방대하게 채워지지 않는 필요를 동원할 필요가 있다.

6) 농업이나 제조공업에 있어서의 기술적 발전에 의해 생기는 근육노동의 잉여분은, 비록 이러한 총수요의 증가에 의해 상쇄된다고 해도 각종의 건설사업을 크게 증대시킴으로써 재고용되지 않으면 안 된다. 건설사업의 증대는 동시에 재교육의 필요성을 높이는 것이며, 따라서 채워지지 않은 필요의 충족을 의미한다.

하나의 붐은 어떤 방법으로 유발된 것이라도 조만간 새로운 경기 후퇴에 의해서 깨뜨려지고, 언제나 생산자원, 특히 노동력의 완전이용의 수준에 도달하는 일은 없을 것이다. 따라서 이러한 경향으로서 실업수준의 상승이 존속할 것이다.

제5장 인플레이션과 국제수지의 문제

균형예산과 균형경제

어떤 특정한 수요를 증가할 것인가라는 중심적인 문제는 잠깐 접어두고, 정부는 그 재정정책에 의해 생산이 확장되는 기업 활동의 여러 조건들을 만들어 낸다는 본래의 책임을 맡는다는 것만을 가정한다면, 총수요를 증대시키는 수단은 감세나 또는 공공지출의 증대의 어느 한쪽이거나 또는 그 양쪽이어야 한다. 그럴 경우에는, 예산은—우리가 예산의 개념을 어떻게 정의하더라도, 그리고 몇 개의 가능성은 있지만—미국적인 의미에서는 '균형'되지 않을 것이다.

적어도 확장정책의 출발점에서는 이러한 사실이 뚜렷하다. 그것이 후년도에도 그대로 들어맞을 것인지의 여부는 그리 확실하지 않다. 경제 확장에 수반되는 과세기준의 강화와 확대가 뒤에 가서 세율이 인하되는 경우에는 균형예산을 가져올 것이라는 것이 논의되게 된 것은 최근의 일이다.

이러한 추론은 몇 가지의 이유에 의해 정당성이 의심스럽다. 그 이유의 하나는, 그것은 몇 해에 걸쳐 높은 성장률이 유지될 것이라고 하는 것을 가정하고 있기 때문이다. 그렇지 않으면 새로운 경기 후퇴가 다시 예산의 균형화를 방해할 것이다. 나아가, 급속할 뿐만 아니라 착실하기도 한 경제 확장은 사회정의를 위한 대규모의 개혁이 실시되는 경우에 비로소 가능해진다는 것이 이 책의 주제이다. 그렇지 않으면 총수요의 착실한 상승을 유지하거나, 노동공급을 노동수요에 맞게 한다고 하는 것은 불가능하게 될 것이다. 그리고 유발된 확장은 곧 새로운 경기 후퇴로 전환될 것이다.

그러한 개혁은 필연적으로 공공지출의 아주 엄청난 증가를 뜻하게 될 것이다. 소정의 세율로써 자연증수를 고려한다 하더라도, 균형예산을 하면 아무래도 세율을 올리지 않으면 안 될지도 모른다. 그와 같은 증세로 영향을 받게 되는 국민은 그럼에도 불구하고 경제 확장이 개인소득에 미치는 효과때문에 증세되어도 오히려 살기가 편해질지도 모른다.

그러나 이처럼 예산의 균형이라는 것을 기준으로 재정문제를 논하는 방법 전체는 경제정책의 입장에서 보아 중요한 점을 찌르는 것이 아니다. 실제로 '조세'나 지출이 많은 다른 항목의 성질이나 과세대상과는 관계없이 조세가 모든 공공지출을 충당한다는 '균형예산'의 개념은 비합리적인 이론구성이며, 오늘날에는 미국의 통속적·정치적인 논의 속에서 의의가 부여되고 있을 뿐이다.

참으로 중요한 것은 '균형예산'이 아니라 '균형경제'이다. 균형경제는 여러 가지 상황—특히 조세와 공공지출의 양쪽의 규모나 성격에 의존하는 상황—이나 여러 가지 경우에 따라 흑자예산이나 균형예산 혹은 적자예산을 요구할지도 모른다.

기능적 재정이라는 합리적인 사고방식이 미국의 정부당국 뿐만 아니라 실업계에 의해 점점 받아들여지고 있는 것은 마음든든한 일이다. 그러나 이 같이 매우 많은 미국의 유권자나 책임 있는 정치가가 여전히 예산의 균형화를 기준으로 사물을 생각하고, 또한 그들의 거의 대부분의 사람이 수년에 걸쳐 달성해야 할 사항에 대해서 말할 때에는 그것을 지지한다는 것은 적지 않게 중요한 일이다. 그와 같은 사고방식은 미국 경제를 급속히 또한 착실한 성장의 패턴에 굳게 끼어맞추기 위해 필요한 정책조치를 미국의 국민이나 의회에 승인시키는 것을 점점 곤란하게 만들고 있다.

예산의 균형화는 참으로 노력을 기울여야 할 바른 일이라는 쉽게 벗어날 수 없는 사고방식의 한 가지 특수한 효과는, 미국이 케네디 대통령의 창의에 의해 미국사상 처음으로 감세에 의해 연방예산의 적자를 행위적으로 만듦으로써 경제성장을 촉진시키려고 노력하고 있는 현재에 있어서 볼 수가 있다.

감세에 맞추어 지출의 감소를 행하여야 한다는 소리가 들릴 뿐만 아니라, 이런 견해에 찬성하지 않는 많은 사람이나 심지어 모든 사람들은 여전히 자기들이 만들어 내려하고 있는 적자 속에서 지출의 증가가 특히 신중해야 한다는 이유를 찾아내고 있다. 이러한 태도는 비합리적인 것이며, 감세의 장기적인 목적을 꺾고마는 것이다. 만일 미국 경제의 급속하고 착실한 성장이 사회정의를 위해서도 요청되는 대규모의 개혁에 의하지 않으면 보증되지 않는다는 것이 사실이며, 그리고 그와 같은 개혁은 많은 경우, 연방예산으로부터 다액의 지출을 의미한다면, 이것은 반발의 여지가 없는 논리적 추론이다.

인플레이션의 위험

그렇지만, 위험한 것은 확장정책이 경제를 불균형하게 만들지도 모른다는 것이다. 이것은 전적으로 다른 사항이며, 참다운 위험이다. 이와 같은 정책은 일반적 또는 특정 분야의 투자를 과도하게 자극할지도 모른다. 따라서 얼마 후, 인플레이션이 진전되는 결과가 되며, 그것은 매우 넓게 또한 빨리 진행하므로 조만간 경기후퇴를 유발하여 좌절해 버리지 않으면 안 될지도 모른다. 이것은 경제성장이란 빠를 뿐만 아니라 꾸준해야 한다고 하는 공공정책의 목표에 반하는 것이다.

이 목적의 달성을 위해서는 용의주도한 계획과 소비, 생산 및 특히 투자의 양을 통제하기 위한 신축성 있는 수단의 이용이 필요하게 될 것이다. 나는 이 짧은 책에서 이러한 문제들에 대해서 상세히 언급할 수가 없으므로 2, 3개의 의견을 내놓는 것으로 그치지 않으면 안 된다.

우선, 첫째로 우리는 일반적인 금융통제가 졸렬한 것이며, 특히 단기적으로는 대개 효과가 없다는 것을 깨닫지 않으면 안 된다. 급속히 확장되는 경제에 있어서는 장기 이자율이 충분히 안정된 수준에 유지되어야 한다. 그러나 이것은 전략적 항목, 이를테면 주택 건설이나 할부판매를 위한 신용에 대해 화폐, 자본시장의 차별적 통제를 더욱 널리 이용하는 것을 배제해서는 안 된다. 그렇지만 대체로는 단기적 통제는 재정의 분야에서 구하지 않으면 안 된다.

　경제발전의 재정적 통제에 관한 중요한 사실은 어떻게 하여 고수준의 경제활동에 있어서 균형에 도달하는가가 문제인 이상, 통제는 즉각 적용하지 않으면 안 된다는 사실이다. 설령, 재정적 통제가 관념적으로는 어떤 지수의 변동에 반응하는 자동적인 것이라고 생각할 수가 있어도, 그와 같은 자동 구매는 비교적 아주 최근에 이르기까지 뛰어난 통계작업을 하고 있는 미국과 같은 나라에서도 충분히 또 당장 분석할 수 있는 통계자료에 바탕을 두고 작용할 수는 거의 없다.

　적어도 우리의 경제계획이 완전하게 되기까지는—다음 장에서 논하는 바와 같이—판단적인 요소에 의하는 바가 매우 크지 않으면 안 될 것이다. 의회는 정부에 대하여 여러 가지의 조세나 지출을 신속히 변경하고, 또 특히 그 적용의 시기를 변경할 수 있을 만큼의 여유를 줌으로써, 재정적 통제에 필요한 신축성을 보증하지 않으면 안 된다.

　각국에서 그와 같은 신축성 있는 재정통계의 전략체계가 마련되고 있으며, 가까운 장래에는 더욱 많은 것이 안출될 것이다. 이와 같은 통제전략으로서는 이를테면, 정부의 결정이 있는 경우에 비로소 투자에 이용할 수가 있는 과세 면제의 적립금을 산업이 공제하는 것을 허용하는 것 같은 스웨덴의 방식이 있다.

그 밖의 생각할 수 있는 것은 일반의 투자나 특정분야의 투자에 과해지는 특별세라든가 소비 또는 특정의 형태의 소비에 과해지는 특별세로서, 이것 또한 정부의 결정을 기다려 비로소 조정 또는 적용되는 것이다. 자본의 감가상각 공제나 광고비도 조정 가능한 것으로 만들 수 있을 것이다. 이미 결정된 공공지출, 특히 투자형태로의 지출 시기의 조정도 또한 이용할 수 있는 재정 정책적 수단의 하나이다.

장차 이러한 문제들이 우리들의 대학이나 연구소에서 더욱 과학적으로 연구된다는 것은 거의 확실하다. 정부도 또한 경기 후퇴를 필연적인 것으로 만드는 경제의 왜곡화와 기형화를 피하면서 경제를 급속한 확장의 상태로 유지한다는 큰 문제와 진지하게 씨름하게 되는 것과 동시에 점점 어떻게 하면 그와 같은 신축성 있는 재정적 통제를 실행에 옮길 수가 있는가라는 것을 생각할 필요에 몰릴 것이다.

그렇지만, 그러한 생각 가운데의 어떤 것은 오늘날의 미국을 위한 경제정책을 입안하는 모든 사람들의 마음에 있는 생각이라 하더라도, 그것은 주로 장래의 비젼이다. 현재의 상황을 한층 더 구체적으로 생각한다면, 다음의 두 가지 점을 밝히지 않으면 안 된다.

첫째의 점은 더욱 급속한 성장에 따르는 더욱 고도의 생산

능력의 활용이 코스트를 저하시키는 경향을 가지며, 그리고 그것은 인플레이션 경향을 상쇄(相殺)함에 틀림없다는 사실이다. 인플레이션은 품질의 개선이나 혁신을 고려하지 않음으로써 통계면에서는 체계적으로 과장된다는 사실도 명기되어야 할 것이다.

우리는 많은 나라의 최근의 경험으로부터 성장률과 인플레이션의 정도의 사이에는 조금도 밀접한 관련이 없다는 것을 알고 있다. 그것은 성장이 진행하는 방식이 얼마나 균형잡혀 있는가에 의존하는 바가 크다. 경제가 느릿느릿 해도 물가는 상승할지도 모른다. 물가는 그 확장이 경제의 어느 부문에만 한정되어 있어도 확장에 의해 밀려 올려질지도 모른다. 또 물가는 경제 전체가 확대하고 있어도 안정을 유지할지도 모른다.

둘째의 점은 미국 경제의 낮고 또한 불안정한 성장률의 사회적 및 그 밖의 점에서의 영향은 매우 심각하다. 솔직히 말하면 나는 만일 그것이 경제성장의 조건이 된다면, 아마 연간 2% 내지 3%라도 물가수준의 적절한 상승을 인정할 마음이 생길 것이라는 것을 똑바로 말하지 않을 수 없을 것이다.

대개의 사람들이, 문제를 매일 진지하게 생각한다면, 나의 의견에 찬성할 것임에 틀림없다고 생각한다. 그러나 그 선택을 마음대로는 할 수 없을지도 모른다. 이 점을 결정하기 위해서는, 우리는 우선 첫째로 미국의 국제수지의 상황을 고려할 필요가 있는 것이다.

외환부족

아이젠하워 대통령의 제2기에는 더욱 많은 금이 유출하고, 또 더욱 많은 단기의 대외채무가 발생할 우려가 있었다는 것이 미국 경제를 전속력으로 진행시킬 것을 노린 확장 방침의 정책을 감히 하지 않았던 것의 유력한 이유였다. 케네디 정부마저도 미국의 국제수지의 상황을 정부가 앞으로 나아가려는 자유에 대한 만만찮은 약속이라고 생각하고 있었다.

이러한 구속에 대하여 너무나 많은 고려가 기울여지지 않은 것은 아닐까 하고 의심하고 싶어지는 것은 무리한 일이 아니다. 만일 미국 경제가 급속한 성장에로의 길을 내딛고 있었다면, 그것은 그것만으로 미국이나 외국에서의 예상을 일변시켰을 것이다. 미국인은 타국에 투자의 배설구를 찾는 일에 그리 관심을 갖지 않을 것이다. 그와 동시에 외국인은 미국 경제의 진보에서 혜택을 받기 위해 미국의 증권에 더욱 많은 투자를 하고 싶어 하는 유혹을 느낄 것이다.

의심할 나위도 없이 미국의 현상의 어느 부분은 악순환의 결과이다. 미국의 국제수지에 대한 우려, 특히 그 금준비의 고갈에 관한 우려가 미국으로 하여금 상대적인 경제정체를 감수하게 만들어 버렸고, 경제정체 자체는 미국으로부터 자본 도피의 주된 이유로 되어 있는 것이다.

금을 기준으로 하는 달러의 절하는 환 부족으로 부터의 탈출구가 되지 못한다. 우선 그것은 국민의 긍지에 위배된다.

그 뿐만 아니라 그것은 주로 주요한 금 산출국인 남아프리카나 소련에 대하여 보너스를 준다는 것을 뜻한다. 그러므로 이러한 정책은 미국에게 매력적인 것이 될 것 같지 않다. 미국의 경쟁적인 입장을 개선하는 수단으로서도 그것은 또한 그다지 효과적인 것이 될 것 같지도 않다. 왜냐하면 그러한 조처는 아마, 대부분은 아닐지 몰라도 많은 나라가 본받을 것이기 때문이다.

외환율의 변경이라는 수단에 의해 국제적 조정을 달성한다는 것은 소국보다 미국과 같은 대국인 경우가 훨씬 힘드는 상태에 있다. 한편 미국의 규모와 수출입이 국민생산액 가운데서 아주 작은 부분밖에 차지하지 않고 있다는 사실과는, 환 사정에 대한 영향을 그다지 직접적으로 고려하지 않아도 그 국내경제 정책의 입안을 가능하게 만들고 있다.

다음으로 미국에서는—확실히 다른 나라의 경우와 마찬가지로—과연 대량의 금 준비를 유지하는 일을 중요시하고, 그것을 장차 소비하기 위한 준비로서 이용하지 않는 것에 무턱대고 집착하고 있지는 않을까 하는 문제를 제기할 수가 있다. 만일 이 같은 집착을 완화시킬 수 있다면, 세계의 일반적인 환 사정은 훨씬 개선될 것이다.

미국의 환 사정에 국한해서 말한다면, 이 문제는 더욱 구체적인 것으로 되게 할 수가 있다. 만일 법제적 및 그 밖의 제한이 폐지되어 금이 현재보다 얼마쯤 급속히 국외로 이동하기 시작한다고 하면, 그것은 참으로 곤란한 일일 것인가. 충분한 금이 곧 환류하지 않을 것인가. 단, 이것은 미국 경제가 이미 급속히 확장하기 시작하고 있다는 사실과 생산비 및 가격의 구조가 감당할 수 없을 정도는 아니라는 두 가지 조건 아래에서의 일이라는 데 주의해 주기 바란다.

이 뒤의 조건에 대해서는 다음 절에서 그것으로 되돌아갈 것이다. 더욱 많은 금을 축적하고 싶어 할 것 같은 사람은 누구일까. 물론 개인적인 금의 퇴장(退藏)은 있으며, 그것은 점점 성행될지도 모른다. 그러나 그것은 대량 수요의 문제로는 될 것 같지 않다.

정부 당국에 관해서는 영국이나 저개발국은 그 금 보유고를 늘린다고 해도 많이 늘릴 여유는 없다. 미국이나 영국과 달라서 급속한 경제성장을 경험하고 금 준비를 축적해 온 프랑스나 독일조차도, 조만간에는 그의 유동자산의 너무나 많은 것을 아무런 이자도 남지 않는 방법으로 투자해 왔다는 사실에 과연 생각이 미치지 않을 것인가.

또 만일 이들 두 나라나 그 밖의 몇몇 나라가 아주 조금이라도 낡은 이론에 따라 증대한 금 준비가 신용량의 증가와 생산비나 가격수준의 상승으로 이끌어가는 것을 허용한다면, 그것은 미국이 무역수지나 국제수지에 대해서 유리하게 될 것이고, 또한 보다 일반적으로 말한다면, 국제적 통화 잔고의 개선에 도움이 될 것이다. 덧붙여 말한다면, 과도한 확대를 향한 그와 같은 움직임은 얼마 동안은 상당히 진행될 것같이 생각된다.

물론 이러한 사실은 외국 정부, 특히 달러의 유동자산을 대량으로 가지고 있는 정부가 금을 찾으려고 밀려드는 일도 없고, 또 그것을 허용하는 일도 없다는 것을 가정하고서의 이야기이다. 이들 정부는 그러한 일을 하지 않는 데에 그 자신의 매우 중요한 이익을 가지고 있으며, 각 중앙은행의 협력의 배후에는 강한 이익 연대성이라는 기초가 있는 것이다.

만일 미국 정부가 미국이 가지고 있는 금을 찾으려고 밀려들지 않는다고 하는 것을 더욱 확실하게 보증을 받고 싶었다면, 미국 정부는 유동 달러 준비를 보유하는 외국의 중앙은행에 대해 더욱 많은 금 보증을 해줄 수가 있었을 것이다. 미국의 단기 이자율은 다른 모든 국가의 경우와 마찬가지로 장기 이자율과는 더욱 관계없이 움직이도록 해야 한다고 하는 것이 거의 자명한 일이다.

어떤 긴급한 경우에는 외국 자본에 대해 특별히 높은 이자율을 부과하는 일조차 현명한 일일지도 모른다. 그것은 다만 방향에 있어서는 다르다고 하지만, 스위스나 독일에서 사용되고 있는 방책이다.

더욱 기본적인 문제는 물론 국제금융시장의 더욱 완벽한 조직에 도달하는 일이다. 세계에 국제통화를 제공하고 있는 두 나라인 미국과 영국이 국내에서 디플레이션 정책―그것은 현재 도처에서 경제성장의 안정을 위태롭게 하고 있으며, 저개발국가에서도 역시 같지만―을 채용하지 않을 수 없게 되는 경우에는, 그것이 기본적으로는 스톡홀름대학에서의 나의 스승이며, 친구이며, 선배였던 구스타프 캇셀(1866~1945)이 제1차 세계대전 후 맞붙어 씨름한 것과 같은 문제이다.

그는 정치적으로는 결코 무책임한 급진론자가 아니었으나, 나는 앞에서 말한 바와 같은 나의 견해가 기본적으로는 40년

전의 그의 견해와 틀리지 않았음을 상기하고 유쾌하게 느끼고 있다. 나는 캇셀과 마찬가지로, 이 문제는 많은 다른 방법으로 해결할 수 있는 것임을 알고 있다. 또 그와 마찬가지로 나는 최소한의 제도적 변혁밖에 필요 없는 단순한 해결방법 쪽이 좋다고 생각한다. 왜냐하면 멋지게 작성되어 있지만 복잡한 내용을 가지고 있는 국제협력계획에 대해서 국제적 동의를 얻는다는 것은 항상 곤란하기 때문이다. 우리는 그토록 산전(産前)에 공을 들인 국제무역기구가 사산(死産)한 오늘날, 또 국제통화기금(IMF)이 처음에 입안되고 예상되었던 것보다 훨씬 후퇴할 책임을 지고 있는 것을 보는 오늘날, 당연히 이런 사실을 깨달아야만 한다.

이와 동시에, 우리는 미국의 국가정책이 국제적인 금융시장의 조직에 있어서 결정적인 중요성을 가지고 있다는 사실을 깨닫지 않으면 안 된다. 미국은 경제성장률에 있어서와 마찬가지로 보다 여유 있는 국제적 금전 조치에 있어서도 세계를 리드해 나아가지 않으면 안 된다.

가격 및 생산비의 구조

이렇게 여러 가지로 말해 보아도, 만일 미국의 가격 및 생산비의 구조가 다른 나라들보다 더욱 빨리 상승한다면, 설령 수십억 달러의 무역수지의 잉여가 생겨도, 미국으로서는 대외적인 군사비나 민간의 의무를 수행하는데 필요한 국제적 결제의 입장을 얼마간 장기에 걸쳐 유지할 수가 없다는 것이 역시 사실인 것이다.

그러한 일은 근년에 실제로 일어난 것도 아니며, 또 현재의 경향과 맞는 것도 아니다. 가령, 미국 경제의 더욱 급속한 성장이 유발되었다고 하더라도, 앞에서 말한 바와 같이 생산 능력을 보다 완전히 이용하는 것은 많은 이익이 있다. 이것도 이미 언급한 것이지만, 자본의 흐름을 움직이는 예상의 변화라는 것도 많은 조정의 여지를 줄 것임에 틀림없다.

그럼에도 불구하고, 생산비 및 가격의 구조는 주의 깊게 감시하지 않으면 안 된다. 미국 정부는 더욱 급속하고 더욱 착실한 성장을 유발하려고 결의한 결과로서 가격에까지 그리고 인건비까지 그 통제력을 확대하지 않으면 안 될지도 모른다.

가격통제에 관해서는, 나는 흔히 다음과 같은 사실을 자문자답해 왔다. 미국 정부는 수십 년 동안이나, 수세대에 걸쳐 입법이나 사법 활동에 의해 대단한 용기와 열의를 가지고 독점과 싸웠으면서도 시장력의 잇따른 집중과 기본적인 가격의 관리가격에로의 변화를 저지할 수가 없었다. 그러나 현재로서는, 미국 정부는 독점에 대한 그렇게 큰 효과를 거두지 못하였던 투쟁을 완화할 용의를 가져야 하고, 그 대신 일반물가 동향에 대해 극히 결정적인 의미를 갖는 관리가격의 통제에 발 벗고 나설 것을 요구해야 하지 않을까.

케네디 대통령이 1년 전 철강 가격의 인상을 저지하기 위해 극적인 행동을 취한 사실과 금년 봄에 철강 가격의 상승에 관하여 더욱 조심성 있게 우려를 표명한 것은 긴 역사적 관점에 서서 보면, 앞으로 닥쳐올 사태의 징조로 볼 수 있을는지 모른다. 임금에 대한 정부 통제, 그리고 미국에 있어서 유발하고 있는 큰 노동쟁의를 막기 위한 정부 간섭이 요청되었던 것은 꽤 오래전이다. 그러나 임금수준과 그 밖의 고용조건 등은 노동시장에서의 사업자의 단체교섭에 맡겨야 한다는 원칙이나, 파업을 하거나 록 아웃을 선언할 권리가 자유경제에 있어서는 포기할 수 없는 자유에 속한다는 원칙이, 미국에 있어서는 아주 굳게 확립되어 있으므로, 이때까지는 노동시장에 대한 정부의 간섭은 계획적인 것도 아니고 빈번하지도 않았으며, 조심스럽게 진행되어 왔다.

그러나 우리는 노동시장에 대한 보다 많은 정부 규제, 단체교섭에 대한 더욱 직접적인 정부 개입, 나아가 어떤 형태의 가격통제 등은 미국의 급속하고 착실한 성장을 목표로 하는 경제정책의 필연적인 귀결이 아닐까 하는 문제에 직면하지 않으면 안 될 것으로 나는 생각한다.

노동시장에 있어서

이 문제에 관해서는 더욱 빈번히 스웨덴이 인용된다. 스웨덴에서는 단체교섭의 과정은 언제나 합의에 도달되는 상태에 놓여 있다. 중요성을 띠운 공개적인 노동분쟁은 근년에는 발생한 일이 없으며, 또 그러한 일은 금후에도 발생하지 않을 것이라는 것을 확신을 가지고 예상할 수 있다. 정부는 노동시장에 직접 개입하는 것을 피하고 있다. 그리고 스웨덴은 완전고용의 경제를 가지고 있다.

협정 자체는 대체로 공공의 이익에 대해서 만족스러운 것으로 생각될지도 모른다. 일반적으로 협정은 어느 부문에 있어서의 과도한 임금상승과 다른 부문에 있어서의 너무나 낮은 임금을 다 같이 저지하고, 조건부이기는 하지만 일반의 임금수준이 너무 빨리 상승하는 것을 막을 것을 목표로 삼고 있다. 그럼에도 불구하고 임금수준이 생산성보다 더욱 빨리 상승하여 가격 인플레이션 경향을 불러일으킬 경우에는, 그것은 주로 완전고용 경제에 있어서의 사용자간의 격심한 경쟁에 의한 것으로 이 같은 경쟁이 사용자로 하여금 서로 임금을 끌어올리는 결과를 가져오게 한다.

임금상승의 약 절반이 스웨덴에서는 협정임금을 윗도는 '임금상승의 여세로 생긴 덤'(wage drift)이라 불리어지는 것이었다. 그러므로 이 제도는 생산비 구조의 안정화에 관한 한 무조건의 성공은 아니었다. 기껏 말할 수 있는 것은 스웨덴의 노동시장의 조직은 쟁의를 저지하고 있으며, 협력관계에 서 있는 두 조직은 코스트 인플레이션을 막는데 제각기 역할을 다하고 있다는 사실이다.

이것과 관련해서, 이러한 행운의 상황으로 이끈 여러 조건을 지적해 두는 것은 유익할 것이다. 거의 모든 노동자가 조직화 되어 있는데, 그것도 강제에 의한 것이 아니라, 사회의 그 밖의 많은 문제와 마찬가지로 그것이 당연한 일로 되었기 때문이다.

노동조합은 원칙적으로 개방적이며 또 실제로도 일반적이다. 노동조합은 그 운영에 대한 조합원 측의 상당히 적극적인 참가에 의해 민주적으로 관리되고 있다. 조합은 대부분이 산업별 조합이며, 직능별로 분할되어 있지 않다. 전 조합의 중앙조직에는 커다란 권한이 부여되고 있으며, 그것이 전 노동자의 공통의 이익을 대변한다. 사용자는 사용자대로 같은 방법으로 조직되어 있다.

계약의무의 해석에 관한 모든 법적 분쟁은 고급 재판관이 장이 되어, 동시에 사용자 측과 노동자 측의 대표가 그 보좌역을 맡는 특수한 재판소에서 해결된다. 단체교섭의 방법은 해를 거듭하는 동안에 매우 진지하며 더욱이 기본적으로는 우호적인 관행이 되었다. 이 두 조직의 간부는 서로 친근감을 가지고 있으며, 그들이나 그 구성원은 점차 서로 협력함으로써 공공정책의 '사실상'의 기관으로서 봉사하고, 또한 봉사하고 있다는 것을 자각하기에까지 성숙하게 되었다.

노동시장에서의 이와 같은 조화는 미국에 있어서는 꿈과 같은 이야기에 지나지 않으며, 많은 사람들이 미국에서는 도저히 달성될 수 없을 것이라고 생각하고 있다. 그것은 또 다른 어떠한 부유국에서도 거의 찾기 어려운 것이다. 많은 부유국에 있어서는, 이를테면 오스트레일리아의 경우처럼, 정도에는 차이가 있을지언정 단체교섭을 대신할 만한 정치 개입의 제도가 있다. 덴마크에 있어서의 다른 점은 스웨덴과 아주 비슷하나, 험악한 노동쟁의는 모두 자동적으로 정치문제가 되며, 이에 대하여 정부와 의회가 최후의 결정권을 갖는다는 짜임새로 되어 있다.

쟁의가 벌어지는 초기부터 당사자는 이런 사실을 알고 있으며, 또 당사자 중의 어느 한쪽은 정치적 해결이 자기들 쪽에 유리하게 될 것이라고 생각하기 쉬우므로 그것은 단체교섭을 좌절시키는 작용을 한다. 영국에 관해서 말한다면, 영국도 미국보다 잘 되어가는 편은 아니다. 노동자의 약 절반만이 조직되어 있고, 그나마도 주로 직능별 조합으로 조직되어 있으므로 그 대부분은 중앙의 조합기관이 인정하지 않는 불온한 '골탕주기 스트라이크'를 행하는 것을 전문으로 삼고 있다.

나는 새로운 조합원에 대한 개방성, 그 재정의 적절한 계리(計理), 그 운영의 완전한 민주주의 등을 보증하는 노동조합의 규약이나 기능에 관한 입법이 당연히 필요하다는 것을 항상 보아왔다. 나는 노동조합에 관한 입법이 미국에서는 매우 자주 반동적인 사상이라 생각되어져 진보주의자로 하여금 자유를 지키기 위해 무기를 들고 일어서게 한 것을 커다란 불행이라 생각하여 왔다.

나는 노동자의 권리에 대해서 적개심을 가지고 있다고는 도저히 생각할 수 없는 참으로 존경할만한 급진론자인 노오먼 토마스(Norman Thomas)가 오래 전에 한 성명을 완전한 찬동의 뜻을 지니며 여기에 인용하고자 한다.

"요컨대 나는, 모든 노동조합은 단체교섭에 있어서 노동자의 기관으로서 승인되는 자격을 갖기 위해서는(그리고 그 같은 승인이 없으면 대개의 조합은 망할 운명에 있다) 민주주의의 최저 수준에 합치하지 않으면 안 된다는 것을 말하고 싶다. 그 문호는 적당한 가입금이나 조합비의 기준 아래 인종과 신조 또는 피부색 여하에 관계없이 가입 자격을 가진 모든 노동자에 대해 개방되어 있지 않으면 안 된다. 다음으로 그 규약, 내규 및 관행은 적당한 시간적 간격을 둔 질서 있는 선거에 관한 규정을 갖지 않으면 안 된다. 그리고 마지막으로 규율과 규정을 만들지 않으면 안 된다. 그것은 많은 재판관이나 배심원이 과하는 징벌 이상으로 가혹한 멋대로의 징벌로부터 조합원을 지키기 위한 것이다. 경우에 따라서는 예컨대 스트라이크의 표결에 관한 규정과 같은 그 밖의 2, 3개의 규정도 두어졌으면 좋겠으나, 그래도 내가 말한 이런 것들이 가장 중요한 것처럼 나에게는 생각된다."

이러한 요구 가운데의 어떤 것은 아직도 이루어지지 않고 있으며, 혹은 효과를 발휘하지 않고 있으나 그 대부분의 것은 지금에 와선 실현되고 있다. 대다수의 조직 노동자를 대표하고 있는 훌륭한 노동조합은 조금도 그러한 법률을 두려워 할 필요는 없다.

그렇지만 이 점에 있어서는, 노동시장에 대한 직접 개입의 문제 쪽이 더욱 중요하다. 미국은 노동자가 조직화되지 않는 한, 경제의 커다란 미조직부문에 대한 최저임금에 관한 입법, 더구나 꽤 광범한 입법을 필요로 하고 있음은 명백하다. 이 것은 입법을 통하여 발휘되는 것이지만 직접적인 개입이다. 그러나 참으로 결정적인 중대 문제는, 미국은 과연 파괴적인 노동쟁의의 발생을 막고 또 어떤 종류의 작은 직능별 조합— 그것은 그의 실력을 사용하여 대기업을 휴업상태에 빠뜨리게 할 수가 있다—에 있어서 과도한 임금상승을 막을 조처를 강 구함이 없이, 더욱 급속하며 동시에 더욱 착실한 경제성장을 목표로 하는 정책의 성공을 거둘 수가 있을 것인가 하는 것 이다. 그러나 이러한 2개의 이해관계보다 더욱 중요한 것은 그 가격이 일반의 물가수준에 있어, 특히 중요한 의미를 갖 는 미국의 소수의 전략산업에 있어서의 임금이 너무 급속히 상승하는 것을 막을 필요가 있다는 것이다.

근년에 이르러 이들 산업의 임금은 미국의 생산성에 비례 하여 상승하지 않고 있다. 그것은 높은 수준의 실업을 반영 하는 것으로서, 그 실업이 노동조합을 약체화함과 동시에 낮 은 경제성장률의 배후의 기본적인 요인인 소비수요의 뒤떨어 짐을 촉진했던 것이다. 경제의 확장과 높은 수준의 고용은 코스트 인플레이션을 종래 이상으로 현실적인 것으로 만들지 도 모른다.

이들 산업은 관리가격을 가지고 있으며, 흔히 쉽게 노동조 합의 요구를 받아들일 수가 있고, 또 그 조합은 많은 경우, 비교적 강대하므로 그 임금—및 가격—은 보다 급속히 확대하는 경제 아래에서는 장기적인 국제수지의 안정과 양립할 수 있는 이상으로 더욱 빨리 상승할 것이 예상된다.

이와 같은 위험이 얼마간 관리가격을 가지고 있는 이들 산업에 기인한다는 사실은 잠깐 덮어 두더라도 민주주의국인 미국이 가격이나 이윤조차 통제하지 않고 임금통제를 한다는 것은 쉽게 생각할 수 없다. 그러므로 미국은 한층 완전하고 완벽한 노동시장의 조직을 가지고 있는 어떤 나라와 비교하면, 그 제도적인 하부구조의 결함을 보충하기 위해 자유방임주의로부터 더욱 이탈하지 않을 수 없게 되어 있는지도 모른다. 미국은 최저임금 입법이나 그 밖의 노동시장에 관한 많은 입법적 및 행정적 활동에 의해 명백한 것처럼, 실제로 이미 그렇게 하지 않을 수 없게 되어 있었던 것이다.

이들 문제에 대해서는, 나는 제7장에서 다시 한 번 되돌아갈 예정이다. 여기에서 또 하나 덧붙여 두고 싶은 것이 있는데 그것은 이러하다. 만일 노동시장에서 노동자의 조직이 종래 이상으로 급속히 성장하고 또한 개선된다면, 그리고 만일 이와 동시에 사용자가 마찬가지로 참다운 사용자 연맹으로 조직화되고, 그리고 양편이 다 같이 그들의 사고방식이나 실행방법에 지금보다 훨씬 더 많은 책임을 지니게 되고, 그 결과 노동시장의 적당히 균형 잡힌 조직체제가 점점 공공정책의 '사실상'의 기관으로 되어, 이에 의해 적어도 어느 정도까지는 정부의 개입의 필요를 없앨 수가 있다면, 그것은 말할 것도 없이 한층 바람직한 일이며, 훨씬 미국의 이상에 맞는 일이 될 것이다.

제6장 장기경제계획

장기계획의 필요성

일찍이 미국은 급속하며 착실한 경제성장으로 이끌어가는 정책에 손을 대고 싶다고 결의한 일이 있는데, 이것은 장기의 경제계획이 필요하다는 것을 의미한다. 그저 경제성장을 바란다는 것은 이치상 불가능한 일이다. 그 경우에는 항상 대답하지 않으면 안 될 문제가 있을 것이다. 즉, '어떤 종류의' 성장인가, '무엇을 위한' 성장인가, 또 '어떤 희생에 의한' 성장인가 하는 문제이다―후자에 대해 말한다면, 단지 경제적인 문제뿐만 아니라, 만일 제도나 인간관계가 모두 희망하는 방향으로 나아가지 않고, 목적으로 삼는 성장의 일부를 형성하지 않을 경우에는 어떻게 그것을 바꾸어 가는가가 문제이다.

만일 어떤 붐이 또 하나의 경기 후퇴로 끝나지 않도록 하기 위해서는 항상 높은 성장률을 유지해야 한다면, 장기계획의 요구가 특수한 힘을 가지며, 또 특수한 의미를 가지게 된다. 그 이유는 만일 높은 확장률을 끊임없이 계속하려고 하면 사회에는 의식적인 정부 정책에 의해 조정하지 않으면 안될 어떤 종류의 기본적인 모든 관계가 있다는 것이다. 그러한 조정은 단지 기업 활동에 어떤 자극을 준다는 것만으로 자동적으로 생겨나는 것은 아니다.

우리는 이 책에서 실업하고 있거나 혹은 생산적으로 고용되지 못하고 있는 노동의 질을 근본적으로 개선할 필요가 있다는 것을 지적하였다. 그 다음에 우리는 그것이 얼마나 노동자의 교육과 훈련 및 재훈련을 위한 거액의 투자를 필요로 하는가, 그리고 그러한 투자가 효과적이며 낭비가 없도록 하기 위해서는 얼마나 빈곤에 대한 일반적 공격의 체제가 필요한가 라는 것을 강조하였다.

우리는 밀려난 근육노동에 대한 수요를 각종의 건설사업 속에서 긴급히 생기게 하는 일이 필요하다는 것을 지적하였다. 또 우리는 기술적 발전의 현 단계에 있어서 장기적인 생산 확대의 신뢰할 만한 기반으로서의 총수요의 상승을 만들어내기 위해서는 빈곤자의 요구를 유효수요로 전환시킬 필요가 있다는 것도 제시하였다. 그리고 완전고용 경제에 있어서는, 그것이 없으면 확대는 당장 정지하지 않으면 안 되는 균형 잡힌 환 상태를 유지할 목적으로 가격과 생산비 구조를 안정시키지 않으면 안 된다는 것을 강조하였다.

정부 정책의 각 요소는 공공건설사업, 노동력의 지역적·직업적인 재분배, 교육·훈련 및 재훈련, 각종의 사회보장, 연방·주·자치체 수준의 세제개혁, 농업정책, 임금 및 가격정책 등의 수많은 분야에 걸치는 상세한 계획이 없이는 제대로 짜여진 것이라고 할 수 없을 것이다. 도시계획이나 운수 계통에 관한 새로운 설계도도 만들어지지 않으면 안 될 것이다.

'그러나 장기계획에 있어서 중요한 것은 이러한 모든 기술적 계획이 경제 전체의 발전을 위한 전면적 계획에 통합되지 않으면 안 된다는 사실이다.' 다만 경제성장의 속도뿐만 아니라, 그 주요 방향마저 지시하는 전면적 계획은 정부 정책을 구성하는 데 매우 중요하다. 그것은 민간기업의 계획의 기반으로서도 똑같이 중요하다. 그것이 없다면 민간기업은 조금도 실제의 지식에 바탕을 두지 않고 있는 억측의 형태를 지닐 뿐인 일련의 중요한 매개변수에 입각해서 움직이지 않으면 안 된다.

어떠한 장기경계계획인가?

장기경제계획은 두 개의 단계로 나누어 수행되지 않으면 안 된다. 첫째로 필요한 것은 5년, 10년, 그리고 20년 동안이라는 여러 가지 가정하에서 앞으로 미국 경제에 어떠한 일이 일어날 것인가에 관해서 일련의 포괄적인 '예측'을 하는 일이다.

각종의 요인 사이에는 상호관계가 있다—마치 인구 예측의 경우에 출생률·사망률·연령구성 및 인구 증가율이 상호관계를 가지고 있는 것처럼—는 사실은 어째서 이러한 예측이 지식에 대해서 참으로 이바지하게 되는가의 이유를 설명한다.

경제 예측은 각종의 성장률이나 여러 가지의 성장의 패턴에 대해 만들어지지 않으면 안 된다. 미국에서는 계량경제학의 전문기술이 고도로 발달하고 전자계산기가 완비되고 있으므로 불과 수년 전에 비하여도 훨씬 상세하고 정확하게 그러한 모델을 만들어 낼 수가 있게 되었다.

이 같은 각종의 예측은 일정한 형의 방향이 주어지는 경우, 일정한 성장률에 도달하고, 또 이를 유지하기 위해서는 무엇이 가능하며 무엇이 필요한가, 또 고용이나 인구이동, 교육효과, 여러 분야의 투자, 그 밖의 모든 면으로 보아, 그것이 무엇을 의미하는가를 명확하게 한다.

다음으로 계획의 제2단계는 국가가 무엇을 성취하고 싶어하는가, 정부는 어떤 정책수단을 쓸 수 있는가, 정부는 정책수단을 쓸 용의가 있는가, 또 정부는 어떻게 그런 것들을 사용할 용의가 있는가를 고려함으로써 수많은 공개적인 가능성속에서 의식적인 선택을 하는 것이 된다. 제2단계는 기본적인 인과관계에 관한 지식을 주는 제1단계의 예측에 바탕을 두지 않으면, 합리적으로 접근할 수가 없다.

한편 제2단계는 이미 제1단계의 예측 속에 암시되어 있다. 왜냐하면, 예측은 목적으로 하는 경제발전의 형태에 관한 일반적 가정 없이 멋대로 만들어 낼 수는 없기 때문이다. 그러나 이것은 한정된 범위 내에서만, 즉 예측은 개개가 순수하게 기술적이며, 과학적인 작업으로 된다고 하는 범위 내에서만 말할 수 있는 것이다.

이렇게 말하면 지극히 간단하고 고무적으로 들릴는지 모른다. 이제 미국은 한층 급속하고 착실한 경제성장을 꾀하는 방향으로 의식적으로 향하고 있으므로, 미국에 대해 더욱 많은 훌륭한 계획을 역설하지 않으면 안 된다는 사실에 내가 깊은 불안감을 가지고 있는 이유는 다음 장에서 논하기로 하자. 그렇지만 여기서 나의 불안감은 단지 장기계획의 제2단계에만 해당한다는 것을 강조해 둘 필요가 있을 것이다.

제1단계의 연구를 하는 것은 훨씬 간단한 일이며, 우리의 직업상의 당연한 의무이기도 하다. 그것이 정부나 실업계에 미치는 유일한 효과는 그들의 결정이 장래를 형성하는 경우, 그들이 더욱 합리적이 될 수 있도록 하는 것이어야만 한다.

장기계획은 전국적인 수중에서 세워지지 않으면 안 된다. 따라서 물론 워싱턴 당국이 주된 책임을 가진다. 그러나 그것이 미국의 큰 대학이나 그 밖의 자주적인 연구기관의 관심사가 되어서는 안 된다는 이유는 조금도 없다. 그렇지만 뭐니 해도 그것은 정부기관의 어느 곳인가가 책임을 져야 한다.

우리는 법률이 합리적인 정책 결정의 기초를 만드는 그러한 예측을 정확히 감독하게끔 대통령경제자문위원회에 실제로 명령하고 있지 않았던가 또는 어떤가라는 의문을 제출하여도 좋을 것이다. 어떻든 그와 같은 의무는 그 일반적 명령

속에 포함되어 있다.

노동의 이용이라는 특수한 관점에서 말한다면 노동성, 보건교육복지성, 신설 예정인 도시문제성—대통령이 제안하였지만 아직 의회의 승인을 얻지 못하고 있다—이나, 당연하지만 상무성이나 재무성도 모두 이런 종류의 예측이나 계획화에 큰 관심을 가져야 할 것이다.

합리적 장기계획은 그 대외 관계가 경제에 그다지 중요성을 갖지 않는 미국과 같은 대국인 편이 소국의 경우보다도 물론 용이하다는 것이 아마 당연히 지적되어야 할 것이다. 우리는 미국 전체에 대한 것보다도 위스콘신주의 경제개발에 대하여 신뢰할 만한 예측을 세우는 것이 훨씬 어렵다는 것을 생각한다면, 이와 같은 사실을 곧 알게 될 것이다.

왜 미국은 장기경제계획에 뒤져가고 있는가?

문명국으로서의 미국은 뛰어난 방법으로 직접적·구체적·실험적인 것에 관심을 집중시켜 왔다. 미국은 항상 사회과학을 포함하는 모든 과학에 있어서 철학이나 이론, 사상(事象)의 포괄적 파악 및 장기적인 견해에 대한 유럽의 사상에 의존하지 않으면 안 되었다. 최근 경제학에서는 케인즈가 두드러진 실례이며, 또 그 사람 자신이 이 나라에 수입되는 것을 인정

받기까지 한 슘페이터도 그러하였다.

미국 국민은 현실의 사건 속에서 드라마를 느낀다. 미국에서는 대기(大氣)가 항상 자극에 가득 차 있는 것은 이것 때문이며, 또 방문자에게 있어서는 항상 이 나라를 방문한다는 것이 매우 유쾌하며 원기나 자극을 받는 경험을 느끼게 되는 것도 이러한 사정 때문이다. 그러나 미국의 이러한 문화적 특질은 장기계획에 있어서는 도움이 되지 않는다.

미국, 특히 워싱턴에서 여러 정권을 통해서 변하지 않았던 것의 하나는 지금 여기에서 논의하고 있는 문제의 입장에서 보면 일반적으로 정치가나 전문가 사이에 근시안적인 경향이 확실히 엿보인다는 사실이다.

나는 20년 전에 이러한 사실을 깨달았다. 바로 지금 무엇이 일어나고 있는가, 모든 중요한 경제지표는 최근 어떻게 움직이고 있었나, 또 그것들은 수개월 이내에 어떻게 움직일 것 같은가라는 데 대해 양적인 기준으로 상세하고 포괄적인 분석을 그 자리에서 줄 수 있는 유능한 사람들은 현재 놀랄 만큼 많이 있다.

다음에 무엇이 일어나려 하고 있는가, 누가 취임하고 누가 사직하는가, 누가 누구의 배경이며, 누가 누구의 반대자인가, 또 누가 무엇을 생각하고 있는가, 모든 사람이 그 같은 일에 매우 관심을 가지고 있다.

워싱턴에서 신문이나 잡지에 보도되는 것도 역시 그런 일이다. 경제발전에 관해 말하면, 언제 다음의 경기후퇴나 다음의 경기상승이 일어날 것인가 하는 일에 너무나 지나친 관심이 돌려지고 있다. 솔직히 말하면, 나는 투기를 할 생각도 시간도 없으므로 한 사람의 주주로서도 그 따위 뒷공론에는 그리 관심을 가지고 있지 않다.

그런데 이러한 일반적인 태도는 장기계획에는 적합하지 않다. 대학이나 그 밖의 연구기관에서도 인구나 자원에 관한 경우를 제외한, 먼 장래에 관한 연구는 무시되고 있다. 대통령이나 의회뿐만 아니라 실업계의 지도자도, 또한 더 일반적인 기준으로 경제발전에 관해 장래는 어떻게 되는가에 대해서의 지성적 비젼이 없는 채로 있다.

그러나 합리적인 결정을 내리기 위해서는 이러한 비젼이 필요하다. 특히, 그 결정이 투자를 수반하게 되거나, 혹은 조세, 관세 등의 경우에 있어서처럼 먼 장래에까지 영향을 가질는지 모르는 그 밖의 형태의 활동을 수반하게 되는 경우가 그러하다.

정부기관 및 미국의 대학, 그 밖의 연구기관이 미국 경제 전체의 장기적 전망을 경시하고 단기의 문제에 필요이상으로 몰두하고 있다는 사실—혹은 정부 이외의 연구기관에서는 흔히 시간을 무시한, 아무리 보아도 그리 중요하지 않은 용어상의 문제나 '공중에 뜬 개념구성'에 몰두하고 있는 것—은 훨씬 전부터 미국에는 서구의 어떤 나라보다도 많은 대학생이 있었음에도 불구하고, 나의 동료인 많은 유명한 경제학자들이 미국 국민 사이에다 보다 많은 경제적 이해력을 전파시키지 못하였다는 데 절반의 책임이 있다는 결론을 내리지 않을 수가 없다.

예산의 균형이나 금융제도에 있어서의 금(金)의 역할에 대해 일반 사람들이 가지고 있는 그리 이해가 깊지 못한 견해 따위가 그 좋은 예이다. 그러나 비록 미국이 장기경제계획면에서 뒤떨어져 있다 하더라도, 이것을 가지고 전적으로 미국의 문화적 특질의 반영으로 된다고 설명할 수는 없다. 말하고 싶지는 않지만 감히 말한다면, 하나의 중요한 원인이 미국에서 매우 강대한 힘을 가지고 있는 실업계에 두드러지게 관심이 결여되어 있다고 하는 사실에 있음이 명백하다.

그와 같은 기업의 태도는 이치에 맞지 않는 것처럼 보일지도 모른다. 첫째, 미국 경제 전체가 어디로 향하여 나아가고 있는가를 장기적으로 파악한다는 것은 기업 자체의 계획에 대해서도 필요불가결한 것이다. 장기적 국가계획이 뒤떨어져 있다고 하는 사실은 이미 지적한 것처럼 실업계 및 정부의 합리적인 의사결정을 위한 일련의 매개변수가 결여되고 있음을 의미한다.

미국에서 장기계획이라 하면, 아직도 많은 사람에게는 러시아인이나 공산주의자의 냄새가 나는 것으로 생각되고 있는 것 같다. 그러나 그런 종류의 장기예측과 계획화를 꽤하는 일은 이제 급속히 서방세계의 많은 정부의 통상적인 의무로 되어가고 있는 것이다.

프랑스형의 계획이 최근 미국에서 놀랄 만큼 호평을 받았지만, 그것은 아마 프랑스의 정체가 보수적인 것처럼 생각되어졌기 때문일 것이다. 그렇지만, 프랑스형의 계획은 산업, 특히 금융업의 커다란 국유화 부문에 의해 가능하게 되는 관리제도—혹은 미국인이 흔히 군대조직이라 부르고 있는 것—로 향하는 특히 강한 편향이 있다. 이 관리제도는 투자의 중앙통제, 그나마도 공·사금융에 대한 통제력이 비교적 소수의 수중에 집중되어 있을 때 그 힘을 빌리거나 뒷받침을 받는 상당히 강한 중앙통제에 의해 실시되는 것이다.

나는 과연 미국의 실업계가 더욱 자세히 검토해 본 뒤에도, 프랑스형의 계획이 특히 마음에 든다고 생각할 것인지 아닌지는 의문이라고 생각한다. 다만, 민간조직이나 의회도 이렇다 할 발언권이 없다고 제멋대로 생각하는 일부의 사람은 예외이다.

그러나 계획이 그다지 관리제도의 형태를 취하지 않고, 훨씬 작은 공공부문은 장기예측을 바탕으로 하여 더욱 신중히 계획해 놓은 뒤에, 민간기업에다 자유로운 조정의 보다 큰 여지를 남겨놓고 있는 나라도 있다.

스웨덴이나 노르웨이가 계획면에서는 이론적으로나 실천적으로도 아마 가장 진보하고 있다. 그러나 영국은 겨우 계획에 손을 대기 시작했을 따름이다. 영국은 보수당 정권하에서 최근 그 경제정책면에서 제자리걸음을 걷고 있다. 하지만, 그 기술자나 연구자와 마찬가지로 관리의 믿음직스런 책임이나 일반국민의 전통과 상식에 바탕을 둔 기본적인 실력은 대단한 것이다.

그 문제를 해결하기 위해서는 영국도 또한 장기 경제계획을 꾀하고 있는 나라에 낄 필요가 있다는 일종의 국가적 합의가 나타나려 하고 있으며, 이에는 보수당도 또 실업계도 분명히 동의하고 있다.

미국에서는 그러한 의견의 통일은 아직껏 보이지 않는다. 실업계의 지도자들이나 그 밖의 보수적인 생각을 가진 사람들은 앞에서 장기 경제계획의 제1단계라고 부른 것과 같이 각종 예측을 한다는 것은 위험하다는 공포심을 품고 있다. 그 것은 정부를 움직여 실업계에 더욱 간섭을 가할지도 모른다 —도 사실, 그러한 일을 하기에 좋은 구실을 정부에게 준다.

이러한 우려가 생기는 데는 의심할 나위도 없이 그 나름대로의 근거가 있으며, 우리들은 그것을 숨겨서는 안 된다. 그러나 그것이 공포심으로 변하는 것은 이치에 맞지 않는 것이 아닐까. 또 시대의 요구에 벗어나지 않을까.

이 책의 전체의 논의의 취지는 만일 정부가 매우 무거워진 책임을 맡지 않으면, 미국을 다시 선진적인 경제국으로 만들고, 또 미국을 대외 관계상의 힘과 국민의 국내적 통일과의 양자에 대한 심각한 타격에서 구출해내는 가망은 거의 없다는 사실이다.

미국이 가지고 있으며, 그리고 지금은 그리 중요하지 않은 일에 사용하고 있는 뛰어난 지적 자원을 유효하게 이용하지 않고, 정부에다 경제면에서의 더욱 큰 역할을 주려고 하는 것은 자원이 풍부한 이 나라의 낭비중의 하나가 될 것이다.

장기 예측과 계획에 관한 작업은 정부와 실업계의 합리적인 정책수립에 대한 필요한 기초를 줄 뿐만 아니라, 보다 넓은 교육적인 기능을 가질 것이다. 미국이 옛날과 같은 대망과 새로운 필요에 눈뜨게 되는 것은 정책을 바꾸면 실현할 수 있을 여러 가지의 가능성을 뚜렷이 구체적인 숫자로 벽에 그리는 일에 의해서 뿐이다.

나는 많은 오해에 의한 편견이나 기득권의 저항이 이러한 자각을 늦추어 장래의 발전이 일그러진 것으로 된 것을 두려워한다. 그러므로 더욱 중요한 일은 일반 대중을 점차 교육시켜, 미국의 경제문제의 한층 합리적인 이해를 갖도록 하기 위한 이 유력한 수단을 이용하지 않은 채 방치하지 않는 일이다.

교육은 미국의 전 역사를 통하여 항상 개인과 사회를 개선하는 커다란 희망이었다. 이 점에서도 나는 크게 미국의 이상과 희망의 혜택을 입고 있다.

제7장 정부 및 국민의 정치참여

정부의 더욱 큰 역할의 필요성

나는 지금껏 내가 사실로 된다고 믿고 있거나 이상(理想)으로 된다고 알고 있는 것—오늘날 미국이 당면하고 있는 사실, 미국 사회가 어떻게 되어야 할 것인가에 관해서 미국인이 마음속에 가지고 있는 이상—으로부터 논리적으로 추리하고자 노력해 왔다. 내가 수많은 도전적인 과제를 제시하거나 수많은 개혁을 권고하게 되었던 것도 이러한 토대 위에서이다.

나는 단지 현재의 미국에서 정치적으로 실행 가능한 일에 대하여 약간의 고찰을 했을 따름이다. 내친 김에 말한다면, 나는 이것이야말로 경제학자가 정부나 국민에게 권고하고 싶다고 생각하는 경우에 우선 제일 먼저 행동해야 할 방법이라고 생각한다. 만일 경제학자가 출발의 당초부터 이성(理性)—정치가는 이것에 고생을 하고 있다—에 따르는 데 대한 모든 억압을 자기 자신의 것으로 받아들인다면, 그 경제학자는 자기 본래의 능력 분야에서 자기의 유용성을 감소시키는 것이 된다. 그러나 결국, 어떠한 현실적인 분석도 만약 경제학자가 마음대로 도전하게 되고, 정치가가 이런 도전을 받아들여 개혁이 착수되기를 원한다면, 정치가가 극복하지 않으면 안 되는 정치체제의 기존의 형이나 고유한 편호(偏好)를 고려하지 않으면 안 될 것이다.

이들 여러 개혁의 계획적인 달성을 향한 움직임은 모두가 더욱 대규모의 정부를 암시함에 틀림이 없다. 실제로 대규모의 정부로 향하는 경향은 누구나 알고 있듯이 장기에 걸쳐 나타나 있었다. 미국은 아직 다른 부유국보다 가장 앞서간 것 정도는 아닐지라도 복지국가에로의 길을 멀리 걸어 왔다. 경제를 제약하고 그 방향을 고친다고 하는, 경제에 대한 더욱더 커져가는 공공의 간섭이 행해지고 있다. 실제로 다른 부유국의 경우처럼 실용적이지만 아직도 많이 미정리된 형의 경제계획이 널리 분산되어 있는 체제를 볼 수 있다. 오늘날 미국에서 긴급한 문제가 되고 있는 것은 무엇보다도 기존의 정부정책을 더욱 잘 조정하는 일, 즉 그런 것들을 더욱 완벽하고 신중하고 합리적인 장기계획으로 통합하는 일이다. 이것은 전장에서 계획의 제2단계로서 이야기한 것 중에 포함되어 있다.

이 같은 계획과 조정을 행한 결과는 반드시 그 때마다 그럴싸한 방법으로 늘려왔던 많은 특수한 법규나 정책 간섭을 폐기할 수가 있게 될 것이다. 그것들은 더욱 일반적인 법규로 될 것이다. 실제로, 만일 계획이 성공하면 시민은 미국에 놀랄 만큼 많은 골치 아픈 공공의 간섭으로부터 해방될 것이다. 계획이란 한층 자질구레한 통제를 의미하는 것이 아니라, 전시민이 그 구성요소가 되고 있는 국민공동체에 의한 더욱 전면적인 지도를 뜻한다.

나는 정부의 역할이 더욱 커지는 데 대해 말했지만, 그러나 그것은 더욱 큰 관료제를 뜻하고 있는 것은 아니다. 미국 정부의 여러 관청은 그것이 다하고 있는 기능에 비해 놀랄 만큼 크다고 나는 생각한다. 또 그 많은 기능 그 자체도 계획이 더욱 완전해지면 소멸할 것이다.

그와 동시에 정부는 교육이나 보건의 분야에서의 공공소비는 조직하는 큰 책임을 지지 않으면 안 된다는 의미로 더욱더 대규모의 정부로 되지 않을 수 없다. 정부는 과세, 사회보장제도, 농업개혁 등에 의해 대규모의 소득 재분배를 행하지 않으면 안 될 것이다. 정부는 빈민굴의 일소나 값싼 세집이나, 또 실제로 도시와 그 운수 계통의 근본적인 쇄신이나, 더욱 일반적으로 말하면, 자원의 개발에 점점 많은 투자를 하지 않으면 안 될 것이다.

정부는 일반적으로 소비와 투자의 큰 부분과 고용과 생산에 대한 그 책임을 증대시키지 않으면 안 될 것이다. 그리고 점점 대규모로 되는 정부의 이와 같은 활동적인 전부는 더욱 큰 사회주의와 더욱 급속하며 착실한 경제 확장의 복합적인 이상의 양상 아래에서 조정되지 않으면 안 될 것이다.

곤란의 전조

그 이유는 앞의 각 장에서 제시했지만, 이러한 결론은 자칫하면 선량한 미국인이나 우호적인 외국의 관찰자에게 불길한 예감을 줄 것 같다. 그것은 미국 국민이 그의 정부를 확대하고 개선한다는 일에 진지하게 맞붙어 씨름할 때까지는 가혹한 위기를 뚫고 나아가지 않으면 안 된다는 예감이다.

나 자신에 대해 말한다면, 나는 연구와 경험의 결과, 정부계획이나 그 책임의 확대는, 가령 사회적·경제적 관제의 전제조건이 현재의 미국의 경우보다 훨씬 좋다고 해도, 어떤 나라에 있어서나 얼마나 어려운 과제인가를 알게 되었다. 이런 이유에서 나는 참으로 중요한 이익이나 이상을 추구하는 데 필요한 이외에는 결코 정부 간섭을 시사하는 일이 없을 것이다.

만일 사태가 저절로 해결될 수 있다면, 이 이상 바랄 것이 없다고 생각한다. 경제에 대한 정부 조정의 수단을 선택하는 경우에는 나는 언제라도 정부 당국에 대한 최소한의 결정권을 의미하는 것 같은 가장 특수적이 아닌, 가장 일반적인 것을 선택할 것이다. 나는 단지 가격 조정에 의해 통제를 행할 수가 있을 경우에는 언제나 이 방법이 매우 유익하다고 생각할 것임에 틀림없다.

이러한 점에 미루어, 나는 능률과 민주주의라는 두 가지 이유에서 통제력의 지방 분산이 좋다고 생각한다. 나는 규제적 간섭의 실무가 주·지구 및 지방자치체로 이양되기를 바라는 동시에, 그것이 거기에서 선거제 의회에 의해 가능한 한 유효하게 통제되기를 바라고 싶다. 제도적 하부구조의 조직도 그것이 합리적으로 잘 균형이 잡혀져 있는 경우에는 직접적인 정부 간섭이 없는 경우에도 단체교섭과 협력을 통하여 공공정책의 대행기관으로서 다 같이 기능을 할 수 있을 것이다.

내가 우리의 국민공동체나 세계의 기술적 변혁, 그 밖의 근본적 변혁 때문에 우리의 경제생활을 정부기관에 의해 강력히 계획하고 통제하는 일이 필요해질 것이라는 예측을 아무튼 기쁘게 받아들였던 뒤로 상당히 오랜 시간이 흘렀다. 특히 미국에 있어서는 정부나 각 부처의 업무가 급속히 확대되는 경우, 정부나 각 부처가 아주 효과적으로 업무를 수행하기란 불가능한 것으로 생각되고 있지만, 여기에는 수많은 이유가 있다.

대통령의 정치적 의사와 의회가 자동적으로 일치할 것을 보증하는 영국과 비슷한 의원제 내각정부가 없다는 것은 너무나 자주 정체로 이끈다. 같은 이유에서 미국의 입법부는 많은 경우, 정부 정책의 계획이나 조정을 위해 바람직한 배려를 할 용의가 없다. 법안도 전혀 제정되지 않거나 혹은 심의 부족으로 비뚤어진 형태로 제정되거나 할 커다란 위험에 놓여 있다. 의회의 운영규칙은 근대적이며 능률적인 미국으로서는 놀랄 만큼 비합리적인 것이다.

미국의 헌법 속에는 전혀 아무런 근거도 없는 많은 습관이나 형식—가령 의회의 위원회 멤버나 특히 위원장에 대한 연장순의 규칙이나 위원장에 대해 주어지는 엄청난 권한—이 위의 결점을 강하게 하며, 또 특히 많은 경우, 어떤 미국적인 입장에서 보면 문화적으로는 후진 지역인 남부 출신의 보수적인 장로나 더욱 일반적으로 말하면, 그다지는 아는 것이 없는 무리에게 더욱 큰 힘을 준다.

나는 고무적인 사실이 생겨나고 있음을 보고 있지만, 그것은 오늘날 많은 책임 있는 사람들이 이러한 관습이나 형식의 변혁이나 헌법개정—이것들은 1세대 전까지만 해도 터부로 생각되고 있었다—까지 진지하게 논의하고 있다는 사실이다. 이 같은 사실은 헌법의 끊임없는 개정이라는 토마스 제퍼어슨(Thomas Jefferson: 1743~1826)의 사상으로 되돌아가는 것을 뜻한다. 그러나 급격한 개혁은 기대하지 않는 편이 좋을 것이다.

이와 비슷한 결점은 주정부에도 있다. 그 대부분은 대규모의 게리먼더(gerrymandering: 당략적 선거구 개정)를 통하여 군부의 반동적인 대표의 웨이트가 너무 커져 있다. 이 특수한 결함은 최근 합중국대심원의 판결이 있었기 때문에 지금에 와서는 점차 소멸해가고 있는 것 같다. 이 판결의 취지는 평등한 대의제란 모든 대의원이 그 배후에 실제로 가능한 한, 동수의 유권자를 가지고 있지 않으면 안 된다는 것을 뜻한다는 것이었다. 시정부는 최근 수십 년 동안에 상당히 좋아졌지만, 흔히 부패된 정치 기구에 의해 운영되어 왔다.

또한 미국에서는 당파로부터 독립된 비정치적인 공무원제도의 형성이 대단히 뒤떨어져 있다는 것—그리고 실업계나 대학으로부터의 인재의 쟁탈이 있다는 것—이 모든 계급의 행정관이 일반적으로 당연히 얻어야 할 지위의 보증과 책임 및 능률을 얻지 못한다고 하는 결과를 수반하였다.

미국의 경제적·사회적 진보는 행정관의 활동에 의한 것이 아니고, 오히려 농장이나 공장, 회사의 사무실이나 대학 등에서 달성된 것이었다. 이런 사실은 정부나 행정기관에 대해서 더욱 많은 것이 요구되게 될 미국 사상의 어떤 시기에 있어서는 하나의 중대한 장애가 된다.

이러한 모든 점에서 커다란 개선이 이루어졌다. 그렇지만 내가 권고하였던 개혁은 모두가 정부 활동의 대확장과 병행하여 실시되지 않으면 안 될 것이다. 미국은 영국이나 스칸디나비아국과 같은 유리한 입장에 서 있지 못하다. 그러한 나라들은 중상주의에서 근대적 복지국가로 옮겨가는 과정에서, 정부 활동이 낮은 수준에 있었을 때에, 자유주의의 창조물로서 강력하고 능률적이며 더욱이 부패하지 않은 국가가 형성되었던 것이다.

그러한 나라들에서 자유주의 시대로부터의 이 같은 유산이 대규모의 정부를 가져오게 하는 데 크게 이바지했다고 하는 것은 하나의 성공이라 할 만한 것이었다. 그러나 이러한 나라들에 있어서 조차도 그것은 완전한 성공의 일종이었다고 말한다면 그것은 과장으로 될 것이다.

균형적인 제도적 하부구조의 결여

나아가 미국에 있어서는, 기본적 사상이나 야망이라는 점에서 전술한 바와 같은 미국과 가장 비슷한 나라들의 경우보다는 행정기구의 내부의 제도적 하부구조에 있어서 민주적 기술이 훨씬 결여되고 있다. 노동시장의 현상에 대해서는 제5장에서 언급해 두었다.

여기에서 말해 두지만, 나는 미국의 기업의 조직적인 힘 그 자체 속에는 조금도 그릇된 점이 없다고 생각한다. 단, 그것은 그러한 힘이 그와 동등하게 강력하고, 또 특히 똑같이 충분히 널리 보급되어 있는 노동자나 소비자로서의 국민의 조직에 의해 견제되어 있는 경우만의 이야기이다.

나는 또 미국의 농업의 이익을 옹호하는 유력한 조직에 대해서도 반대할 이유는 아무것도 없다. 단, 그것도 그러한 농민 조직이 부농층에 의해 배타적으로 지배되고, 소농과 영세 차지농, 농업노동자 등을 한 마디도 말하지 못하게 둔다는 일이 없다면 말이다.

이상의 모든 것은 '당분간은' 그 자체가 그러한 임무에 이상적으로 적합해 가는 구조를 가지고 있지 않은 '연방정부나 주정부가 일반적인 지령에 대해서뿐만 아니라 공공정책의 실시에 대해서도 바람직할 정도 이상의 책임을 지지 않으면 안 된다'고 하는 것을 의미한다. 이미 말한 바와 같이 미국 정부는 이리하여 거의 없는 거나 다름이 없는 노동자나 소비자의 조직이라든가, 따라서 또 제도적 하부구조에 있어서의 민주적 균형의 결여에 대하여 입법이나 행정조치에 의해 대체물을 만들기 위해 점점 '자유방임주의'로부터 이탈하지 않으면 안 되게 되어 있다.

사실 정부는 이미 여러 면에서 그렇게 하지 않을 수 없다는 것을 통감하고 있다. 물론 스웨덴에서는 최저임금에 관한 입법 등이 필요없지만 미국에서는 필요하다.

국민의 정치 참여

이러한 사태를 가져오게 한 기본적 원인, 혹은 적어도 그 배후에 있는 공통의 요소는 가장 넓은 의미에서의 공공생활에 대한 국민의 참여의 정도가 일반적으로, 기본적 가치의 점에서는 미국에 가장 비슷한 나라들의 경우보다도 미국의 경우에 있어서는 낮다고 하는 사실이다. 이것은 선거 때에도 들어맞지만 선거와 선거 사이의 시기에는 더욱 잘 들어맞는다.

국민의 무관심은 제도적 하부구조를 통해서도 뚜렷하게 알수 있다. 노동자의 대다수가 조직화되어 있지 않은 경우나, 또 비교적 다수의 노동조합이 흔히 자신의 지위를 이용하여 돈벌이를 하는 인색하기 짝이 없는 독재자의 손에 장악되어 있는 경우에는 그렇게 된 이유가 물론 노동자가 충분히 영리하지 못하고, 아는 것도 없으며, 그 때문에 자기들도 조합을 만들어 자신의 이익을 지키고자 하지도 않고, 또 조합을 만든다 하더라도 자신이 조합에 대해서 책임을 지고자 하지 않는다는 데 있다.

미국의 빈곤한 사람들은 다른 선진국의 이에 해당하는 계층에서는 볼 수 없을 만큼 말이 없고, 또한 활발치 못하다. 그 결과 그들은 마땅히 받아야 할 대우를 받지 못하고 있다. 사정이 이러하므로 그들은 현재, 제 2~4장의 설명으로 명백한 바와 같이 중대한 위험에 부딪치고 있다. 그들은 근본적인 개혁에 흥미를 품고, 또 민주주의 사회에서 허용되는 모든 기관을 통하여, 공공문제에 적극적이고 계속적 또는 다방면으로 참여함으로써 그와 같은 개혁을 요구하는 것에 큰 관심을 가지고 있다. 그러나 미국의 가난한 사람들 간에서 자기들의 이익을 옹호하기 위한 단체가 자연발생적으로 생겨나지 못함은 물론이다.

이처럼 국내의 하층계급의 통합이 빈약하게 되어 있는 이유는 통속적 견해가 그렇게 생각하고 싶어 하는 것같이 미국이 젊기 때문만은 아니다. 그와 반대로, 오스카 와일드가 말한 것처럼 '미국의 젊음이란 미국의 가장 오랜 전통이다. 그것은 지금까지 3백 년이나 계속되고 있다.' 사실 미국은 대략 19세기 중엽 경부터 보통선거제도를 가지고 있는 세계에서 가장 오랜 근대적 민주주의 국가이다.

미국의 큰 대학은 유럽의 많은 대학과 마찬가지로 문예부흥기에 설립되었다. 또 더욱 분명히 말하면, 미국의 노동조합운동은 스칸디나비아 국가의 그것보다 거의 100년 가까운 오랜 역사를 가지고 있다. 그러나 스칸디나비아 국가에서는 그 노동조합운동이 미국에 비해 훨씬 중요한 것으로 되고 있으며, 또 훨씬 큰 사회적 책임을 가지게 되어 있는 것이다.

나라가 크다는 사실도, 거의 19세기 전체에 걸쳐 그 경제적·사회적 생활의 경계선이 황야에까지 확대해 가고 있었다는 사실도 충분한 설명은 되지 않는다. 뉴잉글랜드의 지역사회는 훌륭하게 조직되어 있었다. 변경의 사회는 일찍부터 법과 질서를 안정시키려고 하는 용감한 공동의 노력을 치러 왔다. 그것은 가혹한 자연조건 아래에서 질서 있는 생활을 유지하는 일이 얼마나 곤란했는가라는 사실을 생각한다면 놀랄만한 것이었다. 이러한 모든 사실은 아무리 생각해도 아주 많은 크고 작은 안정된 마을이나 도시에 나타나고 있는 지방문제에 대한 무관심―이것은 흔히 비능률적인 정부·음모·부패 등을 가져오게 한다―을 설명하지 못한다.

그것은 오히려 이 국민이 갖가지의 민족문화 속에서 자라나온 사람들로 구성되어 있다는 사실과 관련되어 있다. 나는 미국이 머지않아 충분히 통합된 국가로 되리라는 것을 믿어 의심치 않는다. 나는 또 1세대 전에 처음으로 미국을 방문한 이래, 이 눈으로 보아 온 커다란 변화 속에 이 같은 희망적인 의견이 증명되고 있다고 생각한다. 그러나 국민적 통합의 이 이상의 전진은 시간이 걸리는 점진적인 성장과정이 되지 않을 수 없다.

이 경우, 그것은 다음과 같은 사실을 의미한다. 다른 선진국의 경우에는 지방자치체라든가 또 잘 균형 잡힌 기초적인 제도적 하부구조의 조직 간의 협력이나 교섭에 맡겨 두어도 상관없는 많은 일이, 미국의 경우에는 직접통제를 통해 중앙정부나 주정부 그리고 이들의 산하기관에 의해 행해지지 않으면 안 되는 것이다.

어떻든 그처럼 낮은 수준에 있는 국민의 정치 참여나 조직 활동을 강화하기 위해 할 수 있는 일은 어떤 일이든 모두 확실히 실행하는 것이 긴요한 것이다. 그것은 권한이나 책임을 소단위로 분리시키려고 한 토머스 제퍼슨이나, 미국의 자유의 전통 속에 살아온 다른 모든 국민적 영웅이 소중히 길러온 전통에 속해 있다는 것은 주지된 대로이다. 이 경우, 나는 국외자로서가 아니라 순전히 그 위대한 전통 속에서 이야기하고 있는 것이다. 그렇지만 그것은 바야흐로 미국 경제에 스며들고 있는 상대적인 정체를 극복하기 위해, 근본적인 방법으로 사회적·경제적 관리공학을 적용한다는 미국의 당면할 문제에 대해서는 많은 해답을 주는 것이 아니다.

소수자의 활발한 정치 참여

만일 우리가 다른 일면에 있어서 소수의 사람이 서방세계의 어디에서 보다 훨씬 열심히 정치에 참여하는 것이 일반화되어 있다는 사실이나, 이 같은 정치 참여의 비교적 많은 것이, 이것 또한 전 세계에서 비교할 자가 없을 정도로 비이기적이며 이상주의적이라는 사실 등을 지적함으로써 하층계급에 의한 정치 참여의 결여에 관한 견해를 보충하지 않는다면,

그것은 미국의 현상에 대해 너무나 어두운 묘사를 주는 것이 될 것이다.

미국인은 여러 단체에 가입하기를 좋아하는 사람들이라고 보통 말해지고 있지만, 하층계급도 크게 다를 바가 없다. 이러한 단체 가입은 대부분이 좋은 목적을 위한 것이다. 또 미국에서는 내가 알고 있는 다른 어느 나라에서보다도 모든 문제에 관해 특히 활발한 토의가 벌어지며, 또 그것에서는 사회나 세계를 좋게 만들기 위해 할 수 있는 일이라면 무엇이든지 하자는 열성이 있다.

이것은 미국의 독특한 역사로서 설명할 수가 있는 청교도적·도덕주의적인 특질이다. 그것이 상류계급에게만 해당된다면, 이것은 가난한 사람들이 자기들의 이익을 옹호해 줄 사람을 갖지 못하는 일은 없을 것이라는 것을 의미한다. 만일 그들이 무관심에서 일어날 수만 있다면, 그들은 언제든지 지도자를 얻을 수 있을 것이다. 이것은 가난한 사람들의 이해관계가 국민 전체의 이해관계와 명백히 같은 것으로 될 때에 특히 중요하게 된다.

미국에 있어서 획일성에 관한 최근의 논의는 나의 관점에서 볼 때 너무 과장되어 있다. 유감스럽게도 스웨덴에는 더욱 많은 획일성이 보이며, 그리고 스웨덴에서는 대세가 획일성의 증가 쪽으로 향하고 있는지도 모른다. 미국은 내가 알고 있는 다른 어떤 나라보다도 대화를 통해서의 정부를 가지고 있다. 이로써 내가 말하고 싶은 문제점이 논의된다는 사실, 그리고 그것이 실제로 하는 일에 영향을 끼친다는 사실이다.

만일 국민대중을 자기들의 나라와 자기 자신의 운명의 형성에 더욱 열심히 참여하도록 이끌 수가 있다면, 또 만약 자유와 소수자가 공공문제에 진지하게 참가하는 일이 유지된다면, 나는 미국에 대한 좋은 장래, 실제로 매우 좋은 장래가 있을 것으로 예견한다. 나는 미국에서 민주주의가 비틀거리는 것을 보고 '스웨덴에서도 그러한 일이 일어날 수 있다'고 때때로 예상하고 있던 그런 무리에 낀 적은 한 번도 없다.

20년 전에 나는 미국의 대중의 소극성과 상류계급 간의 그것에 못지않게 놀랄 만한 적극성—'지도적 지위'를 갈망하는 공통의 심리나 놀랄 만큼 지도자를 받아들이고 싶어 하는 데에 특히 나타나게 되는 상황—을 알았다. 그것은 적어도 그 당시에는 그리 논의되지 않았던 문제이며, 더구나 내가 스스로 찾아내지 않으면 안 되었던 문제였다.

이에서 나는 「미국의 딜레마」의 마지막 2절의 사상을 더욱 발전시키기 위하여, 특히 그 책의 제33장을 인용하기로 하고 몇 행을 인용해 본다. 그것도 역시 장래를 지시하고 있는 것이다.

"문화적인 단층, 하층계급의 이해관계의 분열, 그 지도자의 상실은 이리하여 대중에게 무기력이란 각인을 찍었다. 그들은 정태적이며 수동적인 데 익숙해져 버렸다. 그들은 진취적이 아니고 오히려 생활의 안정을 갈망하고 있다. 그들은 어떻게 협력하고 어떻게 공통의 목표를 위하여 위험이나 희생을 같이 할 것인가를 알지 못한다. 그들은 그다지 집회를 열지 않는다. 그들은 조직을 만들지 않는다. 그들은 자신들을 위해 말하지 않는다. 그들은 미국에 있어서는 방청자인 것 같다. 일반적으로 말해 미국의 하층계급은 분명하게 말을 하지 않으며 또 무력하였다.

그것은 하층계급을 '침대차 계급'(pullman class)과 비교하면 더욱 뚜렷해진다. '침대차 계급'은 다른 많은 나라의 똑같은 계급보다 문화적 동질성이 크고 보다 자신을 가지고 있으며, 그리고 그 힘을 결집하는 경향이 많다. 이 나라에 있어서는 다른 어떤 나라에 있어서보다 여러 가지 전문직과 사업체를 가지고 있는 상류계급의 사람들 사이에 더욱 긴밀한 결합이나 더욱 쉬운 상호간의 이해가 있다.

그들은 다른 나라의 경우보다도 여행을 하는 일이 많다. 침대차로 함께 여행함으로써 사람들은 대개 친밀해지는 법이다. 그들은 항상 모여서 회의를 한다. 그들은 활동적이며 용기가 있고, 큰 위험을 감행하는 데 익숙해져 있다. 그들은 어떻게 협력하는가를 알고 있으며, 또 어떻게 공통의 목적을 위해 희생을 치르는가도 알고 있다. 그들은 국가 전체의 이익을 생각하는 경우에는 이에 대한 책임을 느낀다. 그것은 다소, 그들이 많은 경우, 미국에서 오랜 전통을 갖는 가문의 후손이라는 데 있다.

'침대차 계급'은 아래의 계층에서 나오는 인권에 대해서는 상당히 문호를 열고 있으며, 어울리지 않을 만큼 많은 전국적인 문무(文武)의 인사를 포용하고 있다. 그 구성은 대중의 무기력 때문에 그들에게는 극히 쉽게 얻을 수 있는 지도적 지위에 자진해서 앉으려고 했으며, 또 그런 마음가짐을 가지고 있었다.

나는 미국형의 개인적 지도자제를 이 나라의 큰 강점이라 생각하고 싶은 마음이 들지만, 대중의 소극적인 성격은 하나의 약점이라고 생각한다. 이 같은 미국의 두 문화적 특질은 그 역사적 발전의 과정에서는 서로 보완적인 것이었다. 그러나 개인의 활동력과 대중의 그것과는 반드시 대립적인 원리는 아니다.

미국의 대중은 더욱 활발히 각종의 정치활동에 참가하지만, 그러나 그럼에도 불구하고 걸출한 개인이 위대한 미국의 전통에 따라 그 창의를 발휘할 넓은 여지를 가질 수가 있을 만한 장래의 발전을 예상하는 것은 충분히 가능하다. 이 같은 사회제도는 만일 그것이 발전한다면 활기 있는 민주주의의 오랜 이상을 최고로 실현한 것이 될 것이다.

그것은 미국의 막대한 계급 격차의 축소를 가져올 뿐만 아니라 더욱 근본적으로는 다음과 같은 결과를 낳을 것이다. 그것은 수백만의 이름도 없는 원자(原子)와 같은 개인을 더욱 고도하게 사회 속에 통합한다는 것, 사회조직 전체를 꿰뚫고 있는 충성심의 유대를 강화한다는 것, 모든 공공적 기능을 더욱 능률적으로 또한 공명하게 수행한다는 것, 그리고 일반 시민 쪽에서는 시민이 공화국에 속하고 이에 대해 책임을 지며, 그리고 정치에 참여하는 것은 하나의 위대한 협력적인 인간 활동이며, 또 더욱 충실한 생활의 실현이라는 한층 강하며 또 뚜렷한 감정을 갖는다는 것 등이다."

'침대차 계급'이란 말은 물론 교통기관의 발달로 해묵은 말이 되어 버렸다. 그러나 일반적으로 말해 나는 나의 저서나 그 밖의 몇몇 장에서 나타낸 것과 같은 미국의 정치적 활동력을 특징짓기에는 안성맞춤이라고 생각하고 있다.

Part 2
미국의 경제정체의 국제적 의의
International Implications of
Economic Stagnation in America

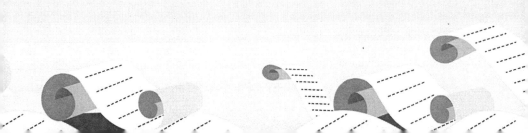

제8장 좌절감

미국은 깨끗하게 질 줄 모른다

미국의 대외관계에서는 경제성장률의 격차를 그대로 미국의 이익과 이상을 만족시킬 만한 국제문제의 해결을 추진시키는 힘의 격차로 해석할 수가 있다—하기야 거기에는 여러 가지의 이유가 있고, 그것을 이야기하고 있으면 너무 길어지지만, 복지국가로서 더욱 진보하고 있는 나라와의 통계적 비교는 자칫하면 1인당 산출고의 격차를 과장하기 쉽다. 왜냐하면 국민경제 계산에서는 까닭 잘못하면 과소평가되기 쉬운 집단적 소비의 항목이 있기 때문이며, 또 그리 완전히 조직되어 있지 않은 사회에는 더욱 많은 마이너스의 효용이나 생산비가 있기 때문이다.

미국은 다른 나라들의 배후에서가 아니라 그 면전에서 비틀거림으로써 현재의 환 부족을 악화시키고 있거니와, 이것은 미국이 국제무대에서 움직이거나 활동하거나 하는 자유를 더욱 대폭적으로 제한한다는 결과를 가져오게 하고 있다.

일개 스웨덴 태생의 국제주의자에 지나지 않는 내가 미국이 강해지기를 열망하는 이유는 내가 가지고 있는 관심과 이상을 미국이 대체로 나타내고 있다고 생각하기 때문이다. 이와 같이 커다란 의견의 일치는 내가 많은 특정의 문제에 관해 워싱턴의 정책과 의견을 달리하는 것을 방해하지 않는다. 이것은 많은 경우, 미국인의 입장이기도 하다. 왜냐하면 자기 자신의 의견을 가지며, 정부에 반대하는 것은 미국인의 빼앗을 수 없는 권리이기 때문이다.

그리고 미국의 정치체제는 대화를 통해서의 정치이며—덧붙여 말한다면, 그 곳에서는 다른 어떤 나라에 있어서보다 외국으로부터의 의견이 경청된다. 만일 그것이 미국의 기본적인 이상에 합치되어 있다면, 설령 비판적인 것이라도 경청된다—그러므로 미국의 어떤 시사적·전략적인 상황도 동경상태가 되는 일은 없고, 또 불변인 채로 고정되는 일도 없다. 시행착오를 거듭하면서 이런 이상에 따르는 정책이 끊임없이 되풀이하여 주장될 것이다.

미국이 강대한 한, 내가 찬성할 수 없는 견해가 더 오랫동안 지배하게 될 것을 두려워 할 하등의 이유가 없다고 나는 생각한다. 자유롭고 비판적인 논의의 정화작용은 미국의 정책을 미국이 기본적 이상—나도 그런 이상을 가지고 있다—에 항상 일치되게 하는 결과를 가져온다. 그러나 미국이 급속하고 착실한 진보의 선에 따라 그의 국민생활을 조직화하는데 더욱 성공할수록, 또 그 때문에 미국이 세계에서 더욱 강력해질수록 이와 같은 과정은 점점 더 효과적으로 된다. 이것은 내가 '진정으로 두려워하는 것은 미국의 약화에 있다'고 하는 것을 의미한다.

경험에 의해서 뿐만 아니라 연구에 의해서도, 나는 불행과 고뇌는 일반적으로 인류에 대해서 선으로 된다고 하는 우리들의 공동적인 유대·그리스도적 유산에 포함되어 있는 독특한 사고방법에 의문을 품게 되었다. 그 대신에 나는 건강과 힘이 사기(士氣)뿐만 아니라 도덕도 만들어낸다는 것을 더욱 확신하게 되었다.

어쨌든 미국인의 인격은 다소 색다른 역사에 의해 형성되었던 것이므로, 미국인은 재기에 넘치고 아량이 있고 관대한 마음을 가진 승리자이기는 하지만, 특히 깨끗이 질 줄 아는 패자는 아니다.

나는 국내에서는 급속하며 착실한 경제발전의 문제를 해결하고, 또 국제적인 무대에서는 그 충분한 발언권을 유지하려는 미국에 대해 아주 안심하고 있지만, 경제경쟁에 졌다는 데 실망해 버린 미국이 저지를지도 모를 모든 중대하며 극히 위험한 과오를 생각만 하여도 소름이 끼치는 생각이 든다. 국제분야에 있어서 최근의 미국의 그릇된 정책이라 생각되는 것의 대부분은 강하다는 안도감에 의해 일어난 것이 아니고 약하다는 좌절감에 의해 일어난 것이라고 나는 보고 싶은 것이다.

좌절감은 뿌리가 넓다

그런데 현재의 국제적 모든 발전은 이러한 특수한 원인은 별도로 하더라도 강한 좌절감을 생기게 할 만한 성질을 가지고 있다. 좋은 생활이라는 시민적 가치를 지향하는 향상심을 가지는 본의가 평화 우호적인 국민에 대해서는 세계의 모든 빈곤지역에서의 혁명소동, 그 곳에서 실제로 무엇이 일어나고 있는가를 명확히 예견하고 또 설령 가까운 장래의 일이라도 무엇이 일어날 것인가를 예견하는 것의 곤란성, 그 전통적 이상이 세계 전체에 퍼져가는 것을 보증하기 위해서는 어떤 일을 하면 좋은가에 대해서의 불확실성, 그리고 사실 자유의 안전보장에 관한 우려 등 이러한 모든 것이 냉전이라는 불길한 무대에서 생겨나는 경우에는 깊은 불안을 자아내게 함에 틀림없다.

최근의 미국의 상대적인 경제정체나 미국의 현재의 환 부족에 의해 더욱 두드러지게 되고 있는 미국이 힘과 국제적인 지배력을 잃고 있다는 느낌은 기본적인 이상에 입각하는 수단이나 목적에 관해서 냉정하고 이성적으로 생각하는 것을 막게 됨에 틀림이 없는 많은 사건에 의해 이미 뒤집혀 있는 세계의 상황이나 미국의 정신상태와 때를 같이하여 일어나고 있다. 그러므로 최근의 미국의 상대적인 경제정체의 국제적 의의에 관한 우리의 연구 테두리는 바로 전세계의 정치 정체의 낙관으로 되어야 할 것이지만, 그것은 본서에서는 할 수가 없다.

그렇지만 우리는 미국이 좌절감을 가지게 된 이유는 그 밖에도 많다는 것을 깨달아야 할 것이다. 그러한 좌절감은 얼마 뒤에는 여러 가지의 비합리적 정책으로 나타나게 됨에 틀림없다. 이와 같은 상황 속에서는 상재적인 경제 정체는 그것을 더욱 악화시키는 요인으로 될 것이다.

제9장 소련권과의 관계

미국의 대중국정책

나는 미국의 대외관계의 배경 전체를 분석하려고 하는 것이 아니라 상대적인 경제 정체가 직접적으로 관련되고 있는 여러 관계에다 초점을 두려고 하는 바이지만, 이와 같은 원칙에서 다만 다음과 같은 두 개의 예외를 설정하고자 생각한다. 그것은 미국의 대중국정책, 특히 중국의 유엔에 있어서의 대표권에 대한 미국의 저지 및 소련권에 대한 전략물자 수출의 허가에 관한 미국의 정책이다. 내가 이러한 예외를 설정하는 것은 그것이 좌절감의 기구를 설명하는 것이 되기 때문이다.

1949년에 중국의 장개석 정권은 패배하고, 중국공산당이 저 거대하고 역사가 길며 또 오랫동안 굴욕적인 대우를 받아왔던 제국의 지배를 이어 받았다. 그것은 물론 초기의 미국

정책의 두드러진 실패였다. 트루먼 정부는 처음엔 매우 합리적으로 행동하였다. 그것은 실패를 인정했다는 사실이다.

트루먼 정부는 중국의 전정권의 행정당국의 극심한 비능률, 대중의 상태를 개선하려는 진보적인 정책의 결여, 대대적인 정치의 부패 등이 어떻게 이 같은 실패를 초래했는가, 또 미국 정부는 그러한 정부로 하여금 정부 자신과 그 정책을 개혁시키는 데 있어서 어떻게 성공하지 못하였는가에 대한 포괄적이며, 정직한 보고서를 발표하였다.

영국이나 스칸디나비아국은 기성사실을 인정한다는 옛부터의 외교상의 전통을 가지고 있으며, 그리고 그 외교정책을 감정적으로 다루지 않도록 주의하고 있으므로, 이들 국가는 즉각 또 당연한 일로서 중국의 신정권과 외교관계를 수립하였다. 물론 이들 국가는 미국에서 매우 존경받고 있으며 스위스, 네덜란드, 미국, 캐나다, 오스트레일리아, 뉴질랜드 등과 함께 정치적으로는 보수적인 타입의 세계 중에서 가장 안정된 민주주의 국가이다.

이들 나라는 일반적으로 혁명이나 특히 공산주의를 좋아할 나라는 결코 아니다─서유럽의 공산주의는 유럽대륙의 다른 곳에서 강력하고 위험할 뿐이다. 트루먼 대통령의 국무장관 딘 애치슨은, 미국은 서로 다른 외교상의 전통을 가지고 있기 때문에 다른 점에서는 같은 생각을 가지는 이들 나라들과 동일한 행동을 취할 수도 없으며, 또 특히 실제로 중국을 지배하고 있는 정부에 의한 중국의 유엔 대표권을 위한 적극적인 운동의 결과를 받아들일 수도 없다 해도, 미국은 언제든지 유엔총회에서의 투표수에 질 각오가 서 있다고 했다. 거기까지는 좋았다.

실제로 중국의 국제연합 대표권을 바꿔주어야 할 더구나 빨리 바꿔 주어야 할 극히 중대한 이유가 있었다. 그래서 당시의 유엔 사무총장 트리그브 리이(Trugve H. Lie)는 용감하게도 유엔에 있어서 중국 대표권의 변경에 관해 참으로 납득할 만한 찬성을 했다. 그는 유엔이라는 세계적인 조직의 보편성의 원칙에 바탕을 두고 그 같은 태도를 취했다. 그러한 중요한 원칙의 합리성은 잠깐 접어두더라도 중국의 경우에는 강한 특수한 이유가 있었다.

우리는 세계 인구의 거의 4분의 1 가까이─그 비율은 점점 더 증가할 것이다─가 살고 있는 이 거대한 제국이 지금까지는 다른 여러 외국과 정상적인 관계를 가진 적이 없었다는 사실을 잊어서는 안 된다.

중국이 독립된 통일국가─다소는 중앙집권적 정부하에서─였던 수천 년 동안의 이 나라는 도처에 험한 산맥이나 사막이 있었고, 말라리아가 들끓는 정글이 있었고, 물론 동쪽에는 대양을 접한 아주 광막한 나라였다. 중국은 때때로 그의 종주권을 이러한 자연적 장애를 뛰어넘어 건너편에까지 확장하였다.

실제로 중국이 고도로 민족중심주의적으로 되고, 자기 자신을 신분의 평등을 기초로 하는 외부의 세계와의 관계보다도 한층 더 높은 것으로 생각하게 되었던 것은 당연하다. 외국으로부터 사절이 올 경우에는 봉건적인 가신이나 아니면 중국인의 입장에서 보면, 전혀 어떤 인물이라도 상관없는 것처럼 보였다. 이어서 1세기에 걸친 열강의 침략이 시작되었다. 그들은 무역시설이나 그 관리나 상인을 위한 치외법권을 강요하고, 많은 경우 그들의 경쟁관계를 자기네들 사이에서 해결하고 무력한 중국에게 이를 동의하도록 만들었다. 그것들은 어느 것이나 우리가 정상적인 외교관계라고는 부를 수 없는 것이었다.

이제 중국은 다시 자국 영토 내에서 주권을 확립하였다. 그리고 이 나라는 미국의 다른 나라에 대한 압박에 의해 외부 세계와의 정상적인 정치관계로부터, 또 어느 정도는 정상적인 통상관계로부터 배제되어 있는 것을 깨달았다. 내가 약술한 그와 같은 역사를 돌이켜 본다면, 중국 사람들이 공산당의 지배하에서 그들의 생활이 악화되는 요인은 예외하더라도 서방세계에 대한 분개심으로 가득 차게 되리라는 것은 이해하기에 힘들지 않다.

중국을 박약한 법적 근거에 의해 유엔으로부터 몰아낸 것은 다년간에 걸쳐 무엇보다도 소련에 대해 이롭게 해주고 있는 셈이었다. 소련은 미국이 중국을 서방국과의 접촉으로부터 고립시키는 일에 성공한 데 대해 아무리 감사해도 모자랄 지경이었다. 왜냐하면 그 때문에 중국은 쉽사리 소련의 수중에 돌아갔기 때문이다.

다음으로 중국의 유엔 가입 거부는 중국의 공산당 통치자 자신이 마음에 품고 있던 이 나라의 한 국가목적이 되었다. 특히 미국에 대한 맹목적인 증오는 새로운 중국의 단결을 꾀하는 상투적 정책기술이 되었다. 이 같은 사실은, 1세기에 걸쳐 중국을 압박하고 있던 열강 중에서 미국은 다른 나라에 비해 매우 신사적이었으므로 더욱 비극적이다. 그것은 우리가 알고 있는 바와 같이, 중국과 미국 사이에 상호적인 우호감을 가져왔고, 또 그것은 지금 여기에서 논의하고 있는 것과 같은 사건이 일어날 때까지 계속되었던 것이다.

스탈린이 죽고 나서 수년 뒤에 폴란드 정부는 중국의 대표권 문제를 유엔에 대대적으로 제기함으로써, 자주적인 창의를 표시하려는 생각을 품었다. 폴란드 외상은 중국 대사를 초청하고 그들 정부의 이 같은 결의를 전하였다. 그런데 외상이 놀란 것은 중국 대사는 조금도 이에 감사하지 않고 오히려 폴란드 정부에 대하여, 원칙을 확립하고 중국의 유엔 가입 거부를 연장시키기 위하여 미국 정부가 각국 정부에게 압력을 가하는 행동으로 나오게 하는 정례적인 선전활동 이외에는 아무 일도 하지 말아 줄 것을 강력히 권고하였다. 그러므로 중국은 지금으로서는 유엔의 가맹국이 되어 세계의 청중의 면전에서 자기 나라의 여러 가지 정책을 변호하지 않으면 안 된다는 일에는 전혀 관심이 없다는 결론을 끌어낼 수가 있었다.

나는 중국의 이와 같은 입장이 바뀌었다고는 생각하지 않는다. 중국은 자신의 비중을 알고 있고, 또 참으로 문제가 있을 때—이를테면, 인도지나에 있어서의 프랑스의 식민지 전쟁이 종결되지 않으면 안 될 때, 혹은 라오스의 정전이 요구될 때—유엔 외에서의 회담은 반드시 중국을 협상에 끌어내지 않을 수 없다고 하는 것을 알고 있다. 같은 일이 물론 군축회담에서 어떠한 참다운 진전이 이루어지는 경우, 일어나게 됨에 틀림이 없을 것이다.

이리하여 우리들이 알고 있듯이 유엔으로부터의 중국의 격차가 계속 몇 해에 걸쳐 연장되었다. 장기의 세계적인 입장에서 보면, 앞에서 말한 바와 같이 하나의 민족국가로서 수천 년에 걸쳐 존재해 온 기간 중에 아무런 정상적인 국제관계의 경험을 가지지 못했던 거대한 나라가, 그러한 국제생활의 보유국에 참가하여 다른 나라의 대표자와 만나고, 그들 모든 청중 앞에서 변론할 의무를 지고 위원회에 출석하고 결의안을 기초하고, 막후의 활동을 한다는 일 등은 물론 꼭 필요한 일이었을 것이다. 그것은 아프리카나 그 밖의 지역에 있는 놀랄 만큼 작은 신흥국이 유엔 가맹국의 정부가 유엔을 더욱 효율적으로 기능시키지 못하고 있음을 올바르게 비판할 경우에 이 사실을 잊어서는 안 된다.

내가 이러한 사태를 유감으로 생각하고, 또 미국이 이에 대한 책임을 져야 한다고 비판하는 경우, 나는 본의 아니게 스웨덴이나 그 밖의 스칸디나비아국의, 그리고 또한 영국의 공식 견해를 나타내는 것이 된다. 하기야 영국이라는 나라는 미국과의 불안정한 특수관계를 유지하는데 특별한 관심을 가지고 있으므로 확실히 이 문제에 관해 솔직히 털어놓기를 꺼려하고 있다.

나는 이 말을 말이 나온 김에 덧붙인 것이지, 내게 있어 중대한 일로서 이를 강조하는 것은 아니다. 왜냐하면 나는 누구를 위한 공식 대변인이 되려는 야심 따위는 조금도 가지고 있지 않으며, 단지 사실에 대해 내가 알고 있다고 여기는 것을 나의 이상을 바탕으로 하여 한 사람의 독립된 학자로서 이야기 하는 것에 십분 만족하고 있기 때문이다.

이러한 슬퍼해야 할 이야기를 다시 한 번 이야기함에 있어서, 한 관찰자로서 나의 관심은 어떻게 하여 미국이 결과를 결정하는 커다란 요인이 된 정책노선에 따르게 되었는가를 이해하려는 것이다. 이미 말한 바와 같이 공산당이 중국의 패권 획득에 성공한 직후의 처음 수개월 동안에는 트루먼 정권은 발생한 사태에 대해 솔직히 자기 비판적인 평가를 했으며, 그리고 그 나라를 현실적으로 지배하고 있는 정부에 의한 중국의 유엔 대표권을 승인하고, 또 이에 적응할 각오를 세웠다. 그러나 나는 미국이나 유럽의 친구들 가운데서 오직 혼자 심상치 않은 예감을 가지고 있었다.

내가 자신에게도 말했고, 또 친구에게도 말한 사실이지만, 미국은 이제껏 깨끗이 질 줄 아는 패자가 되어 본 적은 단 한 번도 없었다. 즉, 불운을 겪은 뒤에도 어떤 진로를 잡고 실패의 결과를 인정하고, 그런 연후에 변화된 상황 아래에서 다시 전진하는 계획을 합리적으로 또 용감히 수립한다는 일이 없었다.

유럽의 우리들은 모두 종종 커다란 난국을 맛보았다. 우리는 전쟁에 패배하였다. 국경은 변경되었다. 그래도 우리는 살아왔다. 미국의 전쟁—심지어 지난번의 전쟁—은 언제나 무준비상태라는 창피한 혼란 속에서 시작되기 마련이었다. 그러나 위대한 국민적 분투 뒤에 전쟁은 언제나 완전한 승리로 끝났다. 미국의 경험은 모두가 궁극에 가서는 영광에 찬 경이적인 성공을 가져오게 하는 것이었다. 이러한 자신이 미국 국민의 마음속에 깊이 베어 버렸던 것이다.

이 경우에는 미국은 그 역사상 처음으로 큰 실패에 부딪쳤다. 그리고 그 실패는 역시 처음 있은 일이었지만, 적어도 단기간에는 절대로 만회할 수 없는 것이었다. 미국은 공산당 정권을 타도하기 위해 중국에 파병한다는 것은 도저히 불가능하였다. 미국은 후퇴를 기정사실로 인정하지 않으면 안 되었다. 미국은 과연 제정신과 냉정한 기분으로 이를 인정할 수가 있을 것인가. 미국은 과연 미국이 진다는 이 같은 이변이 도대체 어떻게 일어났는가를 이해할 수 있을까.

미국은 오히려 안으로 향해 자기비판을 하고, 그 자체의 정부 내에서 반역자를 찾아낼 수는 없을까. 그리고 미국은 손실을 체념으로 받아들여 전진한다는 트루먼이나 에치슨이 현명하게, 그리고 용기 있게 시작한 정책을 좌절시키지는 않을까.

유감스럽게도 이러한 예감은 모든 사람이 예견한 것 이상으로 현실적이 되었다. 내가 본서에서 강조하고자 생각하는 점은, 1949년 이후의 미국의 대중국정책이 미국 국민 측의 좌절감에서 비롯되었다고 하는 사실이다. 언제나 그렇지만 현실적으로 조성된 정치 상황은 그것을 영속화시킬 만한 사건이나 조건을 유발시킴으로써 더욱 고정화되기 마련이었다. 그러므로 그것이 아무리 과거에 분별 있는 것이었고, 지금도 역시 그렇다고 하더라도 이것을 바꾸는 일은 점점 어려워진다.

내가 끌어내고 싶은 일은 점점 어려워진다. 내가 끌어내고 싶은 주된 결론은 좌절감이란 개화되고 합리적인 사상이나 행동의 씨앗이 발아할 수 있는 토양이 아니라는 사실이다.

앞에서 말한 바와 같이 나는 중국이 오늘날 미국이나 유엔과의 관계에 어떤 변경을 가하는 일에 관심을 가지고 있다고는 생각하지 않는다. 그러므로 중국의 국제적 고립의 상태는 설사 미국이 그의 정책을 바꾸어도 아마 깨뜨려지지는 않을 것이다. 이 고립상태는 세계의 현상에 있어 가장 위험한 요소의 하나를 형성하고 있다.

전략물자의 수출허가 정책

나는 이것 또한 미국 경제의 현재의 상대적 정체가 명백해지기 이전의 기간에 시작된 비합리적인 미국의 정책을 또 하나 예로 들어 보기로 할 것이다. 그것은 미국이 서구의 동맹국에 크건 작건 효과적으로 강요한 소련권 국가와의 통상상의 전략적 수출허가 정책이다.

이 정책은 다소 일찍부터 시작되고 있었지만, 그것이 표면에 드러난 것은 1948년 봄, 미국이 체코슬로바키아에 대한 철강 플랜트의 인도를 정지했을 때의 일이었다. 그것은 이미 미국에서 발주, 제조되어 선적과 인도를 위해 포장되어 있었고, 또 체코슬로바키아에 의해 대가를 지불되어 있었지만, 미국이 그 인도를 정지한 것이다.

당시 나는 책임 있는 국무성의 관리로부터 정부는 사태를 정상화하려고 노력하고 있지만, 그러나 많은 군 장성이나 상원의원을 제정신으로 돌아오게 하는 데는 다소 시간이 걸린다는 이야기를 들었다.

이어서 베를린 봉쇄가 일어나 그렇게 할 명분이 없어지고 말았다. 소련권 국가에 대한 수많은 금수 품목의 리스트가 만들어졌다—거기에는 한때 해수욕복까지 끼어 있었다. 동맹국간의 연락기관이 프랑스 파리에 설치되었고, 이에 따라 좋아하지 않고 있었던 서구 동맹국의 정부들도 미국의 적극적인 외교적 압력에 의해 대세에 순응 당하게 되었다. 의회의 수정안이 통과되고 이 정책에 위력이 더해졌다.

당시, 유엔 유럽경제위원회의 나의 간부 직원중에 한 사람의 매우 총명하고 경험이 풍부한 프랑스의 고관이 있었는데—그는 제1차 세계대전 후 대부분의 봉쇄계획에 관계해 온 사람이었다—그는 지겨운 듯이 당시를 회고하며, 어려움을 뼈저리게 느꼈다고 말하였다. 즉, 봉쇄의 효과를 올리며 정치적인 목적에 도움이 되게 하려면, 소수의 품목을 가려 한정된 지역에만 실시해야 하며, 또 단기간만 해야 한다는 것이었다. 그런데 이번의 경우는 세계의 아주 큰 부분에 대한 매우 많은 품목의 수출을 무기한으로 정지시키는 것을 목표로 한 봉쇄였다. 그는 비판적으로 생각하지 못하고, 또 과거의 경험에서 배울 줄 모르는 인간의 무능력을 양손으로 벌리며

개탄하였다.

나는 거의 10년 동안 이 전략적 수출허가 정책의 효과를 자세히 쫓아볼 수 있는 입장에 있었다. 그리고 나는 그 후로 그 효과를 계속 지켜보고 있었다. 그 효과는 미국의 정책 입안자의 입장에서 보면 거의 완전히 역효과였다. 더구나 그것은 봉쇄에는 반드시 뒷구멍이 있다는 사실을 완전히 제외하더라도 그러했다.

우선 첫째로 이 정책은 소련권 국가에 선전의 빌미를 주었다. 이러한 논의는 서구에 있어서조차 전혀 없었던 것은 아니었고, 서구에서는 처음부터 이러한 정책 전체가 회의적 눈으로 보아졌던 것이다. 그런데 더욱 중요한 사실은 그것이 소련권 내에 준 영향이었다. 사실 그것은 스탈린과 소련권 전역에 걸쳐 흩어져 있는 그의 간부 정치가들이 그가 군림하고 있었던 제국을 강화하는 것을 도와주게 되었다.

스탈린은 이 봉쇄계획은 서방세계가 깊은 중요감을 가지고 있는 증거이며, 또한 특히 전력을 기울여 소련권 국가의 경제발전을 방해하려고 결의하고 있음을 나타내는 것이라는 사실을 효과적으로 지적할 수가 있었다. 장기간에 걸친 이와 같은 광범한 금수 리스트는 스탈린과 러시아와 그 밖의 모든 소련권 국가에 있는 그의 부하를 위해 도움이 되었다.

더 분명히 말하자면, 그들은 소련권 국가가 그 개발계획을 실시하기 위해 필요한 거의 모든 물자에 대해서 완전히 자급자족적으로 되어야 하거나, 혹은 상호간, 특히 '대소비에트동맹'에 의존하지 않으면 안 되게 하였다는 것을 지적할 수가 있었다. 이 선전은 대단히 효과적이었다. 또 그것은 특히, 스탈린이 동구 국가의 정부로부터 국가적 독립에 대한 갈망을 뿌리채 말끔히 없애기 전인 초기단계에 있어서는 그에게 불가결한 것으로 되는 것이었다.

그 뿐만이 아니라, 전략적 수출허가 정책은 그것이 소련권 국가의 투자나 생산의 방향에 어떤 영향을 가지고 있는 한, 이들 국가가 어떤 경우에도 당연히 가지고 있지 않으면 안 되었을 동기, 즉 전략적으로 중요한 물자를 수입에 의존하지 않도록 하려는 동기를 강화시켰다. 이들 국가의 계획은 결코 완벽했다고는 말할 수 없었고, 전후의 초기에 있어서는 특히 결함이 많았다. 비밀 리스트—소련권 모든 정부에 대해서는 확실히 비밀 따위는 없었다—는 소련권 국가에다 어떻게 그들이 경제계획의 방향을 정하는가에 대해 유익한 시사를 주었던 것은 의심할 나위가 없다.

이와 같은 역효과의 반대로, 그것이 소련권 국가의 경제발전, 그 군수생산 및 특히 군사적으로 보아 더욱 유효한 병기의 생산 속도를 떨어뜨리게 했다는 효과를 계산하지 않으면 안 될 것이다. 이 점에 관한 나의 의견의 근거를 설명할 만한 여유가 없으므로, 나는 소련권 국가에서 그 후 일어난 일에 관한 상당히 장기적이며 집중적인 관찰에서 내가 도달한 약간의 결론을 말하는 것으로 그쳐야 하겠다. 전략적 수출 허가정책의 이와 같은 기대된 효과는 극히 미미하였다. 그것은 또한 단순히 언제나 생겼던 뒷구멍 때문만은 아니었다.

미국 대외정책의 이 두 가지 실례 사이에는 유사성이 있다.

유엔에서의 중국의 대표권 문제에 대한 미국의 입장의 경우와 마찬가지로, 미국 정부는 처음 한동안은 비교적 합리적인 태도를 나타내고, 서방의 소련권과의 무역을 탄압하라는 압력에 저항하려 했다. 어느 경우에도 미국 정부는 냉전에 따라 매일과 같이 나타나게 되는 현상에 의해서 길러지는 강한 좌절감에 지배되고 있던 여론과 타협하지 않으면 안 되었다. 어느 경우에도 미국 정부는 미국 정책을 따르게끔 미국 정부에 의하여 강요받고 있었던 동맹국으로부터 상당한 저항을 받았다.

그렇지만, 전략적 허가제도의 경우에는 우리는 한층 합리적인 정책으로 향하는 점진적인 움직임을 본다. 이 문제는 이제 초기처럼 미국 의회에서 과장하여 이야기될 수는 없다. 품목 리스트 자체가 전략적 입장에서 참으로 문제가 되는 것, 즉 군수생산에 특히 중요성을 가지는 소수의 선진기술의 생산물만으로 줄어들었다.

중립국 스웨덴조차 매우 오랫동안 병기의 수출에는 정부의 허가가 필요하였고, 병기는 일상 업무에 관한 사항으로서 아주 조용히 그리고 신중하게 취급되고 있다―또 스웨덴의 산업은 그 기술연구가 다른 나라에 앞서 있는 경우에는 그 자체의 경쟁상의 이해에서 그러한 연구의 성과를 손에서 놓지 않도록 크게 주의하고 있다.

얼마 전에는 그토록 시끄러운 문제였던 이 같은 수출통제의 대부분이 얼마 못가서는 남지 않게 될 것이다. 상식으로 돌아간 결과는 결국 이렇게 될 것이다. 한편, 이 문제는 소련권에 대해서도 정치적·경제적 중요성의 대부분을 잃게 되고 말았다.

이 두 가지의 실례는 본서의 주제에 있어서 특히 중요한 의미를 가지고 있다. 왜냐하면 만일 미국이 가까운 장래에 상대적인 경제 정체를 극복할 수 없다면, 그리고 또 만약 미국이 점점 경제경쟁에 뒤떨어지고 있다는 좌절감을 처음으로 맛보게 되고, 그 결과로서 세계의 여러 사건에 영향을 끼치는 많은 힘을 잃게 된다면, 그처럼 그릇된 정책이 더욱더 정부에 강요되고, 또 기존의 정책 중 어떤 것이 영구화되어 아마 경직화되고 말 위험이 일어나게 되리라는 것은 명약관화하게 되기 때문이다.

앞에서 말한 바와 같이, 나는 국내에서는 그 경제문제를 해결하고, 국제적인 무대에서는 충분한 발언권을 보유하고 있는 강한 미국이 시행착오를 통하여 점점 현명해지고, 더욱 그 전통적 이상에 헌신하게 됨에 틀림이 없을 것이라는 커다란 확신을 가지고 있다.

약한 미국은 단지 영향력을 잃을 뿐만 아니라, 현재 가지고 있는 영향력을 그릇된 목적을 위해 그릇된 방법으로 행사하게 될 것이다. 영향력은 그것을 사용한다면 소모되고 마는 일종의 자본이므로, 엉뚱한 곳에다 행사한다면, 합리적이며 합목적적인 행사를 위해 영향력은 점점 줄어들게 되고 말 것이다.

소련과의 경제경쟁

소련과의 경제경쟁은 지금에 와서는 매우 치열하여 대부분의 미국인의 관심사가 되고 있다. 소련의 지도자는 미국에 경제경쟁을 도전하여 1인당 생산고를 우선 서구 국가의 수준으로, 그리고 그 후는 그 이상으로 높이고 마지막에는 미국의 수준을 상회할 정도로 높인다고 하는 것을 경제발전의 목표로 결정하였다.

미국과 소련의 생산고에 관한 통계를 비교한다는 것은 경제구조가 서로 달라 기본적 정의가 같지 않다는 점에서 원천적인 곤란이 있다. 또 쌍방 다 자기들 편이 상대보다 더 빨리 이겨가고 있거나, 더 늦게 져가고 있는 것처럼 보이게 하는 방법으로 '숫자놀이'를 할 가능성이 많다. 그렇지만, 현재의 목적을 위해서는 현재의 경제 성장률은 미국보다 소련 쪽이 상당히 더 높아, 적어도 2배 혹은 그 이상이며, 특히 중공업과 교육·연구·보건 등의 시설의 경우에 그러하다는 사실을 기정사실로서 인정하는 것만으로도 충분하다.

비록 소련의 국민생산의 수준은 미국보다 훨씬 낮다 하지만, 종합 이익이 가지는 매력은 매우 크므로 만일 미국이 당장 그 상대적인 경제 정체를 극복하는 데 성공하지 않는다면, 소련은 머지않은 장래에 중요한 부분에 있어서 미국 수준에 접근하고, 도달하고, 마침내는 능가하게 될 것이다. 이에 반하여 만일 미국이 그의 성장률을 현저히 높일 수 있고, 동시에 안정시킬 수가 있다면 미국인은 소련의 업적을 더욱 냉정히 아마 만족감과 공감을 가지고 바라 볼 수가 있을 것이다.

이 경쟁의 결과는 그 효과에 있어서 어느 정도 심리적인 것이기는 하지만, 그것도 실제적인 의의가 없다고는 말할 수 없다. 그와 같은 효과는 다른 여러 국민뿐만 아니라 경쟁을 좋아하는 미국인 자신에게도 영향을 주며, 또 광대한 저개발 세계에 대해서도 똑같이 영향을 끼친다는 데는 의심이 없다.

미국과 그 밖의 나라에서는 많은 경우, 인도와 중국과의 사이에도 경쟁이 있다고 말해진다. 그러한 경쟁의 결과―그것이 존재한다면―는 과소평가가 되어서는 안 될 선전효과를 가지게 됨에 틀림이 없다. 미·소간의 경쟁은 미국이나 세계 전체의 사람들의 앞으로의 사고방식이나 행동방식에 대해서 잴 수 없을 정도로 훨씬 중요한 것이다. 그러나 그 자체만으로도 정치적 영향을 지니고 있는 그와 같은 심리적 효과를 접어두고라도, 성장률은 직접적으로 경제력에 영향을 줄 수가 있다.

미국이 그의 경제적 힘을 유지할 수만 있다면, 반드시 소련의 경제 진보를 단순히 위험한 것, 불리한 것이라 볼 필요는 없다고 나는 생각한다. 소련의 경제 진보는 도리어 소련을 열등감과 공격성 등과 같은 강하고 뚜렷한 감정으로부터 차차 해방시키고, 또 그 나라를 국민에 대한 보다 많은 자유와 전체주의적인 획일적 정치체제의 완화의 방향으로 움직여 나아가게 하는 하나의 원인이 될지도 모른다.

스탈린 사후의 경험은 모든 나라의 인도주의자가 오랫동안 품고 있던 이 같은 기대를 전혀 저버리지 않았다. 그러나 나아가 여기에 군사문제를 덧붙이지 않으면 안 된다. 현재 자기 나라의 생산자원이 불완전이용의 상태에 있다는 것은 미국이 그 군비를 매우 높은 수준에 유지하는데 유리하게 하고 있다. 사실 그 상태는 군사비의 증대를 경제활동의 수준을 끌어 올리는 수단으로까지 하게 되며, 아무튼 미국의 경기 정세를 지탱한다는 견지에서 보아 결코 나쁘지 않는 조처로 만든다. 그러나 다른 각도에서 본다면, 만약 영국 경제가 그 자원을 완전히 활용하고 있다면, 그 자체로서 바람직하게 되는 그러한 군비 지출이 훨씬 쉽게 이루어지게 될 것이다.

소련은 전혀 다른 상황에 있다. 소련에서는 군사비의 증대—그리고 대기권 외의 우주정복에 대한 노력의 성공도—는 참으로 희생이다. 특히 농업은 그 계획이 처음부터 비참한 실패로 끝났고 오늘에 이르기까지 계속 그러하며, 이제야말로 정말 위험한 분야로 되어가고 있다.

농업에 있어서 비료나 트렉터는 지금도 대단히 아쉬운 물건이지만, 거액으로 자꾸만 증가 경향에 있는 군사비가 당분간 농업문제의 험로를 타개하는데 필요한 그런 자재의 생산을 저해하게 될 것이라는 것은 공식적으로 인정되고 있는 사실이다. 그러나 농업의 진보나 소비수준의 향상은 가차 없이 희생되고 있다.

생산이 급속히 상승하면 이러한 상황은 변화할 것이다. 무리한 일은 훨씬 적어질 것이다. 그렇게 되면 소련에서는 비교적 적은 실질적인 희생에 의해 더욱 많은 군사비 지출이 가능해지리라는 생각은 그리 희망을 가질 수 없는 것도 아닌 것 같다.

전쟁 말기부터 종전 직후의 미국에서는 미·소간의 긴밀하고 우호적인 협조의 가능성에 대해 너무나 낙관적인 견해가 지배적이었는데, 나는 이에 동조하지 않았다. 국무성이 만든 나에 관한 서류철의 맨 아래 쪽에는 나도 잘 알고 있지만, 다소 달갑지 않은 '반소적 인물'이라 쓴 서류가 있다. 그것은 당시 워싱턴에서 널리 쓰이고 있는 각도에서 본 것이었다. 나는 우리 스웨덴인 모두가 그러했듯이 친한 이웃으로서 몇천 년 동안 러시아인과 사귀어 왔던 영향을 받고 있는 한 사람의 전형적 스웨덴인이며, 또 나는 물론 조금도 달라진 바가 없었다. 그러나 많은 미국인은 공산주의에 대한 동조—극히 소수가 동조하고 있었다—로부터는 아니라 하더라도 전후 소련과의 수월하고 성과 있는 협력에 대해서 소박한 희망을 품고 있었다는 사실로 말미암아 완연히 일변하였다.

나는 당시 결코 전부는 아니지만 대단히 많은 미국의 진보적인 지식인—그리고 진보적이거나 지성적도 아니었던 더욱 많은 미국인—이 그러했던 것처럼, 소련에 대한 경건한 희망에 사로잡혀 있지는 않았으며, 또 나는 냉전까지 예견하고 있었지만 설령 그렇다고 해서 나는 소련이 군사적인 정복에 의해 서구를 지배할 것 같다고는 생각한 적이 없었다. 우리 스웨덴인이 오랜 깊은 경험을 통해서 알게 되었던 러시아의 전통에 비추어 보더라도, 그러한 정책은 러시아의 모든 전통에 강하게 위반되며, 또 우리가 누구나 알고 있는 것과 같은 그 경제체제의 경제적 우위성에 대해서의 그들의 신념에도 위반하는 것이 될 것이다.

이 점에 관해서도 나는 이전의 이견을 지키고 싶다고 생각한다. 이 같은 견해는, 만일 그와 동시에 내가 서구에 있어서뿐만 아니라 미국에 있어서도 진보적인 경제를 유지할 수가 있다고 믿을 수가 있으면 낙관적인 것이 된다. 이러한 견해는 물론, 매일 미국이 그의 경제성장을 끌어올리거나 안정시키거나 하는 일이 없다면 그리 낙관적인 것이 못될 것이다.

나는 미국에 있어서의 경제성장률의 실질적인 고양(高揚)은 소련의 지도자들로 하여금 세계의 긴장을 완화시키기 위해 여러 가지 문제에 관하여 합의를 구하는 방향으로 나아가게 할 것 같은 생각이 들고, 또 특히 그들에게 군축을 시작하는 협정을 진지하게 구하는 태세를 가지게 할 것으로까지 믿고 싶다. 이에 반해, 미국의 현재의 상대적 정체가 계속된다는 것은 소련의 지도자에게 다른 길을 취하게 만들지도 모른다. 특히 이러한 미국의 발전은 내가 다음 장에서 언급하는 바와 같이 자칫하면 서방측 국가를 분열상태에 놓기 쉽기 때문이다.

나는 물론, 미국이 긴장의 완화와 현재의 불안한 군비경쟁의 점진적인 해소를 향해서의 발전을 진심으로 바라고 있다고 생각한다. 미국인이 기본적으로는 평화를 사랑하는 국민이라는 것은 나의 젊었을 적부터의 직접적인 관찰에 바탕을 둔 강한 확신의 하나이다. 그러나 나는 미국의 현재의 낮은 경제 성장률조차도 엄청나게 대규모이며, 점점 증가하고 있는 군사비에 의해 비로소 유지되고 있다는 사실에 눈을 가릴 수는 없다. 이것은 내가 확신하는 바에 의하면 군비경쟁을 끝내게 하려고 진지한 노력을 기울이고 있는 국민에게는 건전한 상황이 아니다.

이론적으로 경제학자는 이 같은 지출을 대폭적으로 삭감하여도 그것은 쉽사리 메울 수가 있다는 것을 논할 수가 있다. 나 자신도 이 같은 견해에 찬성하고 있는 경제학자의 회의에 참가한 일이 있었다. 그러나 우리는 미국 경제에 있어서 정부의 역할에 대한 미국 국민이나 의회의 견해에 근본적인 변화가 일어나지 않는 경우에 생기는 참다운 곤란을 깨닫지 않으면 안 된다.

미국 경제를 두드러지게 낮은 수준의 군사비로 조정한다는 것은 성장률이 매우 낮으므로 더욱 힘들게 된다. 급속히 성장하는 경제라면 군사비를 더욱 대폭적으로 삭감할 수가 있을 것이다. 또한 우리는 그 배후에 거대한 군수산업을 가지고 있는 놀랄 만한 규모의 군사시설은 그 같은 지출을 계속시키는데 큰 기득권을 가지고 있다는 것을 뜻한다는 사실을 우리 자신의 눈에서 숨겨서는 안 된다.

아이젠하워 대통령은 미국 국민에 대한 대통령으로서의 마지막 공식연설 속에서 이 점에 관한 적절한 의견을 말했다.

"…우리는 정부의 각 위원회 속에서 군부와 산업복합체가 스스로 구하거나 아니거나를 불문하고 부당한 노력을 획득하는 것을 경계하지 않으면 안 된다."

실질적인 군비축소를 행하려고 하는 국제협정에 반대하는 이러한 기득권은 높고 점점 증가하는 실업과 불완전이용의 생산 능력을 가지는 경제에서는 더욱 큰 발언권을 가지며, 정치적으로도 더욱 유력해질 것임에 틀림없을 것이다.

제10장 서구와의 관계

마아셜 플랜

소비에트 세계와의 관계에서 미국의 경제적인 힘을 유지하는 일이 중요한 것은 매우 명백하며, 이 이상 자세히 말할 필요가 없다. 저개발국에 대해 조력과 원조를 주려고 하는 미국의 의사나, 이 문제에 관해 다른 부유국 가운데서 건전한 지도성을 발휘하려 하는 그 능력도 국내 경제의 낮은 성장률과 외환에 대한 추가 수요를 채우는데 있어서의 심각한 문제에 의해 두드러지게 저해되고 있다. 이하에서 나는 이 후자의 문제로 되돌아간다.

미국은 특히 서구 부유국 가운데의 우방이나 동맹국과의 정상적인 관계에 있어 경제적으로 강하지 않으면 안 된다는 문제에 관해서는 지금까지 거의 공공연하게 논해진 일이 없었다. 미국 대통령은 요즈음 종종 한숨을 내쉬며 이렇게 말하고 싶어 할 것이다. '국내 문제로 너무 귀찮게 하지 말았으면 좋겠다. 대외문제에 관한 일은 자신이 어떻게 해 낼테니까.'

나는 우연히 40년대의 후반부터 50년대의 초반에 걸쳐서 서구에 있어서의 미국의 커다란 원조활동을 가까이에서 관찰하였다. 미국은 저 마아셜 플랜 시대에, 하나의 장대한 정책 조치에 의하여 케인즈경과 해리 화이트씨 사이의 내부 투쟁과 마지막 타협의 결과로서 성립한 브레튼우즈협정 속에 반영되고 있던 것과 같은 국제수지 문제에 대한 다소 애매하며 모호한 태도를 역전시켰다.

사실 미국은 서구지역 국가를 경제적으로 자립할 수 있을 정도로 강화하기 위해 가능한 한, 일을 하여 그들을 원조하였다. 그때 미국은 될 수 있는 한, 신중히 그 권력을 행사하지 않도록 주의하였다. 미국은 유럽의 각국 정부가 그들 자신이 합의에 도달할 수 있을 것 같은 일이라면, 어떤 적극적 정책도 재정적으로나 그 밖의 방법에 의해 원조할 것을 약속함으로써, 그들 정부가 스스로 결의할 것을 권고하였다.

당시 미국은 유럽에서 무엇을 해야 하는가에 대해 매우 명확한 개념을 가지고 있었다. 나는 그 시기의 끝 무렵에 원조사절단에서 지도적인 역할을 다한 미국의 실업가와 정부 관계자 및 경제학자들을 가장 훌륭한 유럽인 가운데 하나라고 썼다.

내가 말하고 싶은 요점은, 당시 서구 국가는 심각한 달러 부족으로 허덕이고 있었고, '미국은 모든 권력을 가지고 있었을 때임에도 그 힘을 행사하는 것을 크게 삼가 했다'고 하는 것이다. 당시 본인이나 미국 정부가 설령 자기 나라의 이익을 위해 서구를 원조할 뿐이라는 선을 지키고 있다 하더라도, 조금 더 유럽인에 대해 미국의 원조 의도에 따르도록 적극적으로 압력을 가하여도 좋을 것으로 종종 생각했었다는 것을 고백하지 않을 수 없다. 당시, 나는 지금도 그렇지만, 이와 같은 미국의 원조 의도가 대체로 유럽이나 세계의 공통이익이 된다고 생각했었기 때문이다. 단, 미국이 유럽의 종속국에 대해서 참으로 최대한의 압력을 가한 예외적인 경우, 이를테면 전략적 수출허가 정책의 경우가 있었는데 이것은 오로지 좌절감의 발생에 의하는 것이었다.

미국은 서구 국가가 미국의 수출에 대해 가차 없이 차별대우를 가하는 것을 아무 불평도 없이 받아들였다. 이것은 큰 계획의 일단이며, 미국은 실제로 자국에 대한 서구의 통상적·금융적 차별정책의 입안을 도왔다. 나의 관찰 거점이던 유엔의 유럽경제위원회에서, 미국은 유럽의 석탄 자급을 꾀하려 한 폴란드와 그 밖의 유럽의 석탄 산출국을 적극적으로 지원하였다.

미국 대표는 대양을 건너 석탄을 운반한다는 것은 부자연스럽다고 논하였다. 이 정책은 미국의 석탄이나, 미국 정부에 압력을 가하여 자신들의 이익을 위해 이 정책을 역전시키려고 광분한 항만업자의 반대를 무릅쓰고 실시되었다. 또 하나의 예를 든다면, 이러한 마아셜 플랜의 초기에는 미국 정부가 미국의 석탄 독점체에 대해 서구에서 수탈적인 가격정책을 계속하는 것을 그만두게 하는 이니시어티브를 잡는다는 사건도 일어났다.

전후 서구 국민에게 제공된 태반은 물론 막대한 자금원조로서, 그 금액은 거의 300억 달러에 달하며, 그 3분의 2는 순수한 증여였다. 그것은 군사원조를 계산에 넣지 않은 금액이었다. 이것은 국제통화기금이나 국제부흥개발은행(IBRD)에 대한 최초의 달러 분담액의 몇 배나 되었다.

지나친 관용

당시 나는 자금원조는 모두 서구 국가가 경제적 생활력을 회복했을 때 상환한다는 관대한 조건에 의한 차관의 형식으로 공여되어야 할 것이라고 생각하고 있었다. 그리고 이젠 숨길 필요가 없게 되었지만, 당시에 나는 그 목표가 그렇게 빨리 달성되리라고는 생각하지 않고 있었음에도, 어쨌든 그러한 견해를 가지고 있었다. 당시는 서구에 대하여 상업적 금융 조건으로 대부를 할 만한 기초는 아무것도 없었으므로 그것은 역시 '원조'였을 것이다.

미국이 그처럼 지나치게 관대한 조건을 붙인 것은 쉽사리 설명할 수가 있다. 전쟁의 와중에 있던 서구 국가들은 크게 파괴되었고, 생활수준은 저하해 있었다. 이에 반하여, 미국은 그 국민이 전시에나 전후에도 생활수준의 상승을 누린다는 세계사상 아주 희귀한 경험을 가지고 있었다.

미국은 불황과 실업의 상태로 전쟁에 돌입하였고, 그리하여 전쟁은 뉴딜이 할 수 없었던 일, 즉 고용의 급속한 증대를 실현하였다. '부의 분여(分與)'는 미국인에게도 유럽인에게도 자연의 추세처럼 보였다. 그럼에도 불구하고 나는 당시의 나의 판단이 옳았다고 생각한다. 미국은 오직 부유국간에다만 분여해 주었을 뿐이었다.

만일 미국이 지난 5년 동안 마아셜 플랜 시대에 서구 각국의 정부에 준 자금 원조에 대한 상환—점차적으로 각각의 환(煥) 상황을 적당히 고려한 상환—을 각국 정부에게 요구할 수가 있었다면, 오늘날의 국제 환상태는 전혀 다른 것이 되어 훨씬 건전한 것으로 되어 있었을 것이다. 미국의 기록을 보아도, 관용과 우호의 정신에 의해 이러한 고려를 했어야 하였다는 것은 뚜렷하다.

나는 서구에서 이 같은 반성이 한 번도 지적되지 않았던 것은 대충 이해할 수 있다 해도, 현재의 국제수지 상황에 관한 미국의 논의 속에서 어째서 이런 반성이 없는가는 아무래도 잘 이해할 수가 없다. 명백한 사실은, 수년 전에 미국으로부터의 증여로서 수십억 달러를 받은 독일, 프랑스 및 현재의 이탈리아 같은 나라들이 지금에 와서는 커다란 생산과 수출의 능력을 가지게 되었고, 이에 따라 미국의 현재의 외환 부족의 참다운 핵심으로 되고 있는 잉여금 보유고와 유동달러 자산을 축적하는 것이 가능해졌다는 사실이다.

나는 '어느 정부로부터 다른 정부에 증여로서 원조를 해준다는 것은—수혜국이 극복하지 않으면 안 될 뿌리 깊은 구조적인 무능력을 수반하고 있는 저개발국인 경우를 제외하고—당연하다든가, 필요하다든가, 또는 현명한 정책이다'라고 조차 생각한 적은 한 번도 없다. 이와 같은 증여는 큰 감사의 마음을 자아내게 한 일도 없거니와, 확고한 우호관계의 기반이 된 적도 없다. 물론 전후에 반미 감정을 조금도 다진 일이 없었으며, 오늘날도 전혀 가지고 있지 않은 유럽의 나라는 오직 스웨덴과 스위스 두 나라 뿐이라고 하는 것은 사실이며, 나는 당시에도 이 사실을 지적한 일이 있다.

이 두 나라는 많은 나라가 그랬던 것처럼 다시 전쟁에 휩쓸리지 않도록 노력했을 뿐만 아니라, 또한 휩쓸리지 않는데 성공하였기 때문에 그 나라의 경제는 그다지 혼란되지 않았다. 심리적으로는 이 두 나라가 유럽의 다른 나라처럼 '거지근성'을 몸에 붙이지 않고 있었다. 당연히 이와 관련하여 우리는 보다 가난한 핀란드가 제1차 세계대전 이래 제2차 대전 중에도 온갖 역경시대를 통하여 외국으로부터 얻은 것은 모두 갚아야 한다는 것을 그 나라의 국가적 금융정책의 기본원칙으로서 프라이드를 가지고 지켜왔다는 사실을 잊어서는 안된다.

마아셜 플랜 시대에는 아무런 자금 원조를 필요로 하지 않았던 스위스뿐만 아니라 스웨덴에 있어서도 증여를 거부하는 것은 당연하였다. 스웨덴 국민은 그 당시에 역시 필요했던 자금 원조를 당연히 갚을 차관의 형식으로 받아들일 것을 주장하였다. 스웨덴 국민은 실제로 '평등'과 '협력'을 위해 다른 모든 나라와 똑같이 약간의 증여를 받아야 할 것이라는 미국의 당국자로부터의 친절한 권유를 거절하고 차관으로서 받아들였다.

그와 같은 권유는 미국 측의 어느 정도의 선심 좋은 점을 나타내는 것이었는데, 스웨덴 국민은 그것을 지나치다고 생각하였다. 통계상으로 스웨덴은 근소한 액수의 '기술협력 및 기타'를 계상하고 있다. 그것은 미국의 통계에서는 때때로 증여와 혼동되고 있다. 그렇지만, 그것은 스웨덴이 다른 OECD에 준 자금 인출권에 대응하는 것으로서 미국은 이에 대해 달러로 지불해 주었다. 뒤에 가서 지적할 생각이지만, 이 두 나라는 자기들의 군사비를 자신이 지불할 것도 주장하였다.

미국의 서구와의 관계는 이제 마아셜 플랜 당시와는 전혀 다른 기반 위에 서 있다. 미국은 그 원조활동이 매우 성공했으므로, 많은 유럽 국가가 지금에 와서는 급속하고 착실한 성장을 즐기고 있는 것을 만족하게 생각할 만큼의 충분한 자격을 가지고 있다. 그러나 현재 외환부족으로 골치를 앓고 있는 미국으로서는 필요 이상으로 선심을 썼던 것을 후회하는 것은 당연한 일일 것이다.

서구의 원조활동을 계획하는데 있어서 은행금융의 전문가는 많은 발언권을 부여받지 못하고 있었다. 나는 그들이, 서구는 어떤 종류의 원조를 긴급히 필요로 하고 있는가라는 따위의 정치문제를 결정하는 것을 허용받아야 했었다는 것을 말하고 있는 것이 아니다. 그러나 특히 형식이나 실행방법에 대해서 그들은 경험과 지식에 바탕을 둔 전통을 가지고 있으며, 이 전통은 가볍게 포기되어서는 안 될 것이었다.

힘 관계의 변화

그러나 지나친 일은 이제 어쩔 수 없다고 한다면, 어째서 지나간 일을 한탄하는 것일까. 그것(대외원조)이 오늘날 미국과 서구에 있어서의 그 동맹국 사이에 힘 관계의 변화를 가져오게 하는데 결정적인 영향을 미치게 되었으므로, 나는 이 책에서 과거지사를 들먹이지 않을 수 없는 것이다. 실제로, 미국과 그 동맹국간의 힘의 관계는 혹심한 달러 부족에 그 동맹국이 허덕이고 있었던 시기인 전후 초기의 미국과 그 동맹국과의 관계나, 미국편에서 보다 신중한 정책을 위했더라면 생기게 되었을지도 모르는 미국과 그 동맹국과의 힘의 관계에 비해 크게 달라지게 되었다.

참으로 놀랍게도, 경제적·금융적인 힘의 팽창이 특히 가장 많이 전쟁의 재해를 받았고, 그 때문에 상대적으로 힘이 가장 약화되어 있던 서구 국가에서 일어났다. 그것은 패전국이었던 독일과 이탈리아, 그 밖에 나치스에 의해 유린되고, 그 후 미국과 소련 및 영국의 '위대한 연합국'의 손으로 해방된 나라들이었다. 그것은 철의 장막 저쪽으로 사라져간 약간의 동구 종속국을 잃은 것을 제외하고는, 거의 바로 히틀러가 꿈꾼 '새로운 유럽(das neue Europa)', 혹은 '요새(要塞) 유럽(die Festung Europa)'과 같은 것이다.

유럽 대륙의 이들 서방국들은 모두가 매우 본질적인 여러 점에서는 여전히 취약하다. 이들 나라는 대처해야 할 심각한 미해결의 심리적·도덕적인 문제를 안고 있다. 준스칸디나비아국인 네덜란드를 제외하고는 이들 나라에 있어서의 민주주의는 어느 쪽이냐 하면 아직 취약한 편에 지나지 않는다.

프랑스는 매스 커뮤니케이션과 특히 텔레비젼의 근대적 수단의 독점적 사용에 의해 완성된 보나빠르트적 양식의 국민투표에 의해 통치되고 있는데, 한편 의회는 뼈대가 빠져 빈사상태에 있고, 국민은 정치적으로 분열되어 무관심해져 있다. 그러나 경제적으로 보면, 이들 나라는 비교적 낮은 수준, 특히 낮은 노동자 임금수준부터 출발했음에는 틀림없으나, 급속히 장족의 발전을 이루고 있다. 이 같은 급속한 경제 진보는 이러한 나라들이 보호관세 동맹에 통합되기 훨씬 이전부터 시작되고 있었다.

뜻밖의 장애가 된 것은 이 동안에 미국이 상대적인 경제 정체에 빠져 들었고, 또 국제적으로는 외환 부족에 의해 그 경제적 약점이 두드러지게 된 일이다. 현재 미국은 많은 온갖 분야에서 유럽의 동맹국 정책의 근본적 변경을 요청할 만한 충분한 이유가 있다. 그러나 미국은 이제 이들 나라들에 대해 십분 효과적으로 압력을 가할 만큼의 경제적인 힘을 가지고 있지 않다. 미국은 '낮은 목소리로' 그 요구를 전달하거나, 혹은 또 유럽대륙의 점점 힘을 더해가고 타협할 줄을 모르는 블록에서 신봉되고 있는 참으로 기묘한 교리에 미국 자신을 적용시키지 않으면 안 되는 것이다. 사태는 10년이나 15년 전과는 정반대로 되어 있다. 그 당시 미국은 모든 권력을 가지고 있었으나, 이를 행사할 경우에는 언제나 매우 주의를 기울이고 있었으며, 내게 말하라면 무사한 태도였다. 더군다나 대개의 경우, 미국의 대표자들은 도착된 청교도적인 기분으로, 미국은 순전히 미국을 위하여 하고 있다는 것을 그의 국민에게나 미국에 믿게 하는 일에 열심이었다. 그와 같은 고백은 유럽 대륙이나 때로는 영국에까지 쉽게 언질을 잡히게 되어, 심지어 감사의 뜻으로서도 보답 따위를 할 필요가 없다는 이유로 삼게 되었다. 이제, 미국은 내 세울 만한 많은 요구를 가지고 있지만, 그것을 뒷받침할 힘이 없는 것이다. 솔직히 말하면, 미국은 서방세계에서 아무 이론이 없는 지도자로서의 지위를 상실할 위험에 처하고 있다. 만일 경제 성장률의 격차가 여전히 잔존한다면 이 위험은 더욱 증대할 것이다. 이것은 유감스러운 일이다. 어떻든, 그것은 미국의 이상과 이익의 추구에 반하는 것이 될 것임에 틀림없다.

방위부담

미국의 경제력이 압도적으로 강했던 시기에는 미국이 서구의 방위 부담의 대부분을 맡는다는 것이 미국이나 유럽의 누구의 눈에도 당연한 일로 여겨졌다. 처음부터 유럽 대륙의 나라들은 때대로 협의하고 있던 방위 분담금의 목표를 아무리 사소한 것이라도 수행하는데 그리 열의를 나타내지 않았다.

수년 전에 터키의 외상이 소련권 이외의 유럽 대륙에는 유효한 군사기구가 셋 밖에 없는데, 그 셋—유고슬라비아, 스웨덴 및 스위스—은 모두 북대서양조약기구(NATO)에 가맹해 있지 않다는 사실을 나에게 얼굴을 찌푸리며 털어놓은 적이 있다. 물론 영국은 다액의 국방부담을 분담해 왔으며, 미국과 마찬가지로 그들의 병력의 대부분을 대륙에 주둔시키고 있었다. 최근 서독의 재군비는 커다란 변화를 이룩하였다. 그러나 그 밖의 점에서는 상황이 거의 바꾸지 않고 있다.

그동안 미국은 처음에는 네덜란드가, 다음에는 더 오랜 기간에 걸쳐 프랑스가, 처음부터 질 것이 뻔한 잔혹한 식민지전쟁을 위해 미국의 무기, 또는 어떻든 그들이 받고 있던 대규모의 미국으로부터의 자금원조가 없었더라면 당시로서는 도저히 자기 나라에서는 만들 수 없었을 무기를 사용하고 있었다는 사실에 대해서 도의적·정치적 부담까지 짊어져야 했었다.

최근에는 프랑스가, 미국은 유럽으로부터 군대를 철수시키는 편이 좋을 것이라든가, 혹은 또 자주 미국이 오랫동안 군대를 주둔시켜두는 것이나 서구 방위를 위해 핵무기를 사용한다는 것을 기대할 수 없다고 비쳤기 때문에, 이와 같은 정세는 때때로 활기를 띠었다. 이 후자의 견해는 프랑스 이외의 나라에서도 점점 많이 들을 수 있게 되었다. 이 같은 제안은 대개의 경우, 서구 전체 또는 서구 개개의 나라가 독자적인 핵무기를 가져야 할 것이라고 생각하는 근거로서 제출되고 있다.

설령 핵무기가 어떤 중요성을 가지고 있다 해도 이에 수반되는 경비를 계산한다면, 그러한 생각은 그다지 현실적인 것이 못된다. 이와 같은 생각은 종종 만일 유럽 대륙의 서방측 나라의 어느 국가가 소련과 분쟁을 일으킨다면, 미국까지 휩쓸리게 하는 세계전쟁이 반드시 실제로 일어난다는 것을 보증한다는 점에 그 의의가 있다는 사실을 잊고 있다. 이것이 조리에 맞지 않는 생각이라는 것은 다음과 같은 사실에 있다. 즉, 프랑스 또는 그 밖의 서구 국가에다 독자적인 작은 핵무기고를 만들게 하려는 이러한 계획은 모두, 일단 파국이 일어나면 참다운 저지력, 참다운 서구의 방위가 되는 것은 역시 미국의 핵무기라는 가정 위에 서 있다는 사실이다.

각설하고, 앞에서 말한 바와 같은 이유에 의해 강한 입장에 서 있지 않은 미국 정부는 경기가 나빠도 허울만은 만들지 않으면 안 된다. 미국은 잇달아 점점 기묘한 '다각적' 핵병력—유럽과 동시에 대서양국에 종속적이기는 하지만 독립된 핵병력—에 관한 제안을 제출하고 있다. 이 같은 제안은 유럽에서도, 미국 자체에서도 열의를 가지고 환영받지 못하고 있다.

북대서양조약기구의 이와 같은 상황이 전후의 미국과 유럽 대륙의 동맹국간의 관계가 짧지만 파란 많은 역사를 돌이켜보는 한 스웨덴인에게 특히 역전되어 보이는 것은 놀랄 것도 없다. 스웨덴은 국방군을 만들었는데, 그것은 단지 스웨덴의 국가예산에 대해 상대적으로 보다 큰 재정 부담을 지게 했을 뿐만 아니라, 군사적으로도 유럽 대륙의 다른 북대서양조약기구 가맹국의 군대보다 훨씬 강대한 것이었다. 만일 내가 가지고 있는 정보가 틀림이 없다면, 인구 750만 명 뿐인 스웨덴은 미국, 소련 및 영국에 다음가는 세계에서 네 번째로 강대한 공군을 가지고 있다. 서독은 이제 같은 수준에 가까워지고 있지만, 프랑스는 여전히 뒤지고 있다.

스웨덴은 그러한 국방력이나 대외관계의 분야에 있어서의 일반적 정책에 의해 서구의 북변에다 하나의 안정지역을 만들어냈다고 생각하고 있다. 또 스웨덴은 핵병력 보유의 염원을 실현시키기에 충분할 만한 기술수준을 가지고 있지만, 그것을 가지는 것을 자숙해 왔다. 이 나라는 주로 핵무기의 확산을 막기 위해 그렇게 한 것이다.

앞에서 말한 바와 같이 스웨덴과 스위스는 털끝만큼의 반미감정조차 나타내지 않고 있으며, 또 미국에까지 대항할 수 있을 만큼 강력한 세계의 제3세력을 형성하는데 참가하려는 희망에 찬 꿈을 갖지 않고 있다는 점에서 유럽에서는 특이한 나라이다.

북대서양조약기구를 단결이 강한 유효한 동맹국으로서 유지하고, 그 방위력을 최대한의 전면적인 힘이 되게 조정, 지도하고 또 재정부담을 충분히 공정한 방법으로 분담시키는 일에 대해 미국이 고심하고 있다는 것은 내가 전문적 지식을 끌어낼 수 있을 만한 문제의 범위에는 속해 있지 않다. 이것과 관련해서 중요한 한 가지 결론은 이 같은 문제를 다루는 데 있어서 미국은 이제야말로 그의 군사적·정치적 의논을 경제력으로 지탱할 수가 없기 때문에 이전보다 훨씬 약한 입장에 있다는 것뿐이다.

저개발국에 대한 원조의 부담

　나는 저개발국에 대한 '원조'의 재정부담을 부유국 사이에다 더욱 공평하게 배분한다는 문제에 대해서는 한층 더 사정에 통하고 있다. 참으로 놀라운 일이지만, 비교적 최근까지만 해도 미국 국민이 이 문제를 제기한 일은 거의 없었다. 적어도 학문적 수준에서 이를 다룬 일은 적었다.

　나는 1954년 5월 컬럼비아대학 창립 2백년제를 위해 한 편의 논문을 썼다는 점에서, 미국에서 이 문제를 다룬 아주 최초의 사람의 하나가 아닌가 하고 생각하고 있다. 그 속에서 나는 미국이 그처럼 불균등하게 거액의 부담을 맡고 있다는 것은 아무런 이유도 없다는 것을 역설하였다. 나는 수 년 뒤에 신사회과학원에서의 강연에서 이 테마로 되돌아갔다. 다음에 그 연설문의 2, 3절을 인용하기로 할 것이다. 그것은 내가 지금도 여전히 품고 있는 견해를 표명하고 있기 때문이다.

　나는 이렇게 생각했었다. 서구 국가에 대한 대규모의 자금 원조는 그런 나라가 다시 경제적인 생활력을 되찾고, 급속한 경제성장을 시작할 것을 가능케 한다는 점에서 대단히 건전한 효과도 가지고 있었지만, 반면 그것은 또 유해한 도덕적 효과도 지니고 있었다.

　"이런 사실은 미국 자신과 서구의 국민이나 정치가가 미국은 원조가 필요한 곳에는 세계의 어떤 지역에도 국제적 원조를 주는 자금 부담의 전부를 실제로 맡아야 하며, 그 밖의 경제적 선진국으로부터 나오는 갹출금은 단지 형식만으로 된다는 것을 정상적이며 바른 것으로서 받아들이게 되는 형세가 되었음을 의미한다…국내적 및 국제적인 소득분배에 대한 모든 계획의 극히 중요한 도덕적 요소는 그 부담이 정당하며 또한 공정한 방법으로 분담해야 한다는 것이 되지 않으면 안 된다. 스톡홀름이나 제네바 혹은 또 브뤼셀에 사는 사람이 오하이오주의 컬럼버스나, 미시건주의 디트로이트나 혹은 콜로라도주의 덴버에 사는 동일한 소득계층의 사람과 같이, 저개발국에 대한 원조의 부담을 평등하게 분담하지 않는다는 것은 불공평하며, 또 앞으로도 결코 공평하다고는 생각될 수 없을 것이다. 우리의 현재의 원조계획 가운데 불완전하고 잘못되어 있는 사실의 대부분은 이러한 자금조달에 있어서 공명정대함이 결여되어 있는 데서 유래하고 있다는 생각이 든다."

그리고 나는 나아가 마지막에 말한 사실의 실례를 들었다.

"국제원조가 편무적(片務的)이 되고, 그리하여 그 배분에 정치가 개입되게 되면, 도덕적 기준도 경제적 기준도 무너지기 쉽다. 정치적 이해에 의한 선택은 흔히 그다지 원조가 필요하지 않는 나라나 혹은 원조를 경제발전을 위해 유효하게 사용하는 능력이 가장 작은 나라에 원조를 돌린다는 것을 의미하게 된다. 편무적인 원조는 수원국(受援國)에 있어서도 똑같이 불행한 효과를 가질지도 모른다. 원조의 정치적 조건은 수원국 국민의 분노를 산다. 사실, 가령 그런 일이 없을지라도, 정치적인 끈이나 이면의 동기가 있다고 의혹의 눈으로 보게 될 것이다.

원조의 용도 지정이나 통제도 또한 대개의 경우, 그리 효율적이 못될 것이다. 저개발국은 어느 한 나라의 발의, 아래에서는 받아들일 것을 좋아하지 않거나 혹은 또 국민이 분격하기 때문에 받아들일 수가 없을 것 같은 충고일지라도, 국제기관이라면 기꺼이 감사의 생각까지 가지고 받아들일지도 모른다. 그들은 그 중에서도 그 나라가 매우 부유하고 유력하며, 그 정부의 말씨가 주의 깊지 않을 경우에는 더욱 그런 충고를 좋아하지 않는다.

물론 이것은 어째서 원조가 국제기관을 통하여 가장 잘 흘러가게 되는가를 설명해주는 하나의 중요한 이유이다. 그러나 어떤 한 나라가 비용의 거의 전부를 지불하고 있는 한, 원조 총액의 극소 부분—사실, 거의 단지 상징적인 부분—이상의 것을 다루어야 된다고 주장한다는 것은 정말 어리석은 일일 것이다. 그러므로 한층 공평한 재정부담의 부담은 저개발국에 대한 자금원조나 기술 원조를 쌍무적이며 참으로 국제적인 제도적 구성으로 대규모적인 전환을 하기 위한 하나의 조건이 된다.

나는 일찍이 다른 점과도 관련시켜 주로 미국이 주는 편무적인 원조는 극히 유해한 효과를 가지고 있으므로—저개발국의 긴급한 필요를 십분 고려하여도—현재의 방식을 확고한 항구적인 방식으로 확립하기보다, 오히려 국제원조를 주려고 하는 미국의 자발적 의사가 빨리 약해지는 쪽이 좋다는 것을 시사한 적이 있다. 사실 현재의 상태가 계속되면, 미국의 원조가 삭감되게 되는 것은 거의 피할 수가 없다."

당시 내가 말한 것은 이 문제에 대해 보통의 미국인이라면 누구나 틀림없이 생각했을 사실과 꼭 일치해 있었다고 나는 확신한다. 곤란한 일은 최근 미국은 유동외환자금이 부족하게 되었으므로 더욱 공평한 분담을 해야 할 필요가 있을 때 그의 경제력이 쇠퇴하여, 그로 말미암아 다른 부유국에 대해 저개발국 원조에 더욱 다액의 지출을 할 의무를 강요하는 일이 점점 곤란해졌다는 것이다.

미국정부 당국이 서구 국가의 지도자에 대해 더 많은 출자금을 고려해 주었으면 하고 거의 머리를 숙여 간청한 데는 많은 이유가 있었다. 그것은 1958년—국제수지의 적자가 처음으로 심상찮은 비율에 달한 해—까지 증여나 대외원조에 6백억 달러 이상을 쓰고, 그 중의 절반 이상을 이제 점점 번영하는 상태에 들어가게 되었고, 이젠 준비금이 아쉽지 않게 된 서구 국가에 주고 있던 나라가 취할 태도는 아니었다.

그 이후의 상황은 여전히 만족스러운 상태는 아니었지만 상당히 개선되었다. 이 같은 변화를 가져오게 하는 데 있어서 미국의 행동 이상으로 결정적이었던 것은 서구 국가의 정치상, 수출상의 이해이며 또 저개발국을 위해 더 많은 일을 하지 않으면 안 된다는 요망이 모든 부유국에 있어서 높아진 사실이었다. 이처럼 갖가지의 동기가 뒤섞여 있었으므로, 한편으로는 자유롭게 사용할 수 있는 순전한 증여라는 극단적인 경우로부터, 다른 한편으로는 흔히 높은 이식(利息)으로 주어지는 단기신용에 이르기까지의 모든 것을 포함하여 '원조'라는 말을 사용함으로써 많은 혼란을 생기게 한 것은 이해하기가 곤란한 일은 아니었다.

그러한 단기신용은 흔히 그러한 신용이라도 받지 않을 수 없으며, 따라서 쉽게 착취당하는 저개발국의 부담에 의해 부당한 가격이 붙는 경우가 많은 특수한 수출품과 결부되어 있었다. 때로는 의아스런 생각이 드는 물건까지 원조로 간주되는 일도 있다. 이 같이 잡다한 것을 하나의 부대에 한 데 뭉쳐 집어넣으므로, 원조라는 용어가 모호해지고 오해를 초래하는 것이다.

애당초 미국이 마아셜 플랜 시대에 서구에 대한 원조활동을 했을 때에 이 같은 혼동을 만들어낸 것이다. 빈곤국은 자본 유입에 의존하는 일이 많으므로, 용어에 관한 일 따위를 문제로 삼을 틈이 없다. 그리고 부유국은 자기들과 빈곤국과의 관계를 될 수 있는 한, '원조'로써 나타내는데 관심을 가지고 있다. 순전한 영리사업이나 때로는 매우 돈벌이가 잘되는 사업이라도 그렇다. 미국은 사실 저개발국과의 수지계산을 표현하는 데 가장 정직한 나라가 되었다.

각설하고, 오직 저개발국에 대한 자본의 흐름 전체뿐만 아니라, 또 그 흐름 속에서 차지하는 미국의 몫도 그 분야의 전문가에 의해 흔히 필요하다고 말해지던 액수보다 훨씬 낮은 선에서 억제되어 왔다. 원조의 매우 많은 부분을 국제적·다각적인 계획에 한정하는 대신에, 국가적·쌍무적 계획에 한정하는 방식이 굳어버렸으며, 또 원조를 특정의 '원조'국으로부터의 수출품과 결부되게 하는 방식도 역시 굳어져 버렸다.

이와 동시에 저개발국의 개발문제에 관한 연구자는 그러한 문제들이 생각보다 훨씬 중대한 문제라는 것, 세계의 여러 지방의 참다운 화재를 막기 위해서는 더욱 많은 액수의 자본의 흐름이 필요하다는 것, 그리고 그 같은 자본은 거의 상환이 기대될 수 없을 것 같다는 것을 점차 깨달아가고 있다— 이 마지막 점이나 그 밖에 이에 관련되는 약간의 점에 대해 나는 최근의 클레이보고서에 동의할 수가 없다.

클레이보고서는 그 밖의 요점에서는 뛰어난 점이 있기는 하지만, 그러나 다른 모든 것을 뒤덮어 버리는 중요한 사실은 다음과 같다. 저개발국에 대한 자본의 흐름을 크게 증가시키는 것 이외에도, 그 기초로서 참으로 필요하게 되는 것은 부유국이 저개발국과 장사하는 방법을 근본적으로 바꾸어야 한다는 사실이다. 이 점에 대해서는 뒤에 가서 다시 한 번 언급할 것이다.

이와 같은 중대한 상황에 있어서, 미국이 경제적·금융적으로 약한 입장에 있다는 것은 물론 가장 불행한 일이다. 오늘날 세계는 지난날의 그 어느 때보다도 저개발국에 대해 원조 면에서의 미국의 강력한 지도력을 필요로 하고 있다. 미국은 자신이 겪었던 경험을 통해서 충분히 깨닫게 되었으므로, 이 나라가 다른 부유국도 똑같은 일을 해야 한다고 주장하지 않고 당장 자신의 출자액을 현저히 증액한다는 것을 기대해서는 안 될 것이다.

미국은 만일 경제적인 힘을 유지하고 있었더라면, 더욱 효과적으로 그러한 진로를 추진하고, 또 그와 동시에 더욱 건설적인 입장에서 주위의 세계적인 빈민굴에 대한 부유국의 경제적 관계의 모든 문제를 철저하게 생각해낼 수가 있었을 것이다.

유럽의 통합

서구 국가는 경제적으로 또한 가능하다면 정치적으로도 통합되어야 한다는 견해가 마아셜 플랜에 의한 원조활동 속에서 미국이 서구에게 바란 것 가운데 들어 있었다. 이 태도의 배후에는 여러 가지 동기가 뒤섞여 있었다. 미국은 두 번이나 유럽에서부터 시작된 세계대전에 휩쓸렸다.

서구의 더욱 긴밀한 통합은 그 후에 가서도, 미국이 북대서양조약기구의 형태로 창설한 군사동맹의 기반을 강화하는 것으로 간주되었다. 또 사상적인 입장에서 보면, 서구의 연합체는 미국인에게는 당연하며 바람직한 일인 것처럼 생각되었다. 그들은 매우 잡다한 각종의 출생지를 가진 사람들을 하나의 국민으로 융합시킨 자신들의 연방에 프라이드를 가지고 있었기 때문이다.

그렇지만, 이 마지막의 유추는 여러 가지 이유로 다소 혼란을 가져오게 하는 것이다. 미국에는 영국적인 전통이라는 기초가 있었고, 이것이 미국으로 하여금 하나의 언어, 즉 영어를 가지는 것을 가능하게 했을 뿐만 아니라, 또한 세계에서 가장 빠른 근대적 민주주의 국가로 되는 것도 가능하게 만들었다.

이 나라는 또 어떤 의미에서는 새로우며, 그래서 서부의 개척자들이 태평양을 향해 팽창함과 아울러 사람은 살지 않지만 생산적인 토지에로 지리적으로 급속히 확대해 갔다. 더욱 중요한 사실은 미국이 자연에 의해서만 제한을 받는 정치력의 진공 속에서 움직이고 있었다고 하는 점이다.

한편 서구는 이미 사람이 가득 정착하여, 뚜렷한 인격을 가지며, 또 대개의 경우, 자기 자신의 언어를 가지는 민족국가로 분할되어 있었다. 이 지분 지역 속의 몇몇 나라 사이의 내부적 경쟁관계는 별도로 치더라도, 이 집단은 분명히 미국이 그의 성장기에 그 속에서 자란 것과 같은 힘의 진공상태 속에서 움직이고 있는 것은 아니다.

또한 대륙 국가의 전통은 영국의 전통이 아니다. 특히 유럽 대륙에는 일찍부터 미국을 확고히 뿌리박은 민주주의 국가로 되게 한 것과 같은 것이 거의 없다. 시민적 기풍이라는 점에서 참으로 미국에 유사한 서구의 국가, 즉 영국과 스칸디나비아국들은 경제적으로나 그 밖의 모든 이해관계라는 점에 있어서 뱃사람 기질로 바깥을 지향하고 있으며, 또 항상 그러하였다.

또 덧붙여 말해 두지 않으면 안 될 것은 미국인이나 유럽의 통합론자는 대개의 경우, 경제 진보에 대한 국내시장 규모의 중요성을 과장하는 경향이 있다. 이와 같은 일반적 견해가 그릇된 것이라고 하는 것을 입증할 만한 경제학적 연구는 얼마든지 있다. 각기 대략 5천만의 인구를 가지고 있는 서구의 대국은 확실히 충분하게 크므로, 크기에 의존하는 모든 가능한 기회를 실현시킬 수가 있다. 특히 이들 나라가 내부로 향하지 않고 외국시장을 획득하기 위해 노력할 각오를 할 경우에 그렇게 할 수 있다. 스웨덴과 같이 작지만, 바깥쪽을 향해 있는 나라는 그의 주요 수출품에 대한 커다란 시장을 가지고 있다.

커다란 국내시장과는 전혀 달리, 미국의 높고 장기적인 경제성장률—전쟁 전의 기준에서 보아 고율의 성장률—의 원인을 형성하고 있는 다른 요인이 있다. 이것들은 이 나라의 정신이나 제도, 그 천연자원의 풍부함 및 그 정치적 안정성과 관계가 있다. 우리는 스웨덴처럼 작은 나라가 이런 점에서 미국과 똑같이 혜택을 받고 있으므로, 1세기 이상에 걸쳐 미국과 거의 정확히 똑같을 만큼의 1인당 성장률을 나타내고 있음을 발견할 수 있는 것이다.

유럽의 경제적 통합문제에 관한 논의는 처음부터 다소 혼란된 형태로 자유무역문제에 관련되고 있었다. 우선 첫째로 필요했던 것은 전후 최초의 힘들었던 시기부터 계승되어진 온갖 양적 제약을 극복하는 일이었고, 무역상의 다각관계와 결제관계의 보다 많은 자유를 회복하는 일이었다. 유럽경제협력기구(OECD)와 유럽결제공동(European Payment Union)의 내부의 교섭을 통하여 이 목적을 달성한 것은 마아셜 플랜 시대에 있어서 서구의 경제협력의 비교적 확실한 성과의 하나였다.

이와 같은 초기의 노력에 대하여 미국이 행한 공헌은 미국에 대한 공통의 차별대우를 잠자코 받아들인 일이었다. 이 차별 대우는 그 후 달러 부족이 완화되고, 주요한 서구 통화가 강세를 유지하게 됨에 이르러 대부분 철폐되었다. 그러나 더욱더 통합된 서구 국가를 둘러싼 공통된 차별의 장벽이라는 관념이 초기 무렵부터 유산으로서 남아 있었다. 그리고 이 유산이 그 후 확립된 공동시장의 보호무역주의적인 정신에 크게 공헌한 것은 의심할 바 없다.

이와 같은 외부의 세계에 대한 통상상의 차별이라는 정신은 미국의 사고방식 속에서 지배적이었던 관세동맹을 편애하는 사상, 즉 완전한 특혜제도에 대한 일종의 관념적인 승인을 포함하고 있었다. 그와 같은 특혜제도는 다른 한편에서 영국이 영연방 안에 쌓아올려 온 것과 같은 형태의 불안전한 특혜제도에 대해 항상 강경하게 반대하고 있었다.

한편 미국에 있어서는 하나의 매우 중요한 관련상의 발전이 전혀 다른 선에 따라 진행하고 있었다. 그 선이란 것은 전쟁 말기에 프랭클린 루즈벨트 대통령의 진보적인 국무장관이었던 코오델 헐(Cordell Hull)씨와 그의 협력자들에 의해 행해진 국제무역기구를 만들기 위한 헌신적인 노력으로부터 시작되어, 케네디 대통령의 1962년 통상확대법과 같은 대단한 수정도 받지 않은 놀랄 만큼 신속한 승인에 이르는 것이다. 이 통상확대법은 관세장벽의 극히 발본적인 인하나 일부분은 완전한 폐지까지 교섭하는 기능을 대통령에게 주는 것이다.

이 선은 역사적 발전이 대개의 경우 그런 것처럼 직선적인 것은 아니었다. 그러므로 국제무역기구는 이 미국의 발안에 대해 국제적인 승인을 얻기 위한 일체의 작업이 끝났는데도, 미국의회에 의해 탄생되기 직전에 말살되었다. 한편 GATT의 교섭은 이미 호올리 스쿠트법(Hawley Smoot Act)으로부터 이어받아진 매우 보호무역주의적인 미국 관세의 꽤 대폭적인 인하를 가져왔었다. 그것은 미국 자신은 대개 옛날대로 최혜국 차관을 고집하였다.

그것은 역시 더욱 자유로운 세계무역을 향하여 노력하고, 또 통상블록의 발생을 방지하기 위한 커다란 희망이기 때문이다. 대통령에게 주어진 극히 대폭적인 관세 인하를 교섭하는 새로운 기능은 많은 점에서 미국을 결정적으로 자유무역 진영으로 끌어넣기 위한 최후적인 조처였다. 이와 동시에 미국은 저개발국이 자기 자신으로는 더욱 자유로운 무역으로 향하는 일반적인 운동에 참가할 수가 없다는 인식—즉, 저개발국이 개발을 촉진하기 위해서는 그 유약한 산업의 싹을 보호할 필요가 있다는 인식—을 더욱 높여가고 있었다.

미국이 참으로 해야 할 일은 저개발국에 대해서 부유국의 시장에 있어서의 평등한 대우뿐만 아니라 특혜대우를 준다는 한층 더 과감한 생각이며, 이것을 점점 이해하고 또 받아들일 기분까지 가지게 되었다. 그와 같은 정책은 어떤 '원조'보다도 저개발국이 개발사업을 하는데 조력하게 될 것이며, 또 그것은 더욱 많은 수출 수익을 직접적으로 저개발국의 경제속에, 더욱이 보통 '원조'가 그러한 것처럼 정부 관청을 통하지 않고 가져다주게 될 것이다.

빈곤국에는 보호무역을 인정하고 어떤 종류의 특혜적 이익을 주면서 부유국에 자유무역을 행하게 하려는 이 같은 종류의 관념상의 발전이 미국에서는 결코 완전한 것으로는 되고 있지 않다. 그러나 사고방법의 경향이 어느 쪽으로 향해 있는가는 의심할 나위가 없는 일이다. 이와 같은 방향이 세계적 규모에서 자유와 평등을 가져오게 한다는 미국의 이상과 합치하고 있다는 것은 분명하다.

공동시장과 브뤼셀회담의 붕괴

제1막

서구에 있어서 경제적 통합의 작업은 마아셜 플랜 시대의 말기까지는 진지하게 착수되지 않았다. 그것은 곧 이어서 달러 부족이 달러의 과잉으로 전화(轉化)한 경우에 생겨나게 되었던 발전과 더불어 시작되었다. 그 선구형태는 유럽석탄강철공동체(ECSC)였는데, 그것은 결국 '소유럽' 즉 뒤에 가서 1957년에 로마조약을 체결하고, 그 이듬해 유럽경제공동체(EEC)를 결성한 6개국만을 포함하게 되었다. 이것이 앵글로색슨국에서는 공동시장이라는 완곡한 이름으로 널리 알려져 있는 것이다.

주요한 교섭의 순서를 보면, 경제적 통합에 대한 노력은 점점 서구만의 문제가 된 것을 알 수 있다. 미국도 어떤 의미에서 여기에 휩쓸리게 되었지만, 이 점에 대해서는 뒤에 가서 언급한다. 이에 대하여 그 당시 미국의 원조의 흐름이 종국에 가까워지고, 얼마 후에는 미국의 경제성장이 완만해지고, 그리하여 미국이 환부족의 시기에 들어감과 더불어 어떤 종류의 변화가 일어났다는 것을 부기하지 않으면 안 된다.

사실, 이미 유럽석탄철강공동체로 이끈 초기의 교섭에 있어서도 그러했지만, 이러한 교섭의 아주 초기부터 각기 장래에 대한 서로 다른 이상과 야심을 가진 서구 국가의 두 집단 사이에 어떤 종류의 상위가 나타났다. 한편에는 6개의 대륙국이 있었다. 이들 나라는 정도의 차이는 있을지언정 아무튼 어느 정도까지 공통의 경제정책, 그 중에도 모든 외부 세계에 대한 공통의 관세에 의해 매워진 단단한 그물눈을 가진 국가집단을 바랬다. 이 경우, 외부세계라 해도 이전의 식민지, 그것도 주로 작은 위성국 체제를 형성하고 있던 아프리카의 구프랑스 식민지는 제외하고 있었다.

다른 한편에는 영국과 스칸디나비아국이 있으며, 스위스와 오스트리아, 그리고 포르투갈도 이에 참가하고 있었다. 이들 나라는 참가국에다 각각의 개별적 관세나—영국의 경우에는 —영연방국에 대한 어떤 종류의 특혜적 대우와 밀접한 관계의 유지를 허용했지만, 이들 그 주요한 관심은 서구의 공업제품에 대한 무역의 자유화뿐이었다.

뒤의 부류에 속하는 모든 나라는 재판소협의회라든가 집행위원회와 같은 초국가적이고 관료적 체제에 자기를 종속시키는 일에는 관심이 없었다. 앞의 부류의 나라는 이들 기관을 자기들의 경제의 통합을 꾀하기 위해서는 부득이한 것이라고 생각하고 있었다. 보통의 의회 기능의 외부에서 기능하는 이와 같은 기관은 각 나라의 헌법이나 국내법을 초월한 권력을 가지게 될 것이다. 더욱이 그 권력이야말로 모든 나라가 국내의 이와 똑같은 기관이나 심지어 그 정부에 대해서도 주려고 생각지 않는 것일 것이다.

EEC에 가맹하지 않았던 이러한 나라들의 집단은 그 대신에 단지 무역을 자유화하는데 신뢰를 두고, 초국가적 권위의 간섭을 받지 않아도 시장의 힘이 상호의 조정을 하는 것에 의존하려 했다. 일반적으로 이들 나라는 보다 외부로 향하고 있다. 분명히 말하자면, 이들 나라는 전반적으로 저개발국으로부터의 수입을 그다지 제한하지 않는다.

EFTA국은 여러 가지 점에서 EEC국이 자기들 편에 들어와주기를 바라는 마음의 준비를 하고 있었다. 이러한 착상은 뚜렷한 제안으로 채 되기도 전에 벌써 거부되었으므로, 그 결과로서 보통 EFTA라 불리는 유럽자유무역연합(European Free Trade Association)이 결성되었다. 이것은 1960년에 활동을 개시하였다.

이것이 이 드라마의 제1막이었다. 이 두 개의 조직은 각기 조직 내의 내부적인 무역장벽을 낮추는 방향으로 나아갔다. 나는 당시 한 가지 점에서 EFTA의 운영에 비판적인 생각을 가지고 있었다. 이 부류에 속하는 모든 나라는 외부로 지향하는 정신을 가지고 있었던 것이므로 EFTA를, 단지 소유럽과의 교섭력을 강화하기 위하여 세워지고 또 공동시장에 대항하기 위하여 마련된 조직이라고만 생각하는 견해로 굳어지지 말았어야 했다.

이들 나라는 널리 세계로 눈을 돌렸어야 했다. 이들 나라는 더욱 자유로운 무역에 큰 관심을 가졌고, 따라서 브뤼셀기구와 같은 지나치게 관료적이고 초국가적인 기관을 가지고 있지 않았으므로, 당연히 대양주의 부유국이나 영연방의 그 밖의 지역이나, 나아가 라틴 아메리카의 빈곤한 나라에 접근했어야 하였다. 이들 나라는 또한, 만일 미국이 다음에 논평하는 바와 같은 적당치 못한 방법으로 자기 자신을 다른 방향으로 구속하지 않았다면, 미국에게도 접근했어야 옳았다.

나아가, 이 같은 형의 조직을 가지고 있는 EFTA국은 이들 유럽국 이외의 대부분의 나라들이 필요로 하고, 또 필요로 할 것임에 틀림없는 예외를 인정하는 데 특별한 관심을 나타내는 것을 훨씬 쉽게 할 수 있었을 것이다. 이를테면, EFTA국은 라틴 아메리카국이 자기들 자신의 보호무역주의적인 공동시장을 가지는 것을 인정했어야 옳았다. 그들은 부유한 유럽국보다 훨씬 긴급히 그와 같은 조직을 필요로 하고 있었고, 또 그런 제안이 나와 있었으므로 더욱 그러하였다. EFTA국은 반드시 라틴 아메리카국을 도와 이러한 조직을 효과적인 것으로 만들어야만 했었다.

오스트리아나 스웨덴은 실제로 그런 선에 따른 약간의 시사를 주었던 것이나, 영국의 보수당 정부 측으로부터 아무런 관심도 끌지 못하였다. 영국 정부는 지금 EEC에 대한 가맹을 신청함으로써 그의 입장을 역전시키려 하고 있다.

종국의 제2막

영국 정부는 1961년 여름에 이러한 행동을 취하였다. 영국은 EFTA국이나 영연방국의 정부와 상의도 없이 전통을 깨뜨리고 충성과 신뢰라는 기존의 룰을 위반하고 일방적으로 그런 행동을 취하였다. 사태가 이쯤 되면, 그것은 이제 영국 정부의 어떤 변화가 단순한 국내적 이유 때문뿐만 아니라 또 그 국제관계, 특히 연방국과의 관계에서 보아도 국가적 이익을 위하여 바람직하게 된다.

영국의 가맹 신청과 동시에 덴마크, 노르웨이, 에이레 등은 급히 서둘러 그 흉내를 내었고, 스웨덴, 스위스, 오스트리아는 준참가국의 신청을 하지 않을 수 없었다. 이리하여 드라마의 제2막이 시작되었고, 그것은 1963년 초에 브뤼셀회담의 붕괴와 더불어 막을 내리게 되었다. 그 간의 소식은 우리의 기억에 너무나 생생하므로 되풀이할 필요가 없을 것이다.

영국은 이 제2막의 오직 한 사람의 배우였으며, 그동안 다른 EFTA국은 적당하고 예의바른 대사를 말하면서 무대 구석에 물러서 있어야만 했는데, 그 대사를 듣는 사람은 아무도 없었다. EFTA 가맹국의 어느 외상이 몰리에르를 인용하면서

살짝 말했듯이, 이야말로 '나는 독백한다'였다.

영국이 그의 입장을 바꾼 사실에 대해, 미국의 압력이 어느 정도 효과가 있었는지는 명백하지 않다. 그러나 확실한 것은 미국 정부가 애당초부터 강하게 EEC를 지지하였고, EFTA를 파괴적 세력이라고까지는 말하지 않았으나 아무튼 귀찮은 존재로 보고 있었다는 것이다. 또 브뤼셀회담 중에도 미국은 영국을 EEC에 가입시키도록 모든 가맹국에 대해 미국이 가지고 있던 모든 영향력을 행사하였던 것이다. 그러므로 그 결과는 영국뿐만 아니라 미국에 대한 공공연한 반발이었다고 하는 것은 의심할 바 없다.

그것은 자기가 EEC에서의 영국을 미국의 앞잡이로 간주한다고 말하여 브뤼셀회담을 결별시키는 원인이 된 드골장군의 거리낌 없는 언명에 의해서도 뒷받침되어 있다. 미국은 그의 의사를 승인시킬 만한 힘이나 영향력을 가지고 있지 못하면서, 가장 속이 들여다보이는 방법으로 유럽 문제에 끼어들었던 것이다. 프랑스 정부가 이러한 결과에 대한 책임을 아주 공공연하게 맡았으므로, 다른 모든 나라는 유감의 뜻이나 분노를 표명하는 것이 수월해졌다. 그것은 프랑스 정부가 EEC 가맹국을 확대하는데 저항함에 있어서 겉보기처럼 외롭지 않았다는 사실을 은폐하였다.

미국이나 뒤에는 영국이나 스칸디나비아국도 일단 자기들이 EEC에 들어가면 EEC의 성격은 완전히 변해버릴 것이라는 견해를 아주 뚜렷이 표명하고 있었다. 프랑스가 기정사실을 만들었다. 그러므로 다른 나라는 움직일 필요가 없었다. 그렇게 변해지기를 바라지 않았던 소유럽의 사람들은 더 이상 권리해서 반대를 외치는 사람들 속에 끼어들 필요가 없었다.

물론 영국— 및 영국을 설득하는데 매우 적극적이었던 미국—과의 극적인 결렬은 이미 존재하고 있었던 EEC국 내의 긴장을 더하게 하였고, 장래에 있어서도 그것의 한층 앞선 통합, 특히 그것의 정치적 연합체로의 발전을 방해하고 지연시킬지도 모른다. 만일 미국 정부가 그러한 발전에 대해 취했었던 절도 없는 입장을 계속 취한다면, 그것은 미국의 정책의 더한 실패를 예고할 것이다.

이 정책이 옳은가 어떤가는 전혀 별문제로 하더라도, 이것은 미국의 입장에서 보면 불행한 일이다. 앞에서도 말한 바와 같이 영향력은 소비되는 자본이다. 그러므로 미국이 그것을 관철시킬 힘을 갖지 못하고 어떤 정책을 강력히 추진시키려 할 때는 언제나 그의 영향력은 그 결과에 의해 필요 이상으로 작아질 것이다. 영향력은 그것을 계속 유지하기 위해서 가장 신중히 절약하여 사용하지 않으면 안 된다. 미국은 분명히 이렇게 하지 않았었다.

미국이 이런 정책을 취하게 된 동기

왜 미국이 처음부터 이러한 입장을 취하여, 끝내는 그 같은 반발을 사게 될 지경에 이르렀는가의 이유를 살펴본다면, 정치적 동기가 가장 중요했던 것이 분명해진다. 이런 사실은 미국이 중립국—스웨덴, 스위스, 오스트리아—을 확대된 EEC에 포함시키는 것을 싫어했다는 점에서 더욱 뚜렷하게 된다.

바꾸어 말한다면, 미국은 북대서양조약기구에 속하는 서구 국가를 더욱 단결시키기 위해, 미국 자체에 대해서나 전세계에 대해서 쌓아진 공통의, 그리고 적어도 초기에는 상당히 경직했던 보호무역주의적이며 차별적인 관세 장애의 대가를 기꺼이 지불하게 했었던 것이다. 이러한 의도는 불발에 그쳤다.

왜냐하면 브뤼셀회담과 그 결과는 오히려 북대서양조약기구의 위기를 길게 하고, 미국에 대해서 만족이 갈 만한 문제의 해결을 더욱 곤란하게 만들 것임에 틀림없다는 사실이 이제 분명해졌기 때문이다. 이 사건은 순수한 정치 목적에 대해 경제적 수단을 사용한다는 것이 얼마나 위험한 것인가를 생생하게 이야기해 주고 있다.

경제적 관점에서 보면, EFTA에 속하는 나라의 정책은 물론 경제문제에 관한 미국의 정책의 선과 꼭 일치되고 있다. 특히 이러한 미국의 정책이 최근에 실시를 보게 되었기 때문에 그러하다. 이들 여러 나라의 국민적 기풍이나 민주주의적인 모든 제도가 미국의 그것과 아주 비슷하다는 것은 이미 지적하였다. 국제조직으로서의 EFTA는 지금도 미국의 대외적 통상정책의 기반으로 되어 있는 최혜국 약관으로부터 그렇게 멀리는 떨어져 있지 않다.

특히 EEC의 초국가적·관료적·비민주적 조직은 미국적 관념과는 전혀 인연이 먼 것이다. 미국의 상원의원이라면 살아 있는 사람이거나 고인이거나 간에 누구도 자기 나라를 그러한 조직에 가입시키려는 따위의 생각은 갖지 않았으리라는 것은 단호히 말할 수 있는 일이다. 미국이 자기 나라와 아주 비슷한 영국을 그러한 조직에 가입시키려고 거리낌 없이 압력을 가할 수가 있었던 것은 어떤 사정에 의해서인지 여전히 수수께끼이다. 미국의 일반 대중도, 의회도, EEC의 구성에 대해 충분한 정보를 얻지 못하고 있는 것이 아닌가라는 생각이 든다.

그들은 또 EEC는 그 가맹국인 6개국—혹은 적어도 그 중의 비교적 대국인 독일, 프랑스, 이탈리아—의 급속하며 착실한 경제 진보가 원인이며, 따라서 가맹국을 확대하는 것은 신가맹국에다가도 똑같은 이익을 줄 것이라는 견해를 가지게 하게끔 되어 있었다.

이와 같은 견해는 잘못된 것으로, 그것은 전문의 경제문헌으로 증명되어 있는 그대로이다. 이들 나라의 경제 진보는 훨씬 이전부터 시작되어 있었던 것이며, 그리고 실은 현재 완만해져 있는 것이다. 미국 국민에게 잘못된 지식을 준 책임은 정부에게만 덮어씌울 것이 아니다. 그것은 이런 문제들을 피하거나, 혹은 정부의 대변인에게 소리를 맞추어 노래한 공적 논의에 참가한 전문가에게도 책임이 있다. 그리고 대화를 통한 정치를 가지고 있음을 자랑으로 살고 있는 위대한 민주주의국에 있어서는 이것을 건전하다고 할 수 없는 것이다.

미국을 위한 더욱 현명한 정책, 특히 미국으로서는 결과에 대한 자국의 영향력이 이제 그다지 크지 않다는 것을 자각하지 않으면 안 될 경우의 정책은 다음과 같은 것이 되어 있었을 것이다. 즉, 그것은 두 가지 부류의 국가의 근본적인 견해의 상위를 인식했어야 했다는 것, 서둘러 결정적인 입장을 취하는 것을 피했어야 했다는 것—더우기 어떤 경우에도 반발을 살 만한 입장을 취해서는 안 되었다는 것, 그리고 오히려 가능한 한 서구 국가에게, 또 양 당사자에게나 미국에게나 서로 좋은 형태로 협력하도록 알선했어야 했다는 것 등이다.

미국은 영국을 대륙의 조직에 무조건 가입시키려 하고, 또 대륙의 모든 국가에 영국을 대륙에 받아들이도록 배후의 힘으로써 가능한 압력을 가한 경우, 단지 패배를 초래했을 뿐만 아니라 유럽의 큰 정치적 사실의 일부를 잊어버렸다. 미국의 계획이 구상하고 있는 것처럼 다름아닌 대륙에 중심을 두는 유럽의 민주적인 정치적 연합체를 건설하려고 생각한다는 것은 의문이 많은 생각이라는 사실을 말해 둘 필요가 있다고 생각한다.

대륙의 세 열강 중에서, 현재 프랑스는 독재주의적인 체제 하에 있으며, 대의정체가 장래 맡기로 되어 있는 역할에는 많은 불안이 있다. 서독은 분할된 채로 소련권과는 평화상태가 아니며, 더구나 공식적으로는 여전히 영토 회복의 주장을 가지고 있다. 즉 서독은 그들이 상징적으로 '중부 독일' (Mottel-Deutschland)이라 부르고 있는 곳의 저쪽 지역, 즉 동독의 동부지방에 대해 권리가 있다는 것이다.

이탈리아는 그의 정치생활이 본래부터 전체주의였던 두 정당에 의해 지배되고 있던 상태로부터 가까스로 벗어나려 하고 있을 뿐이다. 이 두 정당이란 요한 23세까지의 바티칸파와 지금도 마치 거대한 타마니 조직처럼 경제적·사회적 활동에 침투하고 있는 공산당이다. 유럽에 있어서 안정된 민주주의국은 주로 대륙의 바깥쪽의 변경지대에서 찾아볼 수 있다.

미국적인 이상의 방향으로 대륙 국가가 훌륭하게 발전할 것을 기대할 이유는 얼마든지 있다. 그리고 당연한 일이지만, 모든 사람들이 이들 국가와의 최대한의 통상관계와 그 밖의 모든 분야에서의 가장 우호적인 관계를 가질 것을 바라고 있다.

한 사람의 스웨덴인으로서도 이러한 나라들을 냉전 속의 동맹국으로서 가지고 싶다는 미국의 원망을 잘 알 수 있다. 그러나 여기에서부터 그 중심을 대륙에 두는 유럽의 정치적 연합체를 추진시키려고 생각하는 데까지에는 커다란 비약이 있다.

장 래

제2막은 붕괴와 패배로 끝났다. 그러나 무대 위에서의 생활과는 달리, 역사에는 피날레도 없으며 막이 내린다는 일도 없다. 역사는 영구히 움직여간다.

이제는 모든 서구 국가(프랑스는 제외)에는 미국에 있어서와 마찬가지로 공통의 전술적인 생각이 있다. 그것은 브뤼셀의 결렬을 최후적인 것으로 받아들이지 않고, EEC를 확대하는 교섭이 얼마 후 다시 시작될 것이며, 다음 번에는 점점 잘 되어 나아갈 것이라고 주장하는 일이다. 마찰을 이 이상 악화시키지 않는 것은 공통의 이익이며, 또 무역과 그 밖의 모든 관계는 틀림없이 진전하므로 남은 문제는 외교인데, 나는 그것을 외교로서 비판할 생각은 없다. 그러나 여론은 잘못된 정보를 받아서는 안 된다. 국민과 입법자는 현실을 있는 그대로 볼 권리를 가지고 있다. 이것은 어떤 경우에도 학자의 관심사가 아니어서는 안 된다. 환상은 항상 위험한 것이고, 기회주의적인 환상은 더욱 위험하다고 하는 것을 간과하는 것은 학자의 직업의식의 일부이다.

현재의 영국 정부는 그 정책이 당장에라도 무너진다는 압력하에서 EEC 가입을 단념할 각오를 한다는 것은 매우 곤란하였지만, 앞으로도 계속 단념한다는 것은 이에 못지않게 큰 문제가 따를 것이다. 뿐만 아니라 현재의 정부가 곧 넘어질 것이 확실하다고 보여진다. 얼마 후, 정부는 이 문제에 대해서 가장 신중한 태도를 취하지 않으면 안 될 것도 확실하다.

노동당 내각은 가령 정권을 잡은 경우에도, 일찌기 보수당 정국, 특히 프랑스가 이번에 결렬되기 이전에 얻을 수 있었을 조건보다 유리하지 않는 조건으로 영국을 받아들일 각오를 가지게 되리라고는 쉽게 생각할 수 없다. 영국의 EEC 가입의 문제 전체가 실제로는 싸늘한 빙판 위에 놓여 있다.

주도권은 이제 영국과 EFTA로 옮겨 왔다. EEC 조직의 확대의 기초 위에 EEC와의 친선관계를 맺는다고 하는 가능성은 환상이라는 것이 판명되었으므로, 내가 이미 앞에서 말한 바와 같은, EFTA가 외부세계에다 눈을 돌려야 했음에도 그렇게 하지 않았던 기회를 되찾기 위하여, EFTA가 이제야말로 마지막으로 진지하게 노력하지 않으면 안 된다고 하는 것이 일층 중요하게 된다.

특히 EFTA 모든 국가는 EEC에 대해 그의 대외적인 관세장벽을 인하시키는 데 관심을 가지고 있다. 이와 같은 시도는 EEC 자체의 내부에서도 지지를 받을 것이다. 왜냐하면 거기에는 더욱 외향적인 통상정책 때문에 애쓰고 있는 많은 힘이 있는 까닭이다.

미국도 이와 같은 관심을 공통으로 가지고 있다. 그렇지만, 미국은 GATT의 후원을 얻어서 행해질 장차의 EEC와의 교섭에서 만일 단독으로 행동하지 않으면 안 된다면, 미국의 입장은 결코 강력한 것으로 되지 못할 것임을 깨달아야 할 것이다. 미국의 관세는 EEC국과 비교해도 높으며, 또 미국은 EFC국과의 관계에서는 크게 수출 초과가 되고 있다. 미국은 동맹국을 필요로 하고 있고, 생각할 만한 동맹국은 영국과 EFTA이다.

현재의 상황하에서는, 미국은 더 이상 EFTA를, 또한 NATO에 가입한 자국의 모든 동맹국을 공동시장에다 결합시키고자 하는 자국의 위대한 계획을 깨뜨리기 위하여 영국이 만든 비밀조직으로 다룰 수는 없게 되어 있다. 브뤼셀협상이 결렬되었을 때, 이것은 그 계획의 파괴를 촉진하는 것이었다. 미국은 이제야말로 자업자득의 실패를 거울삼아 당장 적용하지 않으면 안 되는 새로운 사태가 불가피하게 뒤따르게 된다고 하는 것을 올바르게 인식하지 않으면 안 된다.

미국은 우선 첫째로 영국의 지지가 필요하다. 더욱이 거래 상 입장이 약하므로 소국이라고는 하지만 스칸디나비아국까 지 필요로 한다는 데 주의하지 않으면 안 된다. 스칸디나비아 국은 인구라는 점에서는 미국의 10분의 1에도 못미치지만, EFC로부터의 수입이라는 점에서는 미국과 비슷하다. 스웨덴 한 나라만으로도 EEC에서 미국의 절반가량을 수입하고 있다.

한편, 미국의 수출은 스칸디나비아국의 2배 이상이며, 그것 은 스웨덴의 수출의 4배 이상에 상당하고 있다. 그리고 미국 은 소맥이나 가축의 대량 수출을—특히 프랑스의 강한 이해 관계에 거슬러 가며—간청하지 않으면 안 될 상태에 있다. 그러나 스웨덴은 목재제품이나 철광과 같은 공업원료와 더욱 고도한 기술제품의 수출국이다. 이들 제품은 아주 최근의 수 년 동안에도, 훌륭히 높은 관세장벽을 뛰어넘을 만한 경쟁력 과 실력을 증명하였다.

미국은 유럽에서 EEC를 확대시키는 데 실패했기 때문에 더욱 직접으로 부유국간의 세계적인 자유무역정책을 추구하 지 않을 수 없다. 이와 같은 정책노선을 명백히 하는 경우에 는 미국을 영국과 그 밖의 EFTA국, EEC나 세계 전체의 똑같 은 생각을 가지고 있는 나라들부터의 지지를 구하지 않으면 안 될 것이다.

내 자신의 생각을 말한다면, 나는 약간 긴 눈으로 보면 낙관적이라는 것이다. 역사는 현재 아주 급속히 움직이고 있으므로, '진 눈'이라 해도 그것은 수년 앞 또는 10년이나, 20년 이상 앞의 일은 아니다. 만일 정치적·군사적 사건이 전체의 국제정치상의 마분지로 만들어진 집을 부수지 않는다면 나는 부유국이 그의 선진국으로서의 책임을 맡고, 영국이 1세기 전에 유일한 부유국이었을 무렵에 그렇게 했었던 것처럼 스스로 자진하여 자유로운 무역에 접근할 각오를 하고, 그와 동시에 빈곤국이 자국의 발전을 보호하려는 권리를 승인하고, 나아가 빈곤국에다가 부유국 자체의 시장 내에서 특혜국 대우를 해 줄 마음가짐을 갖지 않으면 안 되리라 생각한다. 나는 이미 미국에 있어서 관념상의 발전은 이러한 방향으로 행하고 있음을 지적하였다.

부유국 간에다 블록을 만든다는 것은 이와 같은 자연스럽고 바람직한 경로로부터 벗어난 것이다. EEC국조차도 때가 오면 보호주의적인 노선을 떠나지 않으면 안 되게 될 것이다. 이들 나라는 물론 여전히 경제적 통합의 가능성이나, 가능하면 정치적 연합체를 형성할 가능성도 가지고 있을 것이며, 다음에는 영국이나 스칸디나비아에서도, 또 물론 미국에서도 그렇지는 않지만, 유럽대륙에서는 매우 자연스런 헌법이나 정치적 형태를 취하려고 할 것이다.

관세가 곳곳에서 인하되면, EFTA국이 EEC에 가입하는 것을 바라는 합리적인 이유는 점점 적어질 것이다. 물론 EEC는 EFTA국 속의 어느 나라, 특히 영국이 미국과 마찬가지로 계속 EEC의 정치적·군사적 동맹국으로 머물게 되기를 바라는 것을 막지는 않을 것이다.

무역이 더욱 자유롭게 되고, 또한 미국이 강요하고자 하였던 초국가적 관료제도에 의해 승인을 받게 된다면, 정치적·군사적 동맹은 그렇게 많은 내부적 긴장을 자아내지 않고 발전할 기회를 가지게 될 것이다. 우리는 최근의 경험에서 크게 이러한 사실을 배우지 않으면 안 된다.

저개발국에 대해서 보호권을 인정하고, 심지어 그 생산물에 대해서 특혜국 대우를 해주는 것과 더불어 진행하는 개발국 사이에서의 보편적인 자유무역을 향한 발전의 진행 속도는, 과연 미국이 뚜렷한 지도력을 발휘할 만큼 충분히 강력한가 어떤가에 의존하는 일이 많을 것이다. 미국의 현재의 상대적인 경제정체와 그 외환 부족은 그 같은 지도력을 발휘하는 것을 방해하였다. 이들 여러 조건은 종종 미국으로 하여금 국제무역의 문제에 있어서 이와 같은 원칙에는 위반되지만 자위상 보호주의적인 입장을 취하는 일까지 부득이 하게 만들었다. 그것이 이번에는 EEC와 그 밖의 나라에서 보호무역을 주장하는 세력에다 격려와 구실을 주었다.

국내에서 경제 확장이 없는 경우에는 부유국은 저개발국에 대해 어떠한 통상과 금융정책을 수립해야 하는가라는 복잡한 문제에 대해서는 미국이 가지는 지도력이 특히 약해질 우려가 충분히 있다. 나는 이미 '원조'보다 훨씬 중요한 것은 부유국이 저개발국과 상거래를 하는 경우의 방법이라는 것을 강조하였다. 통상확대법은 주로 부유국 사이의 무역의 자유화를 목표로 하는 것이다. 저개발국으로부터의 전통적인 수출품의 시장을 안정시키기 위해 미국에 의하여 그와 같은 극적인 도전이 행해졌던 적은 일찍이 한 번도 없었다.

그들에게 공업제품의 수출에 대한 특혜국 대우를 해준다는 일 따위는 더구나 더 그러하다. 그 뿐이랴, 미국은 예컨대 저개발국에 대하여 만일 미국의 성장률이 여전히 낮고 또 실업률이 높으며 또한 점점 증가한다면, 빈곤국을 공정하게 다루는 데에서 더욱더 일탈하게 될지도 모르는 것이다. 사실 그와 같은 조건 아래에서는, 우리는 미국의 통상정책이 예전부터의 보호무역주의의 방향으로 더욱 후퇴하는 일까지 볼 수 있게 되는지도 모른다.

주요 결론

앞에서 말한 문제의 대부분에 관해서는 진지하게 생각하면 의견이 일치하지 않을 가능성이 있으며, 따라서 논쟁이 그칠 사이가 없을 것이다. 나는 충분히 근거도 있고, 설명할 수도 있다고 생각되는 하나의 주요 결론을 가지고 싶다고 생각할 뿐이다. 그 결론이라는 것은 '미국의 대외정책이 여러 가지 점에서 어떤 것이든, 또는 어떤 것이 되어야 하든, 미국이 그의 힘을 회복하고 또 이를 유지한다는 사실이 대단히 중요하다'는 것이다. 그것은 급속하며 착실한 경제성장이 없이는 이루어질 수 없는 일이다.

이 사실은 미국의 대외정책이 좌절감에 의해서 영향을 받지 않고, 되도록 냉정하고 합리적인 분위기 속에서 고찰되기 위해 중요하며, 또 미국이 그 정책을 수행하기 위한 영향력이나 실력을 갖지 않으면 안 된다는 사실을 위해서도 중요하다.

힘이 강한 미국이라도 국제적인 무대에서 이룰 수 있는 일에는 항상 한계가 있다. 그러나 그 한계가 차차 넓어지고 있다는 점에서 미국은 이 같은 한계를 더욱 냉정히 관찰할 수도 있을 것이며, 또 그와 동시에 그 한도 내에서 한층 중요한 위치를 차지하게 되는데 희망을 가질 수도 있을 것이다.

현재 미국은 각국의 미국대사관이나 국제조직에 있어서의 그 대표를 통해, 여러 외국 정부에 대해서 강했던 시대에 했었던 것 이상으로 이러저러한 일을 하라든가, 해서는 안 된다는 따위의 말로 압력을 가하려는 경향이 있다. 이것은 적어도 일부는 좌절감의 소산인 것은 의심할 바 없다. 그러므로 그것이 대개 잘 되어 나아가지 못하는 것은 당연하다. 가령 특정한 문제에서는 생각대로 되었다 하더라도, 광범한 초조감이 커다란 결과로서 남을 것이다.

나는 앞에서 말했던 것처럼, 강력한 미국은 다른 나라의 일에는 쓸데없는 간섭을 하지 않고, 또 더욱 중요한 일이지만 장기적인 목표나 이상에서 보아, 또 성과를 거두고 패배로 이끌지 않는다는 점에서 보아 생각이 틀린 정책에는 쉽사리 빠지지 않을 만한 더욱 현명한 미국이 되리라는 것을 확신하고 있다.

나는 강력한 미국은 국제적인 규모에서의 자유와 평등에 도움이 될 만한 여러 정책을 위해 세계의 주도권을 잡게 될 것을 적극적으로 믿는다. 그 정책이란 부유국의 국민에 대한 자유무역이며, 그리고 저개발국의 커다란 세계적인 빈민굴에 살고 있는 수억의 국민에 대한 보호와 향상이다. 강력한 미국은 마음이 넓은 관용을 가지는 미국이며, 그리고 이제야말로 다른 부유국에다 역시 넓은 마음을 가지고 관용하는 자세를 갖게 될 것이다. 그러므로 미국이 실업의 높은 비율이며 더구나 점점 증가하는 것 같은 완만한 경제성장의 궤도에서 멋지게 빠져나가는 것은, 미국을 위해서 뿐만 아니라 세계를 위한 것도 되는 것이다. 실제 앞에서도 말한 것처럼 이것이야말로 세계에서 가장 중요한 문제인 것이다.

제11장 후 기—1964년 8월

Postscript: August 1964

이 서둘러 꾸며진 자그마한 책의 초고(草稿)가 저자의 손을 떠나 책으로 되고, 이제 개정되고 증보되기까지의 1년 남짓한 동안에 수많은 중요한 사건들이 일어나게 되었다. 이들 모든 사건의 많은 것은 본문에서 설명하였던 경향을 따르고 있다. 그렇지만 나는 급속하고 지속적인 경제 확대를 가져오게 하고, 실업과 불완전고용 및 빈곤을 추방하고, 그리하여 세계에 대한 미국의 영향력을 되찾을 뿐만 아니라, 그 영향력을 강하게 하고 올바르게 행사하는데 불가결한 자신을 되찾기 위하여 미국이 필요로 하게 되는 것에 관해서 나의 의견을 바꾸어야 할 이유는 조금도 없다고 생각한다.

이 새로운 미국판—이 판은 생각할 시간적 여유가 다소 더 있었으나, 영국판의 본문을 그대로 사용하고 있다—에 있어서는 본문을 조금도 변경하지 않았다. 그러나 나는 얼마 뒤에 생각난 것을 추가하고자 한다.

미국경제의 최근의 발전

미국의 경제상태는 지금까지 꾸준한 진보를 나타내고 있었다. 그리고 경기의 호전은 적어도 내년까지는 계속될 것으로 일반적으로 예측되고 있다. 환부족도 감소하는 경향에 있는 것같이 보인다.

그 이유의 일부분은 1년 전에 고 케네디 대통령에 의하여 서유럽의 높은 이자율에 대처하기 위하여 강행되었던 임시감세조치에 의하는 것이고, 또 하나의 부분적인 이유는 미국 경제가 국내외에서 신용을 되찾게 되었다고 하는 데 있다고 나는 확신한다.

외환 사정도 또한 다소 장기적으로는, 특히 대부분의 서유럽국에서 성행하고 있는 인플레의 진행이 미국의 수출 전망을 밝게 할 것이므로 유리할 것으로 보인다. 미국의 국내적인 비용 및 가격의 구조는 정부의 이렇다 할 압력을 필요로 하지 않고서도 지금까지는 크게 안정되어 있다고 하는 것이 판명되었다. 사업 이윤이 증대하고 있다고 하는 사실에 미루어 볼 때, 이러한 사실은 미국에는 아직도 보다 높은 최대 효율을 거둘 수 있는 경제분야가 상당히 있다고 이 책에서 표명한 견해를 확증하는 것이라 할 것이다.

여태까지는 그런대로 괜찮은 편이다. 그렇지만, 가장 심각한 사실은 장기적 추세로서 실업률이 저하하지 않고 있었다고 하는 사실이다. 생산소득 및 이윤의 총계수가 최근 3년 이상이나 꾸준히 늘어나고 있음에도 실업률은 여전히 5%를 맴돌고 있으며, 만약 언젠가 후년에 또다시 경기후퇴가 나타나게 된다고 한다면, 실업률은 유례없는 높은 수준에까지 달하지 않을 수 없을 것이다.

이 책에서 설명하였던 바와 같이, 실업자에는 노동자로서 그리고 소득 가득자로서 불리한 위치에 놓여 있는 몇몇 범주에 속하는 사람들이 첨가되지 않으면 안 된다. 이들 그룹을 한데 합친다면 그 수는 적어도 통계에 나타난 실업자와 같거나, 아마 훨씬 많을 것이다. 3년 이상이나 꾸준히 되었던 호경기상태도 미국 경제나 미국 사회의 바탕에 갈려 있는 '하층계급'을 눈에 띄일 정도로는 자기들의 부유한 동포들과 융합되게 하지는 못하고 있다.

실업과 불완전고용의 원인

이렇게 통탄스러운 사태는 오오토메이션의 진행에 의해서 설명되거나 제2차 세계대전 이래의 미국의 높은 출생률에서 생겨난 노동력의 급속한 증가에 의해서 설명되는 것이 보통이다. 그러나 나는 이러한 설명에 만족하지 않고 있었다. 이 책에 관해서 가장 생각이 깊은 논평을 가하였던 몇몇 사람들이 이 점에 대해서 나에게 도전해 왔으므로, 나는 이 문제를 좀 더 상론할 필요를 느끼게 된다.

우선 실업의 원인으로서 노동력의 급증을 고려해 보기로 하자. 높은 산아(産兒) 수준에 의해서 야기되는 인구증가가 장기적으로는 많은 심각한 문제—그 중의 약간은 경제문제이다—를 제기하게 될는지 모른다. 그러나 우리들이 현재 논의하고 있는 것과 관련이 있는 단기적 전망에 있어서는 경제가 충분하리만큼 급속하게 확대될 수만 있다면, 노동력의 급증은 흡수될 것이라고 하는 것이 나의 견해이다.

실제로 자본이 풍부한 경제에 있어서는, 인구증가 추세는 그 자체가 경제의 확대에다 박차를 가하게 된다. 인구증가는 주택과 보다 많은 가정의 필요에서 생기는 그 밖의 모든 것에 대한 새로운 수요와 더불어, 증가한 노동력의 완전고용을 실현하는 점까지 생산을 늘이고자 하는 목적으로 모든 종류의 시설의 확충을 위한 새로운 투자에 대한 수요를 창조하기 때문이다.

본장에서 지적하였던 바와 같이, 이것은 30년 전에 미국 경제학의 대원로인 알빈 한센 교수와, 그리고 본인도 포함하는 그 밖의 많은 경제학자들이 제시한 이론으로 되는 것이었다. 나는 이 이론은 옳다고 아직도 믿고 있다.

노동력의 증가가 특히 젊은 세대의 실업을 수반하는 실업의 증대 경향으로 나타나게 되는 경우에는, 이것은 노동력의 증가에 의한다기보다도 이에 따를 만큼 급속하게 경제가 확대되는 것을 방해하고 있는 그 밖의 요인에 의함에 틀림이 없다.

생산과 고용 면에서 특히 급속한 경제 확대를 보였던 서유럽국은 다름 아닌 풍부한 노동공급을 가졌던 나라들이었다고 하는 사실이 이러한 견해가 옳다고 하는 것을 경험적으로 뒷받침하는 것이다. 즉, 독일은 전후에 동유럽으로부터의 수많은 피난민의 노동력으로 가득 차 있었고, 이탈리아는 후진적이고 정체적인 남부 지역으로부터 실업노동자와 불완전고용 노동자를 끌어들일 수 있었고, 스위스는 이탈리아 이민을 얻을 수 있었던 것이다.

한편, 스웨덴과 같은 나라에서는 경제학자들이 경제예측을 하는 경우에는 언제나, 노동력의 완만한 증가가 경제 확대를 저해하는 요인으로 된다고 하는 것을 인식하게 된다. 스웨덴에 있어서는 인구증가가 미국만큼 급속하지 못하고, 스웨덴은 독일이나 이탈리아에 있어서처럼 끌어들일 만한 대규모적인 실업자, 혹은 스위스에 있어서처럼 쉽게 얻을 수 있는 이민 노동자를 가졌던 일이 없었기 때문이다.

요컨대, 미국에 있어서의 급속한 노동력의 증가는 그 자체만으로는, 우리들이 미국시장의 비정상적 사태를 납득할 수 있게 설명하는 것으로는 되지 못한다. 건전한 경제이론의 이치에 비추어 보더라도, 그리고 또한 우리들이 보는 바와 같은 미국 이외의 여러 나라에서 일어나고 있는 것과 비교해서 얻어지는 결론으로서도 노동력의 증감이 실업의 원인으로 된다고는 차마 우겨댈 수 없을 것이다.

오오토메이션의 진행에 관해서도 같은 것을 말할 수 있다고 생각한다. 우리들이 급속하게 농업—농업이 구태를 벗어나게 된 것은 이미 오래 전의 이야기이다—에 있어서 뿐만 아니라, 제조업이나 수송업에 있어서 보다 많은 재화나 용역을 보다 적은 노동의 투입으로 생산할 수 있는 상태에 접근해 가고 있다 함은 사실이다. 같은 것이 점차 분배업·금융업·보험업, 그리고 참으로 대부분의 개인 업무의 경우에도 해당되기에 이를 것이다.

그렇지만, 나는 미국인들이 그들의 경제에 있어서 오오토메이션이 하게 되는 역할에 관해서, 그리고 이 점에 있어서의 미국인의 경험의 특이성에 관해서 너무나 자주 과장된 생각을 가지고 있는 것이 아닐까 하고 의심해 본다. 미국의 오오토메이션의 현재의 평균수준이 대부분의, 아니 그 밖의 모든 서방 부유국에 있어서 보다도 다소 높다고 하는 것은 사실일는지 모른다. 하지만 그것마저도 확실한 것은 아니다. 왜냐하면 우리가 알기로는 넓은 의미로 말한다면, 미국 경제에는 오오토메이션의 수준이 그렇게 높지 않은 많은 부문이 있기 때문이다. 그렇지만, 내가 현재 논의하고 있는 문제와 관계가 있는 것은 하나의 동태적 과정으로서의 오오토메이션을 도입하는 속도이고, 이것은 문제가 다르다. 그리고 이 점에 있어서는 미국은 여타 세계와 다를 것같이 생각되지는 않는다.

상대적 정체상태에 빠져 있었던 최근 10년 동안에, 많은 공업—이를테면, 철강업—에 있어서의 시설이나 기계는 서유럽에 있어서 보다도 미국에 있어서 더 노후화하는 경향이 있었다고 하는 것을 우리는 알고 있다. 우리들은 또한 미국의 투자율이 비교적 낮다고 하는 것도 알고 있다. 이것은 오오토메이션의 도입률이 엄청나게 높다고 하는 것을 가리키는 것은 아니다.

그건 그렇다고 하고, 보다 기본적인 문제는 위에서 말한 오오토메이션의 고용에 대한 관계와 관련을 가지고 있다. 가장 중요한 사실은 완전고용상태에 있는 경제에 있어서는, 오오토메이션이 급속한 경제발전으로 인한 노동력 부족에도 불구하고 생산을 급속하게 증가시킬 수 있는 수단으로서 논의되고 있다고 하는 것이다.

그러한 경제에 있어서는 오오토메이션이 진보적인 기업을 확장시키는데 필요하다고 생각되어 있을 뿐만 아니라 노동자에 의해서도 꼭 같이 환영을 받게 된다. 그것은 참으로 높은 이윤과 임금을 위한 전제조건으로 될 뿐만 아니라, 노동력의 보다 많은 부분을 적어도 공공부문의 용역업무로 돌리게 함으로써, 그 활용의 점진적인 방향전환을 위한 전제조건으로도 되어 있다.

공공부문에 있어서는 생산수준의 향상이나 그 밖의 반전으로 말미암아 용역업무의 확장이 급선무로 되어 있는 것이다. 그러나 미국에 있어서는 오오토메이션은 실업을 가져오게 하는 해로운 원인으로서 논의되고 있다. 따라서 미국이 직면하고 있는 사태의 상대적 특성의 참다운 요소는 오오토메이션—이것은 모든 부유국에서 진행되고 있기 때문에—의 진행에 있는 것이 아니라, 미국에 있어서의 높은 실업상태와 계속 치솟는 실업수준에 있다고 하는 결론에 도달하게 되지 않을 수 없다.

노동시장에 들어가는 젊은 노동자나 오오토메이션에 의해서 해고된 나이 많은 노동자가 일자리를 찾는 것을 어렵게 하는 것은, 어느 의미에서는 실업 자체인 것이다. 실업은 그 자체의 원인으로 되어 악순환을 낳게 하고 있다.

바꿔 말한다면, 미국이 필요로 하고 있는 것은 미국으로 하여금 완전고용 사회로 될 수 있게 하기 위한 급속하고 지속적인 경제 확장을 가져오게 할 경제정책이다. 완전고용 상태하에서는 노동력의 급증도, 그리고 오오토메이션도 실업의 원인으로는 되지 않을 것이다. 확장은 소비와 투자에 대한 수요의 증가를 필요로 하고 있다.

그 중에서도 소비의 증대가 무엇보다 중요하다. 투자는 생산물에 대한 수요증대를 예기해서 이루어지는 것이 보통이기 때문이다. 수요가 없다면, 투자는 다만 단기적인 붐을 낳게 하거나, 혹은 다만 노동을 대체하게 될 뿐이다. 대규모적인 실업을 안고 있는 현재와 같은 상황에서는 이것은 가장 바람직한 확장의 형태로는 되지 않을 것이다.

두 개의 학파

이 시점에서, 내가 본의 아니게 실업문제를 어떻게 다룰 것인가에 관해서 두 개의 학파—한 학파는 경제 확장을 강요하고, 나머지 학파는 구조적 실업을 강조하고 있다—간에다 논쟁을 일으키게 하는 일이 있다면, 그것은 매우 불행한 일로 유감스럽게 생각하지 않을 수 없다.

많은, 아마도 대부분의 경제학자들은 첫째번의 견해를 고수할 것이다. 그 견해는 노동을 가지고 동질적인 생산요소로 보는 전통적인 편호—이것은 케인즈나 그의 추종자들에 의해서 더욱 강화되고 있지만—에 안성맞춤이다. 그렇지만 구조적 실업의 현실은 사회학자, 교육전문가, 노동시장 전문가 및 사회사업가에 의해서 밝혀져 있다. 이에서 필요하게 되는 일은 양그룹이 통찰한 것을 결합시킴으로써, 이들 두 개의 견해를 조화시키는 것이다.

우리들의 실제적인 정책문제는 결코 '경제적'인 것도 아니고, '사회적'인 것도 아니고, 또한 '심리적'인 것도 아니다. 정책문제는 한갓 문제에 지나지 않고, 현실적 복합체로서 전체를 다루어야 할 것인지, 재래의 원리의 구분에 따라 분류될 성질의 것은 아니다.

우선 순수한 경제학자가 말하는 것을 들어 본다면, 우리가 실업률을 감소시키자면, 경제 확대가 무엇보다도 필요하다는 것이다. 급속하고 지속적인 확대가 없다면, 구조적 실업을 형성하고 있는 노동자를 이동시키고, 훈련시키고, 유지시키는 것을 통해서 그들에게 일자리를 주고자한들 사실상 성공할 희망은 거의 없다. 뿐만 아니라, 구조적 실업으로 보이는 것의 대부분은 충분하게 활발한 노동수요가 있기만 하면, 자취를 감추게 됨에 틀림이 없을 것이다. 한편, 지나치게 낮은 경제 성장률에 의해서 일어나는 실업은 구조적 실업의 일부분은 실로 장기에 걸치는 상대적 경제 침체와 높은 실업률의 유산이다.

그런데 사회과정은 간단하게 역전시킬 수 있는 것이 아니다. 가장 큰 확대가 이루어진다 하더라도, 그것은 모든 실업자와 불완전고용자를 고용에 흡수하지는 못한다. 확대론자들도 그것을 모르는 것은 아니다. 그들은 붐의 절정에 있어서마저도, 미국이 아주 고수준—한 때는 4%가 널리 목표로 되어 있었고, 아직도 때로는 그 정도가 목표라고 말해지고 있다—의 실업을 가지게 될 것으로 생각하는 것이 보통이다. 그렇지만, 이것은 패배주의라고 부르지 않을 수 없다. 가난한 사람들이 거의 공통적으로 겪어야 할 운명으로 되는 불운한 불완전고용을 고려에 넣는다면, 그와 같이 높은 수준의 실업은 비정상적 사태를 형성하는 것으로 되기 때문이다. 그러나 고용은 수단을 오직 경제 확대에서만 찾는다면, 이러한 패배주의는 현실적으로 될 것이다.

전쟁 때나 그 직후에 일어났던 것에 대한 유추—아직도 희망을 걸고 있는 사람들은 때때로 이러한 방법을 이용하게 된다—는 근거가 희박하다. 그 이유는 첫째로, 그 당시에는 오오토메이션 과정이나 노동력의 증가는 현재와 같은 속도를 갖지 못하였고, 둘째로는 당시에는 실업의 현저한 감소가 아주 큰 인플레이션과 나란히 해서 진행되었기 때문이다. 그러나 오늘날에는 그런 인플레를 받아들일 사람은 하나도 없다.

이러한 사실은 현재 실업—그리고 그 밖의 형태의 바라지 않는 무위도식이나 불완전고용—이 단지 경제 확대에 의해서만으로는 구제될 수 없다고 하는 것을 의미한다. 주요 원인은 다름아닌 구조적 실업, 즉 시장에서 수요되는 노동의 질과 공급되는 노동의 질 간의 불균형의 존재에 있다. 교육을 받고 또 훈련을 받은 노동의 상대적 부족은 상당히 잘 교육을 받고 훈련을 받은 노동자의 전부가 채 고용되기도 전에, 붐을 한계에 부딪치게 할 것이다. 그리고 그러한 수준하에서는 어떠한 조건, 그리고 어떠한 직업에서도 그들의 노동이 필요로 되지 않을 것 같은 사람들이 있다.

구조적 실업의 해소를 목적으로 하는 특별정책은 노동수요를 노동공급에 보다 알맞게 고치거나 노동공급의 질을 높임으로써 경제 확대의 한계를 높이는 동시에, 인플레를 자아내는 일이 없이 보다 급속하고 지속적인 경제성장을 가져오게 할 수 있을 것이다.

내가 제의하는 바와 같이, 만약 확대정책이 우선 소비를 자극하는 방향으로 돌려지고, 또한 정부가 자율형의 계획화를 활용하거나, 필요하다면 생산비 및 가격의 형성에 간섭할 용의를 가진다면, 이것은 경제의 균형을 깨뜨리지 않고서도 일층 가능하게 될 것이다. 두 개의 학파로 갈라질 이유는 조금도 없을 것 같다. 왜냐하면 수요 구조적 실업을 없애기 위해 내세울 수 있는 모든 정책수단은 확대 효과를 가지고 있기 때문이다.

이것은 무엇보다도 공공사업에 관해서 말할 수가 있다. 공공사업은 일반적으로 노동수요를 증대시키고 소득을 낮게 한다. 동시에 공공사업은 노동수요의 방향전환을 의미하는 것이고, 그 방향전환은 많은 미숙련노동자나 사실상의 미숙련노동자에 대해서 현재의 실업자 수를 최소한으로 줄이기는 하지만, 그 이상을 필요로 하지 않는 범위 내에서 일자리를 주는 것으로 이루어지게 된다.

그러한 노동이 끊임없이 오오토메이션에 의해서 축출되고, 또 농민이나 도시의 빈민굴에 사는 청년의 교육과 훈련이 크게 개선되지 않는 한, 이 노동수요의 방향전환은 중요한 공공기관의 관심사로 된다.

이와 동시에, 가난한 계층을 위한 교육시설과 훈련시설, 그리고 보건시설을 개선함으로써 노동력의 질을 향상시키기 위하여 큰 노력이 이루어지지 않으면 안 된다. 우리들은 점차 이것은 시간이 걸리는 정책이고, 또한 이 방향으로의 진정한 진보는 빈곤을 추방하게 된다고 하는 것을 깨달아가고 있다.

공공사업—학교, 병원, 값싼 주택, 진정한 빈민굴 정리, 수송망의 개선 등—은 그러므로 그 자체로서 필요하게 되는 것이지, 단순히 미숙련의 과잉노동에 대한 수요를 늘려 딱한 사정을 일시 덜어주는 것으로만 그치는 것은 아니다. 또 이들 정책은 모두, 우선 노동수요의 방향을 바꾸는 데 있건 혹은 노동공급의 방향을 바꾸는데 있건 어쨌든 지속적인 경제확대를 위하여 필요하게 된다.

경제가 가난한 사람들에게 더욱 유리하게 되게끔 강력한 정책 조치를 취하지 않는다면, 미국은 급속하고 꾸준하게 늘어가는 완전고용을 가지지 못하게 될 것인바, 이것은 미국의 상황에서 얻어지는 당연한 귀결이다.

'총국민소득의 상승은 자동적으로 분배문제를 해결하게 될 것이라고 때때로 설명되는 일이 있지만, 그것은 사실을 근본적으로 잘못 본 것이고, 또 근본적으로 생각을 잘못한 것이다.'

그러한 설명이 사실이 아니라는 것을 우리들은 최근의 경험으로부터 알아야 할 것이다. 동시에, 이 책에서 제안된 형태로의 대규모적인 분배정책은 번영을 누리고 있는 미국인의 대다수에 대해서마저도 이익이 된다고 하는 것은 명백하다.

농촌이나 도시의 빈민굴에서 현재 처참한 생활을 하고 있고, 또한 그 생활 능력이 전혀 이용되지 않고 있거나 매우 낮게 밖에 이용되지 않고 있는 사람들이, 모두가 다 같이 일할 수 있는 상태에 놓이게 되어 충분히 생산능력을 발휘하게 된다면, 그들은 현실적인 국민소득 계정에다 충분한 보탬을 줄 수 있기 때문이다.

실제로 나는 만약 실업과 불완전고용, 그리고 빈곤일반이라는 공백지대가 없다면 번영을 누리는 미국인의 대다수도 더욱 유복하게 되고, 보다 많은 이윤을 올리고, 보다 높은 배당금과 보수를 받게 될 것으로 믿고 있다. 이들 공백지대의 일소에는 장차 오랜 세월을 두고 허다한 공공자금이 필요하게 될 것이다. 그러나 그것은 매우 유익한 투자라는 것이 판명될 것이다.

미국보다도 복지국가로서 일보 전진한 나라들, 이를테면 노르웨이의 경제정책이나 사회정책이 하게 된 효과에 관해서 이루어지게 되었던 연구는, 일반적으로 이러한 모든 정책이 국민경제의 관점에서 매우 생산적이었다고 하는 것을 말해주고 있다.

예산 균형화의 문제

이 책에서 제시된 관점에서 본다며, 케네디 대통령에 의해 제안되었고, 존슨 대통령하에서 의회에 의해 승인되었던 감세는 올바른 방향으로의 일보, 연방예산에 적자를 내게 해서는 안 된다는 터부를 해제하는데 이바지할 수 있는 일보를 의미한다. 하긴 저소득층에로의 조세 경감의 집중은 더욱 많은 욕구를 일으키게 하여 더욱 활발하게 소비수요를 증가시키게 되는 것이기는 하였다.

빈곤을 추방하고 완전고용 경제를 가져오기 위한 정책은 머지않아 공공지출의 막대한 증가를 필요로 하게 될 것이다. 이 정책은 연방예산을 균형시키느냐, 균형시키지 않느냐 하는 문제에다 전적으로 새로운 성격과 매우 큰 중요성을 부여하게 될 것이다. 제5장에서 나는 미국 정부 당국과 의회의 대부분은 이 문제에 대해서 경제이론에 의해 뒷받침을 받지 못하고, 또 다른 선진국에서는 찾아보지 못할 의견, 즉 연방예산상의 지출은 조세에 의해 균형되지 않으면 안 된다고 하는 의견을 고수하고 있다는 것을 지적하였다.

몇 세대에 걸쳐, 이러한 견해는 서유럽에 있어서는 유력한 것으로 되지 못하고 있었다. 나는 이에 대한 설명은 다음과 같은 다소 우연한 사실에 있다고 믿는다. 그것은 우리들이 살고 있는 세계의 부분에 있어서는 국가가 철도를 건설해야 했던 것은 서유럽국이 보다 '사회주의적'이었기 때문에서가 아니라, 단지 그처럼 거창한 기업을 일으키거나 그처럼 장기적인 투자를 하는데 대한 자금을 마련할 길이 없었다고 하는 사실이다. 그리하여 정부나 의회에 대해서는 국가가 사회사에 할 수 있었던 것처럼 국채를 발행하는 대신에, 직접적인 지불을 위해 시민으로부터 조세를 강제로 징수하는 것에 의하여 활동에 필요한 자금을 염출한다고 하는 것은 이치에 맞지 않는 것으로 보였던 것이다.

서유럽국은 문자 그대로 응당 할 일을 했을 뿐이다. 그리고 일찍이—백년 전에—이들 여러 나라는 조세에 의해서 균형을 맞출 필요가 없는 자본예산을 갖게 되었거니와, 이것은 후에 가서 건전한 재정의 규칙을 일층 완화시키고, 그러한 의미에 있어서는 재정적으로 자체 수지가 맞지 않는 지출에 관해서 마저도 예산상 적자를 내는 것을 더욱 쉽게 하였다.

나는 스웨덴에 있어서의 최근의 경험에 대해서 언급하지 않을 수 없다. 그것은 미국의 독자들에게는 몹시 뒤바뀐 것으로 비치게 됨에 틀림이 없다. 초완전고용과 인플레 압력이 위협을 주고 있는 상황에서는, 스웨덴 사회민주당 정부—이 정부는 거의 3분의 1세기에 걸쳐 집권을 계속하고 있었다—는 브레이크를 걸 필요가 있다고 느끼게 되었다. 그리하여 미국적인 의미에서 균형예산이 잠시 실제로 존재하는 수준에까지 세율을 인상하기로 결정하였다.

그러한 환경하에서는 그것은 옳은 경제정책이었다. 집권당에 반대할 권리가 있는 모든 정당은 이때 정부가 시민에게 과중한 조세를 징수한다고 맹렬히 비난을 퍼부었고, 심지어 이것은 시민이나 민간기업으로부터 필요한 자금을 박탈함으로써, 스웨덴 경제를 사회주의로 이끌기 위한 음모로 된다고까지 빗대어 말하였다.

실제로, 미국에서는 예산 균형화에 관한 총명한 견해를 어디에서나 듣게 된다. 즉, 미국에서 철도가 건설된다면, 연방정부는 갖은 방법으로 철도회사에다 특혜를 주게 되고, 그것은 마침내 예산은 균형되어야 한다는 원칙을 깨뜨리고 만다. 뿐만 아니라, 불완전 재정이라는 불평도 받는 일이 없이 국가수준이나 지방수준에서의 조직적인 예산적자는 처음부터 있었다고 하는 견해 등이 그 예로 된다.

서유럽국은 조세를 통한 자금 조달로 철도를 건설할 수 없었고, 또 국가를 제쳐놓고 아무도 그 엄청난 과업을 맡으려 하지 않았으므로, 부득이 균형예산 원칙을 포기하지 않을 수 없었던 것과 마찬가지로, 미국에 있어서도 주정부나 지방정부는 국가가 학교나 도로 등을 가져야 했을 때 같은 방향으로 움직이지 않을 수 없었다.

심지어 유럽에 있어서 보다도 훨씬 단호하게 그리고 재빨리, 미국의 주정부나 지방정부는 일시 유럽의 몇몇 정부가 고수하고자 하였던 규칙, 즉 기채(起債)자금 지출은 재정적으로 자체 수지가 맞는 사업에만 한정되어야 한다는 규칙마저도 포기하지 않을 수 없었다.

주정부나 지방정부에서 받아들여지는 규칙과 판이한 '건전' 재정의 원칙이 연방정부에 대해서 있어야 할 하등의 합리적 이유는 없다. 그러나 이러한 비교를 아주 접어 두고서도, 우리들은 지출형태가 달라지면 경제발전에 대한 영향도 크게 달라진다는 것을 인식하지 않으면 안 된다.

내가 이 책에서 늘어놓았던 지출면에서의 개혁은 시설이나 기계에 대한 대부분의 투자보다도, 국민 생산물의 증대에 대한 총체적 효과라는 점에서 장기적으로는 십중팔구 더욱 유리하게 될 것이다—즉, 고용과 생산을 증대시킨다고 하는 점에서 더욱 효과적으로 될 것이다(단, 연로자에 대한 추가 소득의 제공이나 생활조건 개선, 그리고 도의적 이유로 긴급히 필요하게 되어 있는 그 밖의 약간의 지출개혁은 예외이다). 마찬가지로 조세의 형태가 달라지면, 많건 적건 생산적 소비나 저축에 미치는 영향도 달라지게 된다.

아주 다른 목적으로 국고로부터의 유출을 나타내는 지출과 국민경제에다 꼭 같이 매우 다른 영향을 가지는 유입을 나타내는 조세를 추상적인 두 개의 화폐량으로 합쳐놓고, 다음으로 이들 공통점이 없는 숫자가 같게 되는 것에 대해 중요성을 가지게 한다는 것은 하등의 합리적인 근거가 없다.

나는 한 가지 점을 더 첨가하고 싶다. 나는 경제적·사회적 문제의 논의로부터 도의적인 고려를 없애야 한다고 원하는 사람은 결코 아니다. 도리어, 나는 계속 이들 모든 문제는 모두가 본질적으로 도의적인 것이라고 주장한다. 그러나 나는 균형예산의 원칙과 같은 자의적이고 형식적인 원칙을 도의적으로 강제성을 가지는 위치에까지 끌어올려 놓는 것에는 반대한다. 우리들이 국가예산에 대해서는 어떠한 국가예산이 국민을 위하여 가장 이로울 것인가 하는 관점에서 보지 않으면 안 된다. 경제적 용어로 말한다면, 문제로 되는 것은 균형 잡힌 예산이 아니라, 내가 이미 지적한 바와 같이 서로 일치하는 두 개의 목표—경제 진보와 사회정의—의 실현을 가능케 하는 균형 잡힌 경제이다.

국가가 돈주머니의 끈을 다루는데 있어서는, 개인이 그것을 다루는데 신중하다는 것과 동일한 원칙에 의하지 않으면 안 된다고 하는 주장은 이론적으로 옳지 않다. 왜냐하면 개인은 자기 자신으로부터 빌려 쓸 수는 없기 때문이다. 나아가, 정부는 생산적인 목적을 위해서마저도 빚을 져서는 안 된다고 말하는 것은 물론 현명한 가장이라면 누구도 따르지 않고, 또한 따라서는 안 될 규칙이다. 그리고 우리들은 기업이나 소비자에 의한 사적 부채가 절대적으로나 상대적으로 엄청나게 증가하였다는 것을 알고 있다.

이것은 의회가 쓰여지는 한 달러나 조세와 그 밖의 방법으로 징수되는 한 주의 깊게 다루지 말라는 것을 의미하는 것은 아니다. 지출은 생산성을 기준으로 고찰되어야 하고, 조세는 개개인의 소비와 저축, 그리고 기업에 대해 어떠한 변화를 주게 되는가에 의하여 고찰되지 않으면 안 되고, 지출과 조세가 미치는 영향은 그 밖의 모든 경제정책과 함께, 또 경제발전과 관련시켜 고찰되지 않으면 안 된다. 평가는 진보와 국민에 대한 복지를 기준으로 해야 할 것이다.

전혀 이용되지 않고 있거나 불완전하게 밖에 이용되지 않는 사람들이나 자원이 가지는 참으로 필요로 되는 부를 창조하는 일에, 자금의 용도를 돌리고자 하는 관권의 행사—연방정부에 의하건 지방정부에 의하건—가 인플레를 가져올 까닭이 없고, 더구나 국고에 대한 실질적인 부담으로 될 까닭은 없다.

내가 지금도 이해할 수 없는 것은 미국이 전후기에 그 국고의 규모를 국민소득에 비하여 그 반으로 줄였던 한편, 국민적인 관점에서는 매우 생산적이었을 수많은 공공사업에 대한 지출을 꺼려했다는 사실이다. 이러한 사실은 마침내 미국이 전후 10년 동안 그 능력에 훨씬 미치지 못하는 성장률로 만족하고, 실업의 상승경향을 보고도 어쩔 수 없다고 하는 결과를 가져오게 하였다. 미국의 동료 경제학자들이 국민계몽을 위하여 예산 균형화와 이것과 관련되는 문제에 관해서, 몇 가지 간단한 진리를 보급시키는데 시간을 좀 더 바쳐주기를 바라는 마음 간절하다.

여론의 추세

이 책이 출간되어 1년이 경과하는 동안에 일어났고, 또 이 책에서 제기된 문제와 관련을 갖는 사건 중에는 이 후기 첫 머리에서 논급하였던 경제발전뿐만 아니라, 민주주의에서는 어떠한 정책이 취해질 수 있는가를 결정하는 국민여론의 변화가 있다. 내가 본 이런 유의 변화는 미국에 관한 나의 기본적인 낙관주의를 굳게 해주고 있다.

감세에 의하여 연방예산에 적자를 내게 해도 좋다고 하는 태도의 변화는 매우 급속하여 의회의 결정을 통해서 뿐만 아니라 여론조사에서도 나타나게 되었다. 더욱 중요한 것은 빈곤을 일소하고 청년의 교육이나 훈련의 수준을 높이고, 또한 실업자와 불완전고용자를 생산에 끌어들여야 한다고 하는 인식과, 이들 모든 개혁은 경제 진보와 사회정의를 위하여 다 같이 필요하게 된다고 하는 것에 대한 이해가 늘어가고 있었다는 사실이다.

통계조사와 회의·저술·강연 및 논문 등은 힘차게 치솟고 있는 시대의 흐름을 형성하는 물방울과 같은 것이었다. 남부 도시나 북부 도시의 흑인폭동은 그 나름의 역할, 대체로 적극적 역할을 하게 되었다. 고 케네디 대통령은 이 운동의 주역을 맡았으며, 뒤이어 존슨 대통령은 의회에 대한 시정연설에서 빈곤추방을 위한 조건 없는 전쟁을 선언하였다. 의회는 대체로 이 위대한 운동에 따르게 되었다.

이들 모든 목표의 실현은 반드시 시간을 필요로 할 것이다. 많은 문제에 대한 미국 국민의 사고방식이 달라져야 할 것이고, 또한 해야 할 개혁의 대부분은 세심한 준비를 필요로 하고 있다. 그리고 계획단계를 지난 뒤에서마저도 개혁의 대부분은 다만 점진적으로 실행될 수 있을 뿐이고, 개혁의 목적은 일층 뒤늦게 실현될 것이다.

미국이 빈곤을 퇴치한다는 것, 혹은 다만 실업률의 추세를 결정적으로 내려가게 한다는 것은 몇 해에 걸쳐 겨우 성취될 수 있는 시간이 걸리는 과업이다. 그렇지만, 이 길을 내디뎌야 할 긴급성은 크다. 달이 가고 해가 감에 따라 실업은 늘어나고, 청년의 교육이나 훈련은 불충분해지고, 빈곤은 커지게 되어 애로를 타개하기가 더욱 어렵게 될 것이다. 그러나 일단 운동이 시작되어 탄력을 얻게 된다면, 그것은 그 속력을 더하게 될 것이다. 재정적으로는, 그것은 후년의 예산계획에서 상쇄되는 특별한 정도만큼의 수억, 수십억 달러보다도 훨씬 많은 공공투자로 되기에 이를 것이다.

급속한 진보와 자유, 그리고 기회균등이라는 미국의 모든 이상과 노선을 같이 하는 보다 위대한 자유주의를 향하는 이런 일반적인 추세는 보통으로 반동세력에다 화를 내게 하거나, 자극을 주기 마련이었다. 나는 그들이 승리를 거두지 못할 것으로 믿는다.

내가 그렇게 믿는 이유의 하나는 미국 실업가들 간에서 자유주의적인 개혁은 그들의 이익에 반하기는커녕, 도리어 일치한다는 것을 깨닫는 사람들이 늘고 있다는 것을 볼 수 있다는 데 있다. 그리고 이러한 자각은 이 나라에서는 정치적 발전에 대해서 매우 중요한 의미를 갖는다.

나는 또한 미국인은 자존심이 강한 국민이라고 하는 것을 말한 바가 있었지만, 이 후기에서도 다시 한 번 그것을 강조하고자 한다. 가장 높은 실업률, 가장 크고 가장 지독한 빈민굴과 가장 비참한 시설을 가지고서도 미국 국민이 자국은 부유한 나라의 지위에 머물러 있다고 오래도록 받아들일 것으로는 나는 믿지 않는다.

흑인폭동

이 책의 본문이 쓰여졌던 뒤에 일어나게 되었던 중요한 사건의 하나는 흑인폭동이다. 그것은 이 책에서, 미국에는 가난한 사람들의 정치적 무관심이 있다고 적었던 경제적 규칙을 하나의 불리한 그룹에 대해서만은 깨뜨리는 것이었다. 이 후기에서 나는 처음으로, 새로운 마아셜 플랜이라는 이름 아래, 흑인들의 오늘날의 노예상태—그것은 미국에 있어서는 천대의 결과였다—를 개선하기 위하여 제기되었던 요구를 지지할 수 없었다는 것을 말하고자 한다.

나는 차별대우를 보통과는 반대로, 즉 흑인에게 유리하게 되게 해야 한다는 이러한 요구는 방향을 잘못 잡은 것으로 믿고 있다. 내가 이러한 확신을 가지게 된 데에는 몇 가지 이유가 있다. 정치적으로는 지나간 일보다도 현재의 조건, 미래의 조건이 더 중요하다. 그러므로 그 요구는 정치적 바탕을 가지고 있지 않다.

어쨌든 미국에서 흑인들에 대해서 가장 심한 적개심을 항상 품고 있는 그 밖의 가난한 그룹이 흑인들을 자기들의 경쟁자로 보게 되지 않으면 안 될 때처럼, 흑인에 대한 원한을 북돋아 주는 것은 없을 것이다. 뿐만 아니라 흑인만을 위한 특별 복지정책은 넓은 지구에서는 기술적으로 실천 불가능하다. 흑인의 주택문제는 저소득층에 대한 주택사정을 개선하는 계획의 일부가 아니고서는 충분하게 개선될 수가 없다. 같은 것은 교육에 관해서도 말할 수가 있다.

마지막으로 흑인을 후대하는 특별 복지정책은 오히려 미국적인 생활의 주류로부터 흑인들의 생활을 더욱 격리시키거나 배제시키게 될 것이다. 한편 흑인이 바라고 있는 것은 기회 균등이다. 인도에서 최하 천민들—간디는 그들을 하리잔스(Harijans라고 불렀다—에게 주어졌던 특별대우의 결과에 관한 연구는 나의 견해가 옳다고 하는 것을 뒷받침하고 있다고 나는 믿는다.

기본적인 사실은 미국에는 흑인집단 이외에도 매우 가난한 많은 그룹이 있다고 하는 것이다. 그들은 빈민굴에 살고 있고, 극단한 빈곤에 따르는 모든 불리한 조건에 시달리고 있다. 흑인은 어디에다 선을 긋느냐에 따라 미국에 있는 빈민의 4분의 1 혹은 3분의 1을 차지할 뿐이다.

미국이 필요로 하고 있는 것은 국내에서 모든 빈곤을 추방하는 마아셜 플랜이다. 이것은 적어도 의도로는 존슨 대통령이 내걸고 있었던 것이고, 그는 당시 고 케네디 대통령이 죽기 수개월 동안에 준비하였던 것을 따르고 있었다. 1964년 6

월 나는 미국에서, 아니 세계에서 가장 오랜 흑인대학인 링컨대학에서 졸업식 강연을 한 바가 있었다. 이 증보판에는 그 강연의 일부가 부록 2로 실려 있다.

부　록

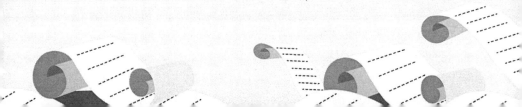

졸업식 강연

워싱턴 D. C 하워드대학 제94회 졸업식에서
1962년 6월 8일

　졸업식에서 강연을 하는 사람은, 오늘 학위를 수여받고 대학이라는 보금자리를 떠나 인생의 생업이나 투쟁에 종사하려 하고 있는 여러분 앞에 가로놓인 도전에 관해 무언가 한 마디 하는 것이 관례가 되고 있다는 것을 나는 들었습니다. 나는 보통 때 같으면 관례에 맹종하는 것을 자랑으로 생각하지 않습니다. 그러나 이번의 경우와 같은 졸업식 강연을 하는 이러한 관습은 타당성을 가질 만한 특별한 이유가 있다고 나는 믿고 있습니다.

　하워드대학의 지금 세대의 졸업자가 직면하고 있는 도전은 이전 세대의 졸업생이 직면했던 것과는 근본적으로 다르다고 나는 확신하고 있습니다. 이 서로 다른 성질을 이해하는 일이 중요합니다. 왜냐하면 그것은 단지 어느 학교 졸업생의 장래의 생활에 관계가 있을 뿐만 아니라 미국의 생활 속에서의 흑인의 역할이라는 더욱 넓은 문제에도 관계가 있기 때문입니다.

내가 마음에 품고 있는 문제의 차원은, 우리들이 우선 첫째로 다음의 사실을 잠깐 돌이켜 보면 가장 뚜렷하게 알 수 있을 것입니다. 그것은 하워드대학을 창설하고 또 연방정부에 의해 원조를 받고 있는 유일한 대학으로서 미국의 고등교육 가운데 독특한 지위를 주었던 그 사정에 있습니다. 지금부터 1백 년쯤 전의 남북전쟁의 직후에 설립된 하워드대학은 흑인의 대학이라고 생각되었고, 대체로 그렇게 유지되어 왔습니다. 물론 이 대학의 조직을 만들어 낸 기본적인 요인은 보통의 대학, 특히 남부의 대학에서 세력을 가지고 있던 백인의 다수파 측에서의 여러 가지 형태의 제한방침이었으며, 정도는 가벼워졌으나 지금도 여전히 그렇습니다마는, 여기에는 지금도 어느 정도 보통과는 반대로 격리와 차별의 흔적이 남아 있습니다. 이 문제에 대해서는 강연의 도중에서 다시 다루도록 하겠습니다.

이 대학이 설립되었을 때에 미국은 인류사상 가장 파괴적이며, 잔혹한 전쟁의 무서운 고뇌로부터 막 빠져나왔을 때였습니다. 100만 명 이상의 군인이 전사했습니다. 그 비용은 만일 우리가 지금과는 다른 당시의 미국 경제의 규모나 수준에 비추어 수정한다면, 전쟁이나 전쟁 준비를 위해 천문학적인 거액의 지출을 하는데 완전히 익숙해져버린 오늘날의 입장에서 보아도 놀랄 만한 것이었습니다.

이 전쟁은 물론 흑인노예제도와 얼마간 관계는 있었습니다만, 그러나 그것은 흑인해방을 주된 목적으로 하여 싸웠던 것은 아닙니다. 전쟁 전에나 후에도 흔히 그런 일이 있었습니다마는, 흑인주민은 오히려 전적으로 다른 이해관계 때문에 싸우고 있던 백인 다수파 두 진영 간의 투쟁의 인질이었습니다. 흑인 자신은 실제로 그 투쟁에는 전혀 참가하지 않았습니다. 그럼에도 불구하고, 사필귀정의 논리에 의해 노예제 폐지라는 것이 남북전쟁이라는 비상사태의 결과가 되었던 것입니다.

아브라함 링컨은 1861년 봄 대통령에 취임했을 때 연방의 보존이 중심문제라고 생각하고, 실제로 노예제도가 잔존하는 주에서의 그와 같은 제도에 반대하는 행동을 취할 생각은 없다는 것을 선언하였습니다. 그러나 1862년의 가을이 되자, 전쟁의 압력 자체가 그로 하여금 1863년의 신년 이래 노예제의 폐지를 포고하는 것을 부득이하게 만들었습니다. 단, 이 포고의 유효 범위는 당시 정부에 대해 반란을 일으키고 있던 주에만 한정되어 있었습니다. 의회가 미국 전체의 모든 노예를 해방하기로 결정한 것은 겨우 1865년 초에 이르러서였으며, 또 헌법 개정이 확인된 것은 겨우 그 해의 연말이 되어서였습니다. 그 때에는 링컨은 이미 죽고 없었습니다. 그러므로 미국의 흑인주민은 이제 앞으로 닥칠 수년 동안에 잇달아 중요한 기념일을 맞이하게 되는 것입니다.

이러한 사건들은 급격하고 광범한 정치적 변화였습니다. 그러나 우리들은 마치 '재건기(再建期)' 뒤에 생기는 지혜에 의해 지금 돌이켜 볼 수 있는 것처럼, 어째서 그것은 그처럼 보잘 것 없는 것으로, 어째서 그것은 그처럼 잘못되었는가,

왜 그것은 남부 흑인들의 운명의 영구적 개선을 그처럼 보잘 것 없는 것으로 되게 하고 말았는가. 어째서 정치적 혁명은 경제적·사회적 개혁에 의해 뒷받침되지 않았는가 등의 이유를 뚜렷이 알게 되는 것입니다. 언제나 그렇습니다만, 당시의 지도자들은 비용을 치르지 않고 값싸게 대사업을 하려고 했습니다. '6에이커와 한 마리의 당나귀'라는 슬로우건을 권력을 잡고 있던 사람들로부터 결코 진지하게 제안되고 때로는 법률로 되었음에도 불구하고, 특권계급의 저항에 의해 배반당하고 무효로 되고 있는 오늘날 세계의 저개발국의 대부분의 경우와 꼭 마찬가지입니다.

나는 재건기의 미국의 흑인 주민의 운명과 현대의 저개발국의 짓밟힌 대중의 운명과의 사이에 이 같은 평행선을 긋습니다만, 그것은 만일 우리들이 재난을 피하려고 생각한다면 참고가 되는 교훈을 포함하고 있다고 생각하기 때문입니다. 오늘날에도 거센 혁명이 이루어져 왔습니다. 식민지 지배의 해소가 그것입니다. 그러나 식민지 정부가 건들이지 않고 가만히 두는 편이 나을 것이라고 생각하였던 사악한 경제사회제도는 대부분이 그대로 두어졌습니다.

어느 나라에서는 불균등이 실제로 증가하고 있습니다. 이제 역사는 훨씬 큰 규모로 되풀이 되고 있는 것입니다. 그것은 지금에 와서는 미국에서 남북전쟁 후의 시기에 그러했던 것처럼, 단 한 나라의 수백만 가량의 소수자의 문제는 아닙니다. 오늘날에는 소련권 이외의 세계의 훨씬 큰 지역의 수억이라는 다수의 사람이 영향을 받고 있습니다. 무대는 국제적이지 단지 국내적인 것이 아닙니다. 그리고 그것이 제기하는 문제는 냉전에 의해 지배되고 있는 현재의 국제관계의 긴장상태에 있어서 헤아리기 힘들 정도로 위험한 것입니다.

미국에 있어서, 이와 같은 형(型)의 재건은 1870년대 후반에 만들어진 큰 전국적인 타협으로 이끌었습니다. 흑인 주민은 다시, 군사적 패배를 뒤이어 생겨나게 된 모든 사태에 의해 더욱 고통을 받고 있었던 남부의 백인 상층계급의 마음대로 되었습니다. 경제적으로 남부는 북부에 대한 관계에서 식민지와 같은 지위로 떨어졌습니다. 그러므로 프랭클린 루우즈벨트 대통령은 1930년대가 되어서도 여전히 남부를 이 나라 '제1호의 문제'로서 특징지을 수가 있었을 정도였습니다. 북부에서는 그 대신 다수의 이주와 경제 확대가 일어났습니다. 그리하여 미국은 우리들이 잘 알고 있는 것처럼 지금도 여전히 그와 같은 부패로부터 완전히 자유롭게 되지 못하고 있는 것입니다. 따라서 반세기 이상이나—사실 30년대의 끝 무렵까지—흑인 주민의 신분은 대체로 변하지 않았습니다. 진보된 면도 있었으나 후퇴한 면도 있었습니다.

20년 전에 흑인의 지위에 관한 이와 같은 상대적인 정체의 시기가 미국의 사상상(思想上)에 매우 강한 인상을 주었으므로 사회과학자조차도 일반적으로 그것은 사물의 자연적 질서라고 생각하게 되어 있었습니다. 진보란 참으로 완만한 것이라고 규정이 정해져 있으며, 이를 빨리 해보려 해도 대단한 일은 할 수 없을 것 같다고 그들은 생각하고 있었습니다. 그러나 그 당시의 미국에 있어서 흑인문제에 관한 이와 같은 정체의 시기는 모든 힘의 일시적인 균형에 지나지 않으며, 그와 같은 균형은 당장 깨뜨려지려는 막다른 벼랑에까지 와 있다는 것이었습니다. 나는 커다란 변동이 다가와 있음을 보았습니다.

그리고 우리들이 알고 있듯이 그것은 실제로 일어났습니다. 최근 20년 동안은 여러 면에서의 진보로 채워져 있었습니다. 노동시장에서도 교육에서도, 사회복지나 주택의 분야에서도, 법률의 구조나 준수의 점에서도, 그리고 일반적으로 행동을 하고, 사회에 진출하고, 격리나 인종차별도 받지 않고 일하고 생산하고 그리고 소비하는 더욱 평등한 기회의 향수라는 점에서도 진보를 볼 수가 있었습니다.

사회변동의 역사적 경향은 모두 직선적이 아니므로 때로는 후퇴도 있었습니다. 편견의 법제적·제도적인 방벽은 무너지고 있었으나, 편견 그것은 역시 사라지는데 시간이 걸립니다. 미국이 실제로 그 신조대로의 평등의 나라가 되기 위해서는 아직도 먼 길을 걷지 않으면 안 됩니다. 그러나 역사적으로 보면, 진보의 속도는 놀랄 만한 것입니다. 실제로 이러한 모든 진보는 정체의 60년간이 지나고 난 후인 지난 20년간이라는 단기간에 일어난 것임을 상기해 봅시다. 그리고 이렇게 되리라고는 대부분의 연구자가 예상하지 않았던 일입니다.

나는 이 기회를 이용하여, 지난 1세기에 걸친 흑인 주민의 대충의 특징을 상기해 보는 것도 나쁘지 않다는 사실을 깨달았습니다. 개인이 정신을 가다듬기 위해서 자신의 가장 오랜 기억과의 연속을 유지할 필요가 있는 것처럼 주민의 집단도 또한 오늘날 자신들이 어디에 서 있는가, 어떤 방향으로 움직이고 있는가를 이해하려 하면, 자신들은 대체 어디서 왔는가, 어떻게 살아왔는가에 대해 밝힐 필요가 있습니다.

근년의 진보적인 업적은 노력하지 않고 얻어진 것이 아니었습니다. 전면에 걸치는 광범한 개개의 전진은 모두가 흔히 거센 저항에 부딪치면서 싸워 쟁취하지 않으면 안 되었던 것입니다. 일반적인 전진이 이루어지는 동안에는 이에 참가한 자들을 깊은 불안에 빠뜨리는 불행한 사건이 일어나기도 합니다. 그러나 우리들은 감정적으로 되어 있는 조상 전래의 편견 앞에 서서 마찰 없이 인종적 불행을 근절시킬 수가 있다고 생각해서는 안 됩니다.

어느 의미에서 불쾌한 사건은 이와 같은 전진의 과정에서 이루어야 할 하나의 역할마저 가지고 있습니다. 나는 「미국의 드라마」의 마지막 장에서 남부의 어느 유명하고 보수적인 흑인 사회과학자가 일찌기 내게 한 말을 인용했습니다. 나는 지금 이 같이 특징 지운 그 사람은 위대한 사회학자이며 피스크대학의 최초의 흑인학자였던 나의 지난날의 친구 차알즈 존슨(Charles S. Johnson)이었음을 밝힐 수가 있습니다. 그는 깊이 생각한 뒤의 의견으로서, 긴장은 반드시 나쁜 것은 아니며, 어떤 조건 아래에서는 인종폭동조차 긴 눈으로 보면 유익한 효과를 가질지도 모른다고 말했습니다. 그는 계속하여 대략 이 같은 말을 했습니다.

"그러한 폭동은 사람들의 양심을 깨치게 합니다. 사람들은 문제를 잘 생각하지 않으면 안 되게 될 것입니다. 폭동은 사태가 정착되는 것을 방해합니다. 만일 인종의 상황이 굳어진다면, 만일 흑인이 참으로 체념한다면, 그때야말로 나는 흑인들의 영속적인 커다란 생활개선에 대해서 희망을 잃어버릴 것입니다. 마찰과 투쟁이 있는 동안에는 아직 희망이 있습니다.”

이렇게 본다면, 리틀 록 사건과 그 밖의 날마다 미국의 신문에 보도되고 있는 많은 불행한 사건은 사회적 진보에 대해 추진력을 주는데 있어 적극적인 역할을 다하고 있는 것입니다. 이러한 고매한 철학적 견해를 가지는 것은 될 수 있는 한 빨리 사회진보를 추진하는데 한 몫을 할 의무가 있는 미국민보다 외부의 사람들 쪽이 쉽다고 나는 생각합니다. 그리고 그것은 미국의 생활 속에 지금도 여전히 남아 있는 많은 격리와 차별로부터의 상흔을 마음속에 품고 있는 젊은 흑인 인텔리에게는 특히 어려운 일임에 틀림없습니다. 그럼에도 불구하고 나는 낙심하는 것을 피하고, 또 지금도 여전히 필요할지도 모를 사소한 충돌에 필요한 결의를 가지기 위해서는, 그러한 경향이 급각도로 상향이 되어 움직이고 있음을 분명히 보는 일이 중요하다고 말하고 싶은 것입니다. 이 새로운 시대에 있어서는 흑인의 운동이 능히 이길 수 있는 싸움입니다.

미국 사회에 있어서 흑인의 지위가 크게 개선되는 것을 우리들은 끊임없이 이 눈으로 보게 될 것이라고 하는 것을 나는 조금도 의심하지 않습니다. 그리고 나는 지난 20년 동안에 점점 높아져 온 추세가 더욱 빨라진다는 것을 예견까지

합니다. 이와 같은 확신은 모든 이유를 설명하는 것은 너무나 본론에서부터 떨어지는 것이 될 것입니다. 그러나 그 속에는 물질적인 측면에서의 사회의 생산력의 향상이라는 것이 있습니다. 그것은 모든 사람들에게 더욱 많은 활동의 여지를 주고, 또 모든 사람들을 궁지로 내모는 압력을 경감시킬 것입니다. 정신적인 측면에서는 여러분의 헌법 속에 간직되어 있고, 또 미국민의 마음속에 심어져 있는 이상의 실체가 있습니다. 미국에 있어서 이와 같은 이상의 힘은 교육의 수준이 높아짐과 아울러 점점 강해지고 있습니다. 편견을 합리화하는 역할을 다하게 된 흑인에 관한 그릇되고 비열한 신념은 차차 그들 자신의 교양의 결여를 나타내려는 무리만이 나타낼 수 있는 것으로 되었습니다. 백인과 흑인이 작업이나 오락에서 점점 섞이게 됨에 따라 자기들이 같은 문화의 줄기, 같은 기호와 혐오의 감정, 자기들 자신과 미국에 대한 같은 희망이나 야심을 가지는 같은 부류의 인간이라는 것을 모든 사람이 발견해 가고 있습니다.

마치 여성이 완전히 해방되기까지 향상심을 가진 여성은 모두가 여권을 위하여 용감히 싸워나가야만 했던 것처럼 오늘날에도 모든 흑인 인텔리는 '인종론자'가 됨으로써, 천직인 자기의 일을 보충할 의무를 져야만 한다고 생각해야 될 것입니다. 이와 같은 상황은 흑인이 일반적으로 곳곳에서 백인과 동등하게 받아들여질 때까지는 변하지 않을 것입니다. 유엔의 세계평화운동에서 뛰어난 일을 하고 있는 나의 친구이며, 이전의 협력자인 랠프 번치(Relph Bunche)가 가끔 시간을 내어 혹인을 위해 강연을 하고 있는 것은 이와 같은 이유가 있는 까닭입니다. 그러나 혹인의 대변자들은 같은 운동을 위해 싸우고 있는 백인이 있다는 것을 점점 깨닫고 있습니다.

현재 진행하고 있는 변화는 여러분 모두가 세상에 나갔을 때 지낼 생활에 있어 중요한 의미를 가지고 있습니다. 그러므로 그것들은 이전 세대의 하워드대학의 졸업생들이 하지 않으면 안 되었던 조정보다도 더욱 급격한 조정을 필요로 할 것입니다. 앞으로 일어날 일이나 이미 어느 정도까지 일어나고 있는 일은, 혹인의 인텔리가 점점 정신적인 고립상태로부터 벗어나서 단지 다른 미국인 속의 한 사람의 미국인이 되고, 또 우리들 모든 사람들 속의 한 사람의 인간이 된다는 것입니다. 혹인 사회과학자는 혹인사회의 연구에 몰두하는 일이 점점 적어지며, 그리고 그 밖의 더욱 넓은 분야로 발을 내딛게 될 것입니다. 혹인 의사나 치과 의사, 변호사는 점점 백인의 환자나 고객에게 서비스를 하게 될 것입니다. 그러나 그것은 혹인도 또한 백인의 의사, 치과 의사, 변호사 등에 간다는 것을 뜻합니다. 혹인 목사나 교사의 활동에 대해서도 같은 변화를 예상할 수가 있을 것입니다.

만일 이 점에서 내가 더욱 넓은 미국사회 속에서의 혹인 융합의 또 하나의 의미를 강조하지 않았다면, 나는 여러분에게 충분히 정직하지 못한 것이 될 것입니다. 그것은 혹인의 전문직의 중·상층 계급은 그들이 편견에 바탕을 두고 획득하였고, 지금도 계속 가지고 있는 경제적 독점을 버리지 않으면 안 될 것이라는 것입니다. 장래의 평등한 사회는 자유경쟁의 사회입니다. 그러므로 여러분은 이에 직면하고, 또 이를 잘 처리할 마음가짐을 가지지 않으면 안 됩니다. 여러분은 경쟁 상대가 없는 경제적 안정을 여러분에게 주는 작은 독점적 지위를 흑인 예속자들 속에서 가지고 싶다고 생각하면서, 동시에 격차와 차별의 벽을 타파하려고 부르짖을 수가 없습니다. 여러분은 더욱 엄격한 생활을 선택할 만한 용기를 가지지 않으면 안 됩니다. 그와 같은 생활 속에서 여러분의 능력이 더욱 넓은 미국의 사회에 있어서, 아니 세계 전체에 있어서 확립되어 있는 규준(規準)에 비추어 시련을 받을 것입니다. 이것이야말로 내가 새 졸업생에 대해 강조하고 싶은 점입니다. 더욱 평등한 사회라는 것은 더욱 큰 기회를 제공하는 사회입니다만, 그러나 그것은 또 여러분의 선배에 대해 과해진 것보다 훨씬 가혹한 시련을 제군에게 과하는 사회이기도 합니다.

우리들이 몽상하는 것과 같은 장래의 미국에 있어서는 모든 학교뿐만 아니라, 모든 고등교육의 기관이 인종이나 피부의 빛깔에 관계없이 그 사람의 특성에 따라 모든 사람들에게 개방될 것입니다. 그와 같은 일이 마지막에는 남부에서도 일어날 것입니다. 그러한 미국에서는 흑인대학 따위가 발을 붙일 곳이 없어질 것입니다. 해서, 나는 가령 그것이 내일은 아닐지라도, 그러한 날이 올 것을 확신을 가지고 대망하고 있습니다. 그 때에는 하워드, 피크스, 애틀랜타 등의 모든 대학은 그 교육조직이나 학생집단에 있어서 이 나라의 다른 대학과 다른 점은 없어질 것입니다. 그것은 물론 모든 다른 대학도 보통의 일로서 흑인 교수나 흑인 학생을 가지게 될 것을 뜻합니다. 실제로 하나의 조건으로서 이를 요구합니다. 나는 이 점에 대해서도 미국에 있어 착착 진보가 이루어지고 있다는 사실이나, 하워드대학 자체도 미국의 흑인 이외의 청년—미국으로부터의, 또 전체 세계로부터의 청년—에게 그 설비를 점점 개발하고 있다는 사실을 듣고 기쁘게 생각합니다. 격리의 폐지라는 것은 하워드대학 자체에 대해서도 그 학교 당국이 천하에 선언한 정책입니다. 여러분의 학장 내브리트 박사는 이렇게 말씀하셨습니다.

"하워드대학에 대한 나의 목표는 이를 이끌어 미국의 큰 대학으로서의 새로운 역할을 가지게 하고, 사람이 그 자신의 사치와 업적에 의해 인정되는 것과 같은 정상적인 사회가 되도록 하는 일입니다."

융합과정이 진행되면, 흑인문제는 차차 갈라놓은 문제처럼 소멸되는 경향이 있을 것입니다. 또 상당히 오랫동안 흑인 가족에 대한 주택의 격리나 차별을 타파하는 문제가 있을 것은 의심할 나위가 없을 것입니다. 그러나 미국의 도시에 있어서 빈민가 제거의 일반적 문제 쪽이 더욱 큰 중대한 문제입니다. 그리고 빈민가가 미국 도시의 오점으로서 남아 있는 동안에는 흑인의 주택문제에 대한 충분한 별개의 해결은 가망이 없으므로, 그와 같은 큰 문제 속의 흑인의 입장은 더욱 커지는 것입니다. 흑인 자녀가 통학하는 학교는 남부나 때로는 북부의 어느 부분에서는 좋지 않습니다만, 그러나 그 밖의 많은 학교도 역시 나쁜 것입니다. 그러므로 흑인에게 있어 최선의 희망은 특히 이와 같은 격리폐지의 시기에 있어서는 학교를 일반적으로 개선하는 운동입니다. 이와 마찬가지로 개선하는 운동입니다. 이와 마찬가지로 흑인은 미국사회에 있어 여전히 가장 불리한 자리를 차지하고 있는 집단의 성원으로서 사회보장의 확장에 대해 특별한 이해를 가지고 있습니다. 이것은 가장 진보한 다른 나라에 비하면, 미국이 (특히, 보건이나 병원 시설의 분야에서) 여전히 훨씬 뒤떨어져 있는 영역입니다. 이 같은 상황에 있어 흑인이 일반적인 사회경제적 진보의 편이 되고 있는 미국 사회의 모든 세력을 지지하고 이에 참가하는 것은 당연하며 필요한 일이기도 합니다. 비교적 적은 집단 이익이 숨어들고 전체의 사회를 위한 사회진보의 추구가 전면에 내밀어질 때, 미국 사회에 있어서의 흑인의 완전한 융합을 향한 커다란 전진이 행해질 것입니다.

흑인이 '마지막에 고용되고 제일 먼저 해고된다'는 것은 20년이나 30년 전에 비하면 지금은 상당히 적어졌지만, 아마 지금도 대체로 그대로입니다. 그리고 흑인 노동자의 실업이 가져오는 부담은 어울리지 않게 무거운 것입니다. 전쟁에 의해 만들어졌고, 전쟁 직후의 기간에 유지되고 있던 완전고용의 상태는 흑인의 지위향상을 뒷받침한 점에서 경제적인 측면에서의 큰 중요성을 갖는 것이었습니다. 50년대 이후의 미국의 상대적인 경제정체나 고율의 실업은 같은 이유에 의해 흑인의 진보에 있어 특히 위협이 됩니다. 만일 정체의 계속

이 금후 수십 년 동안의 미국 경제에 대한 영속적인 상태로 되는 일이 있다면, 그것은 미국에 있어서 대내적으로나 대외적으로도 좌절의 흉조가 될 것이며, 또 그것은 내가 이야기 해 온 바와 같은 흑인의 진보의 상승경향을 둔화시킬지도 모릅니다. 내가 흑인의 지위를 개선시킬 만한 경향은 앞으로도 계속될 것이라는 신념을 피력한 것은 미국민이 이 이상 오래 정체 경제를 허용한다고는 믿을 수 없기 때문에 그렇게 말했던 것입니다. 정체 경제는 필연은 아닙니다. 월급 도둑이 아닌 경제학자라면 미국을 과감하고 급속한 경제 진보의 나라가 되게 만들기 위해서는 공공정책의 분야에 무엇이 필요한가를 이야기 할 수가 있을 것입니다.

노동시장에 있어서 흑인에 대한 차별대우와 싸운다는 것이 여전히 손을 늦출 수 없는 일이라는 것은 당연한 일입니다. 그러나 더욱 중요한 것은 미국의 경제 진보에 대한 조건을 만들어내는 일입니다. 왜냐하면 완전고용과 모든 사람에 대한 소득의 상승처럼 인종차별을 해소시키는데 도움이 되는 것은 없기 때문입니다.

이리하여, 미국의 흑인 지위를 향상시키고 격리와 차별의 잔재를 절감시키는 운동은 종래 이상으로 긴밀히 이 나라에 있어 모든 진보적인 운동과 결합되고 있는 것입니다. 여러분이 미국의 흑인이라고 해서 인격을 분열시킬 이유는 전혀 없습니다. 미국사회에 있어서 흑인의 융합은 이미 훨씬 앞으로 진척되고 있으므로, 여러분은 아무런 주저 없이 미국에 좋은 일은 흑인에게도 좋은 일이라고 생각할 수가 있는 것입니다. 그리고 마찬가지로 여러분은 흑인에게 좋은 일은 미국에게도 좋은 일이라고 생각할 수가 있는 것입니다. 오늘 하워드대학을 떠나는 졸업생 여러분은 이 점에 있어 여러분의 양친이나 할아버지에 비해 훨씬 혜택을 받고 있는 것입니다.

졸업식 강연

링컨대학 졸업식에서
1964년 7월 7일

    내가 지난번에 흑인이 우세한 대학에서 청중에게 강연을 하게 된 이래로 즉, 1962년 하워드대학에서 강연을 하게 된 이래로 우리들은 흑인의 폭동이 미국에서 일어나고 있는 것을 보게 되었습니다. 이 폭동, 그리고 그 폭동의 계속은 여러분의 장래의 생활에다 결정적으로 중요성을 갖게 될 것이므로, 그 진상을 밝히기 위하여 몇 마디 말하고자 합니다.

    내가 알기로는 근본적인 배후의 요인이, 1870년대에 이루어졌던 전국적인 타협 이래 60년 동안이나 대체로 지배적이었던 미국에 있어서의 흑인의 지위의 정체가 지금으로부터 대략 20년 내지 25년 전에 깨뜨려지게 되었고, 그 이후로는 이 방면에 있어서 완만하기는 하지만 그러나 꾸준한 진보가 나타나게 되었다는 데 있는 것입니다. 그럼에도 불구하고 흑인의 생활상태는 처음에는 노예제도, 다음에는 격리제도나 차별제도에 의하여 크게 뒤떨어지게 되었으므로, 완만한 상승 곡선의 어느 점에서는 흑인들이 궐기해서 완전한 시민권의 보다 빠른 실현을 요구하게 되리라고 하는 것은 예기할 수 있는 일이었습니다. 나는 이 점의 그 자체가 1950년대 초기에 시작되어 10년이나 계속되었던 경제 정체로 말미암아 생겨나게 된 실업률의 증대에 의하여 촉진되었다고 믿고 있습니다.

또 하나의 본질적인 사실은 비록 지도자가 크게 역할을 했다고는 하지만, 이 폭동이 지난날에는 대중운동의 성격을 가졌고, 또한 현재에도 대중운동의 성격을 가지고 있다는 데 있다고 나는 믿습니다. 폭동에다 힘을 불어넣은 것은 바로 이것입니다. 흑인 지도자들이나 고 케네디 대통령 및 현 존슨 대통령하의 행정부가 다 같이 바쁘게 쫓아 다니지 않을 수 없었던 것도, 사건의 선두에 서서 평화롭고 질서 있는 변화를 꾸준히 지켜나가기 위함이었던 것입니다. 세 번째의 사실은 첫 번째의 사실과 관련되는 것입니다만, 폭동이 북부에서가 아니라 남부 도시에서 처음으로 발생하였고, 그것이 다음에 가서 남부 도시로부터 북부 도시에까지 번져가게 되었다고 하는 것입니다.

내가 강조하고 싶은 네 번째의 사실은, 비록 흑인 인종이 미국 국민 중에서 가난하고 불우한 사람들의 엄청나게 많은 수를 차지하고 있다고는 하지만, 그럼에도 흑인 중에서 가난한 사람은 미국의 짓밟힌 '하층계급'의 소수파, 즉 선을 어디에다 긋느냐에 따라 대략 25% 내외를 차지하고 있을 뿐이라고 하는 것입니다. 이 하층 계급에 속하는 사람들은 대부분의 푸에르토리코인, 멕시코인, 그리고 한층 많은 수의 백인입니다. 그런데 이들 백인은 미국에서 오랜 가문의 출신도 있고, 미국 전역에 걸쳐 농촌이나 도시의 빈민굴에도 살고 있습니다.

이렇게 저변에 깔린 하층계급이 대부분의 경우, 미국사에서 침묵을 지켜왔다고 하는 것은 놀라운 사실입니다. 나는 이 계급을 세계에서 가장 혁명적이 아닌 프롤레타리아 계급으로 특정한 바가 있었습니다. 이제 미국의 도시에 사는 흑인들이 봉기한 이 마당에는 백인들도 이 원칙에 대한 예외를 준비하고 있습니다. 내가 흑인 폭동에 관한 주요 사실로 된다고 생각하는 것을 지금에 와서 늘어놓게 된 이유는, 여러분이 지금 직면하고 있는 사태가 이미 달라졌고, 또 현재 달라져 가고 있는 미국에 있어서의 인종문제와 관계를 가지고 있기 때문입니다. 링컨대학이 여러분에게 전문적인 지식을 주게 되었다고 하는 사실은 여러분이 책임의 정도는 다르다 하더라도 지도층으로서 지도권을 행사할 특별한 의무가 있다고 하는 것을 가리키는 것입니다. 다시 말하면, 여러분은 이미 벌어진 사건에 깊숙이, 그리고 직접적으로 말려들고 있다고 하는 것을 의미합니다.

나는 성실한 미국의 우인으로서, 그리고 일찍이 미국의 흑인문제에 관해서 많은 것을 알아야 할 의무를 가졌던 우인으로서, 이 문제에 깊은 관심을 가지고 있다는 것을 고백하고자 합니다. 지금 충고의 형식으로 여러분에게 말하고자 하는 것은 내 스스로가 느끼고 있거나 믿고 있는 것을 반영할 수

있을 따름이고, 나는 이 충고를 사실은 나의 기대나 희망과
는 다르게 될지도 모른다고 하는 겸손한 마음으로 말하고 있
는 것입니다.

다음으로 우선 여러분에게 말하고자 하는 것은 나의 마음
이 스스로가 권리를 위하여 일어선 흑인의 편에 있다고 하는
것입니다. 나는 흑인들이 자신의 집단에 대해서 뿐만 아니라,
미국과 세계에 대해서도 봉사를 해 왔다고 믿고 있습니다.
학문의 여러 분야, 그리고 세계의 여러 지역에서의 나의 연
구로부터 나는 민주주의에 있어서 정의를 위하여 한데 뭉치
고 그것을 강요한다는 것은 불리한 입장에 있는 사람들에 대
해서는 건전한 일로 된다고 하는 결론에 도달하게 되었습니
다. 그렇게 하는 것은 참으로 절대 필요한 일입니다. 그렇게
하지 않는다면, 정의는 실현될 리가 없기 때문입니다. 세계사
상, 저변에 깔려 있는 그룹은 특권층이 품고 있는 이상주의
의 결과만으로 보다 큰 평등을 얻어 본적은 결코 없었습니다.
그러나 일단 아래로부터의 압력이 강력하게 되기만 한다면,
이상주의는 이에 대한 반응으로 매우 중요한 역할을 할 수가
있습니다.

지난해에 일어났던 일 가운데 나는 내가 시사하였던 사회
이론의 확증을 보게 되었습니다. 민권법안은 의회에 상정 중
에 있습니다. 그 법안은 한층 더 급진적이고, 불과 수년 전만
해도 누구도 바랄 수 없었을 만큼의 많은 의원에 의해서 지
지를 받고 있습니다. 그리고 그것은 대통령에 의해서도 강력

히 뒷받침되고 있습니다. 우리들은 모두가 그 법안이 거의 만장일치의 형식으로 통과되기를 바라고 있습니다. 그러나 다가오는 수개월 동안에 그 법에 어떠한 일이 일어난다 하더라도, 나는 개인적으로 앞으로 몇 해 동안에, 이를테면 길어 보아야 10년 동안에 흑인의 모든 형식적이고 법률적 무자격은 말끔히 사라지게 되고, 노예제도와 마찬가지로 역사의 한 토막으로 되고 말 것이라는 것을 믿어 의심치 않습니다. 그러나 내가 미국에서 흑인들이 보다 큰 평등을 얻기 위해서는 그들로부터의 압력이 필요하다고 주장할 때, 나는 목적을 위해서는 수단을 가릴 필요가 없다고 하는 것을 의미하는 것은 아닙니다.

민주제도하에서의 소수파 측의 항의운동은 그 자체의 노력만으로는 혁명을 낳게 할 수가 없습니다. 그리고 소수파는 폭력이나 반사회적 행동에 호소할 수도 없습니다. 흑인폭동이 오늘날까지 예기치 못한 성과를 거두게 되었다고 하는 사실은 대부분 워싱턴 행진에서 아주 훌륭하게 나타나게 되었던 바와 같이, 행동에서는 비폭력주의를 따르지만 요구에 있어서는 결합된 굳은 결의로 대처한다고 하는 지혜를 가지고 있었기 때문입니다. 이러한 지혜는 대체로 지도자뿐만 아니라 대중의 개개인에서도 찾을 수가 있었습니다. 대중이 철저하게 그러한 지혜에 따르지 않았다고 한다면, 어떠한 영도력도 그처럼 민주적인 규율을 강요하였을 것입니다.

흑인들이 이렇게 비민주적 수단을 행사하는 것을 회피하게 된 데에는 명백히 설명되어야 할 근본 이유가 있습니다. 흑인들은 자기들이 자기들의 편에 헌법이 있다는 확신을 마음 속에 가지고 싸울 수 있다는 것보다도 그 보다도 더하게는, 전 미국 국민이 자유와 평등이라는 생활이상을 가지고 있다 고 하는 것을 알고 있습니다. 미국은 이들 모든 이상을 공약 한 바 있고, 또한 이 공약을 알고 있을 뿐만 아니라 더욱 잘 알게 될 수조차 있습니다. 내가 흑인문제는 도의적 문제로 된다고 말할 때, 내가 의미하는 것은 바로 이것입니다. 미국 인 흑인들에게 보다 많은 평등을 주는 방향으로 움직이게 되 었던 최근에 일어났던 일은 나의 마음에 대해 이러한 견해가 옳다고 하는 것을 확신시키고 있습니다.

우리들은 흑인들이 미국 국민의 10분의 1보다 약간 많은 수밖에 차지하지 못하고 있다는 사실, 그리고 10분의 1에도 미치지 못하는 권력을 가지고 있다는 사실을 상기해야 할 것 입니다. 만약 도의적 공약이 존재하지 않는다면, 혹은 압도적 으로 다수를 차지하는 백인들이 전적으로 냉소적이라면, 그 들은 한 줌의 아주 무력한 흑인 소수파를 마음대로 주무를 수 있을 것입니다. 백인들은 흑인들에게 어떠한 형태건 강제 적인 굴레를 씌울 수 있을 것이고, 최고재판소를 폐지하거나 그 재판소의 법적 근거로 되어 있는 헌법을 변경할 수도 있 을 것입니다. 실제로 그들은 그렇게 할 수 있는 경우에도 그 렇게 하지 않고, 또 그렇게 하지도 못합니다. 그것은 이 도의 적 공약이 있기 때문입니다.

도의적 공약은 다수파로 하여금, 그들이 헌법이나 그 속에 구현된 모든 이상에 입각하는 도전을 받을 때 그 제도나 법률을 개혁하게끔 강제마저 합니다. 이상이 사람들의 마음속에 자리잡게 되면 그것은 현실적으로 됩니다. 사람들이 누구나 그들이 이상에 따라 살지 않을 때, 그들에게 경고를 주는 양심을 가지고 있다고 하는 사실을 깨닫지도 못한 채 사회문제를 논하고자 하는 이른바 비정적인 사회과학자는 잘못입니다.

이것은 소박하고 무식한 흑인마저 알고 있습니다. 흑인들은 희망을 가지고 싸울 수 있습니다. 그리고 그들은 일반적으로 민주주의의 테두리 속에서 평화적 개혁을 요구하는 규칙을 벗어나지 않도록 주의해 오고 있었습니다. 이 규칙은 그들이 평등을 위한 투쟁에서 기대할 수 있는 성과가 무엇이건, 이것이 기초로 되어 있는 모든 이상과 밀접하게 결부되어 있기 때문입니다.

이미 말한 바와 같이, 나는 형식적 그리고 법률적 차별제도나 격리제도는 가까운 장래에 없어지게 될 것으로 믿고 있습니다. 그러나 투표나 교육에 관해서마저도 평등한 권리의 실시는 완만하게 밖에 이루어지지 않으며, 그 과정을 촉진하거나 심지어는 움직이게 하는 데에도 지방수준이나 국가수준에 대한 감시가 필요합니다. 거주나 취업에 있어서의 차별의 관행을 깨뜨린다는 것은 더욱더 지속적인 노력을 필요로 하게 될 것입니다.

설사 차별제도 그리고 격리제도라는 법률적·제도적 장벽이 붕괴되었다고 하더라도, 선입관 자체는 쉽게 사라지지 않을 것입니다. 사회제도의 타력(惰力)은 아주 큰 정도로 다음과 같은 사실로서 설명될 수 있을 것입니다. 즉, 흑인들은 개인적으로나 집단적으로 격리제도, 차별제도, 학교 교육, 그리고 보다 일반적으로는 빈곤 및 빈곤에 따르는 모든 것의 악순환의 결과로서 몹시 불리한 지위에 놓여져 있다고 하는 사실입니다. 제도는 악순환을 좋은 효과를 가져 오는 순환으로 바꾸게 함으로써 개혁될 수 있습니다. 진보는 흑인대중의 모든 생활조건에 대해서 유발되지 않으면 안 됩니다. 어느 한 조건의 개선은 다음에 가서는 모든 다른 조건의 개선을 가능하게 할 것입니다. 그러므로 민권법안의 통과는 취해져야 할 그 밖의 많은 방법 중에서 매우 중요한 것이기는 하지만, 그것만으로는 충분하지 못합니다. 흑인들은 오직 점진적으로 전전선에 전투를 전개함으로써, 그리고 달마다 해마다 거듭 전투를 계속함으로써 보다 충분한 평등을 얻을 수 있을 것입니다. 형식적 민권보다도 훨씬 많은 것을 요구하는 과정에서 흑인폭동은 이 근본적인 사실을 파악하게 되었던 것입니다.

이에서 나는, 흑인은 '미국'의 저변에 깔려 있는 '하층계급'의 소수파를 형성함에 지나지 않다—흑인에게 가해지는 특별한 차별대우가 흑인의 훨씬 많은 비율을 빈곤에 몰아넣는 누적적 효과를 가졌기는 합니다만—고 내가 앞에서 말한 것을 상기해 주기 바랍니다. 차별적인 자격박탈이 우선 먼저 제거되어야 할 것입니다. 그것이 제거된 뒤에도 그 영향은 가시지 않을 것이므로, 생활면이나 노동면에서 흑인을 도와주거나 뒷바라지 해야 할 필요는 상당히 오래 계속될 것입니다. 그렇지만, 더욱 일반적으로 말한다면, 흑인문제는 흑인이건 아니건 미국의 하층계급 전체를 위한 정책에 의해서만 해결될 것입니다. 지혜의 참다운 테스트는 흑인들이—자기들의 원천적인 회의나 심지어 적개심에도 불구하고—미국에 있는 다른 불리한 그룹과 이해관계의 일치를 느끼는데, 성공하였느냐의 여부에 달려 있다고 할 것입니다.

내가 강조하고자 하는 바는 자기들에게 가해지는 특별한 자격박탈의 제거를 강요하는 것 이외에도, 흑인들이 무엇보다도 일반적으로 진보적인 경제정책이나 사회정책을 전취하는 데 뚜렷한 관심을 가지고 있다는 사실입니다. 흑인들은 미국에 사는 다른 모든 가난한 사람들과 함께 사회보장, 간단한 진료, 병원치료, 최저임금법, 조세, 주택, 그리고 교육 등 각 분야에 걸치는 철저한 개혁을 필요로 하고 있습니다. 이들 모든 정책이, 미국 국민 중에서 가장 가난한 10%, 15% 혹은 20%에 대해 차별을 두게 하여, 사적이나 공적인 자선에 맡겨놓게 된 사실도 미국에 있어서의 빈민의 무관심—흑인폭동이 그것을 불리한 그룹에 대해서만은 깨뜨리게 되었습니다만—과 관계가 없는 것은 아닙니다.

흑인문제의 참다운 해결은 빈민굴 주민을 다른 빈민굴이나 다른 지구—이것은 다음에 가서 새로운 빈민굴로 되기 마련입니다만—로 몰아내지 않고, 빈민굴을 일소하는 것을 목적으로 하는 총체적인 주택정책의 일부로서가 아니고서는 계획될 수 없는 것입니다. 흑인교육의 참다운 개선은 오직 모든 빈민을 위한 학교 교육을 개선하는 계획으로서만이 계획될 수 있는 것입니다. 노동시장에 있어서의 흑인에 대한 특별대우와 싸운다고 하는 것은 중요하기는 합니다만, 백인 노동자 간에서 마저도 광범한 실업이 있는 경우에는 그것은 보다 큰 저항에 부딪치게 될 것입니다. 어느 경우에 있어서도, 미국 경제가 동시에 완전고용경제로 달라지지 않는다면, 그것이 흑인들의 실업을 감소시키는 효과는 적을 것입니다.

작년에 우리들은 흑인폭동과 평행하는 것으로서 경제적·사회적 개혁을 향하는 일반적인 움직임이 미국에서 일고 있는 것을 보게 되었습니다. 미국 대통령은 실제로 빈곤에 대한 무조건의 전쟁을 선언한 바가 있었습니다. 나는 대규모의 사회적·경제적 개혁에 대한 요구의 물결이 치솟는 것을 예견하게 됩니다. 미국은 각종의 공공사업, 값싼 주택, 빈민굴 정리, 교육 및 보건에다 더욱 많은 투자를 하기에 충분할 만큼 부유합니다. 실제로 그러한 투자를 함으로써 미국은 더욱 부유하게 될 것입니다. 나는 이러한 견해가 상류계급의 양식 있는 사람들에 의해서 뿐만 아니라 가난한 사람들, 실업자 및 불완전고용자가 경제 진보에 대해 얼마나 큰 장애물로 되고 있는가를 점차 깨달아가는 진보적인 실업가에 의해서마저도 나누어 가져지기 시작하고 있다는 징조를 볼 수 있습니다. 미국은 풍요한 사회로 될 수 있습니다만, 그것은 오직 미국 국민의 5분의 1에 달하는 빈민에게 지금보다 훨씬 많은 일을 함으로써 가능하게 되는 것입니다.

미국에서 빈곤을 추방한다는 이 광대한 문제에 관해서 내가 품고 있는 낙관은 흑인문제의 해결이 계속적으로 진전하게 될 것이라는, 그것도 급속하게 진전하게 될 것이라는 나의 기대를 부풀게 해 주고 있습니다. 만약, 내가 미국이 느릿느릿하고 머뭇거리는 경제성장, 높고 더욱 높아가는 경향에 있는 실업, 그리고 그 인구의 상당히 큰 부분에 대한 커다란 빈곤에 만족하고 있을 것으로 믿고 있다면, 나는 흑인에 대해서 훨씬 희망적으로 될 수 없을 것입니다. 이러한 경향이 깨뜨려질 때, 오직 그 때에만이 흑인들은 자기들의 운명을 개선할 참다운 기회를 가지게 될 것입니다.

이러한 사실을 깨닫는다고 하는 것은 또한 흑인들이 자기들을 미국의 정치생활의 주류에 통합시키는 방법으로 투쟁할 수 있는 가능성이 있다는 것을 의미하는 것입니다. 흑인들은 그 해소에 특별한 고려를 요구할 만한 특별한 불만이 없지 않습니다. 그러나 보다 일반적으로 그들은 모든 불리한 그룹을 위해서 미국사회를 개혁할 것을 요구할 수 있습니다. 그러한 개혁은 흑인문제의 많은 것을 해결해 줄 것입니다. 그리고 그것은 흑인들이 특별한 불만을 가지고 있는 그 밖의 여러 문제에 관련되는 저항—그 저항은 이제는 흑인 이외의 불리한 입장에 있는 그룹, 또는 자기들의 특권을 잃는 것을 두려워하는 사람들로부터 생겨나게 됩니다만—을 줄어들게 할 것입니다.

흑인들이 평등을 위하여 계속 투쟁하는데 있어서는 이러한 보다 넓은 통찰과 그들의 협력을 경제적·정치적 문제에 관한 미국의 진보적인 사상의 주류에다 통합시키는 것이 내가 보기로는 결정적으로 중요합니다. 흑인들이 투표를 해왔고, 몇 세대에 걸쳐 형식적인 시민권을 즐겨오기는 했으나, 그럼에도 지금도 혹심한 수탈을 당하고 있는 북부의 일부 지구에 있어서 그것은 절망을 막을 수 있는 유일한 길입니다. 그들은 완전고용과 대규모적인 사회개혁을 향해서 움직이는 미국에 있어서만이 보다 훌륭한 학교 교육, 주택, 취업 기회에 대한 참다운 희망을 가지게 된다는 것을 똑바로 인식할 필요가 있습니다. 그러나 이러한 희망이 나의 의견으로는 오늘날에 있어서는 현실로 될 수 있는 것입니다.

남부에 있어서는 흑인들이 낙심할 만한 위험은 훨씬 적을는지 모릅니다. 북부에서 흑인들이 언제나 가지게 되었던 많은 권리의 전취는 참다운 전진으로 느껴지게 될 것입니다. 그러나 남부에 있어서조차 흑인의 전진은 전반적으로 진보해가는 미국에 있어서만이 더욱 빨라질 수 있고, 더욱 실질적으로 될 수 있을 것입니다.

역자 후기

　복지의 나라 스웨덴 태생인 경제학자 K. G. 미르달은 오늘도 힘차게 북구(北歐)의 한 곳에서 인류의 자유와 평등을 주창하며 세계복지에 대한 제안을 계속하고 있는 세계적인 권위자이다.

　한때 그의 이론은 비현실적이란 오해와 비판도 더러는 있었지만 세계에 공헌한 그의 업적은 단순히 순수한 경제이론가로서보다 오히려 인류의 미래를 염원하는 한 위대한 사상가로서의 차원에서 평가함이 옳을 것이다.

　본 역서의 원문인 「*Challenge to Afflunce*,1963」는 미르달이 미국에 체류하던 1963년 4월, 캘리포니아대학에서 3회에 걸쳐 행했던 맥에너어비 강좌와 그 이후 여러 대학에서의 강의, 그리고 여러 군데에 기고한 원고 등을 수정, 증보하여 단행본으로 출간했던 것이다.

　무릇 가난한 자는 더욱 가난하게 되고, 부유한 자는 더욱 부유하게 되어, 마침내는 가난한 자가 폭력에 의한 혁명으로 권력을 획득하게 될 것이라는 마르크스의 예언이 서구 국가에서는 적중하지 못했다. 그러나 이 희곡은 마르크스가 생각했던 것보다도 훨씬 대규모로 국제사회에서 연출되어 가고 있는 듯하다. 부유한 나라와 빈곤한 나라 사이의 소득의 격차는 더욱 더 확대되어 가고 있는 오늘날, 국제적인 계급투쟁의 폭발을 피하고 세계경제 질서의 안정을 유지하기 위해서는 보다 넓은 의미에서 '조화의 창조'가 필요하다고 본서는 역설하고 있다.

이러한 국제간의 조화를 가져오기 위해서는 자본이나 기술의 원조만으로는 충분하지 못하다. 대외경제정책에 대한 전체로서의 국민주의를 타파하지 않으면 안 되며, 지금까지의 예로서는 원조에 있어서 관대한 나라들도 무역이나 금융에 있어서는 특정한 산업집단의 이익에 좌우되어 이기적으로 되는 경향이 많았던 것 같다. 이러한 국민주의적인 경향이 가져오게 될 위험과 서방 국가의 이에 대한 책임이 널리 알려지도록 설명되어야 한다는 게 본서에서의 저자의 주장이다.

이러한 국제적 이상주의는 편협한 국민주의적인 고려와 부정확한 충동에 의해 자주 밀려나고 있지만, 이 이상은 하나의 역사적 당위라는 것을 미르달은 확신하고 있다.

오늘날 미국은 고도의 긴장과 번영과 성장을 누리고 있는 반면, 큰 실업과 빈곤, 그리고 국제수지의 악화 등으로 골치를 앓고 있다. 이러한 현상을 미르달은 본서에서 다음과 같이 말하고 있다.

"미국은 풍요의 대상으로 구조적 실업과 국제수지의 악화라고 하는 2대 모순에 골치를 앓고 있지만, 전자는 오오토메이션과 인종문제에서 생겨난 것이고, 또한 미국의 장기계획과 균형된 하부구조의 결여에 기인한다. 그리고 국제수지의 악화를 두려워한 나머지 미국이 국민주의적 정책으로 기울어진다면 그것은 국제적인 불행이다. 그러므로 미국은 자유와 평등이라는 본래의 미국의 전통으로 되돌아가 참다운 조화를 창조해야 한다."

역　자　식

역자 약력

- 일본 상지대학 예과 졸
- 서울대학교 문학부 졸
- 경북대학교 경상대학장
- 경제학박사

주요 역서

- 「현대복지국가론」「빈곤의 도전」「풍요에의 도전」
- 「아시아의 드라마」외 다수

개정1판 발행 | 2018년 5월 30일
발행처 | 서음미디어
등 록 | 2009. 3. 15 No 7-0851
서울시 동대문구 난계로 28길 69-4
Tel (02) 2253-5292
Fax (02) 2253-5295

저 자 | K. G. 미르달
역 자 | 최광열
발행인 | 이관희
본문편집 | 은종기획
표지일러스트 | 주야기획

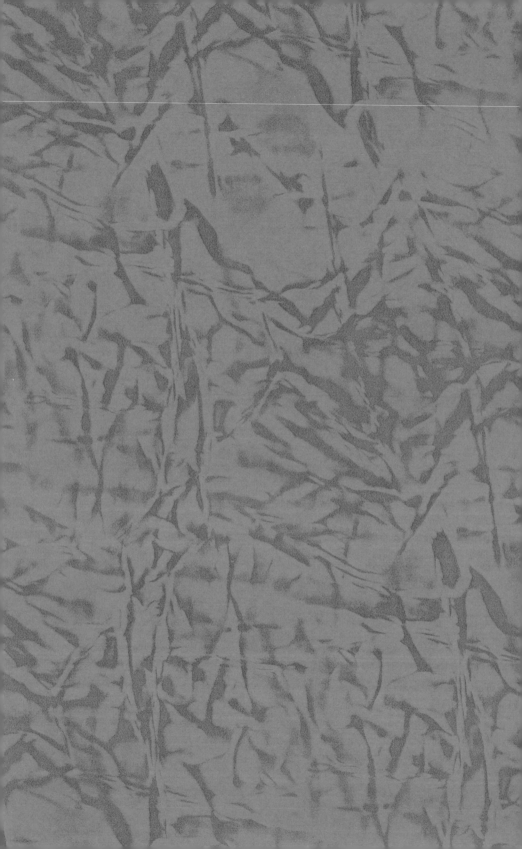

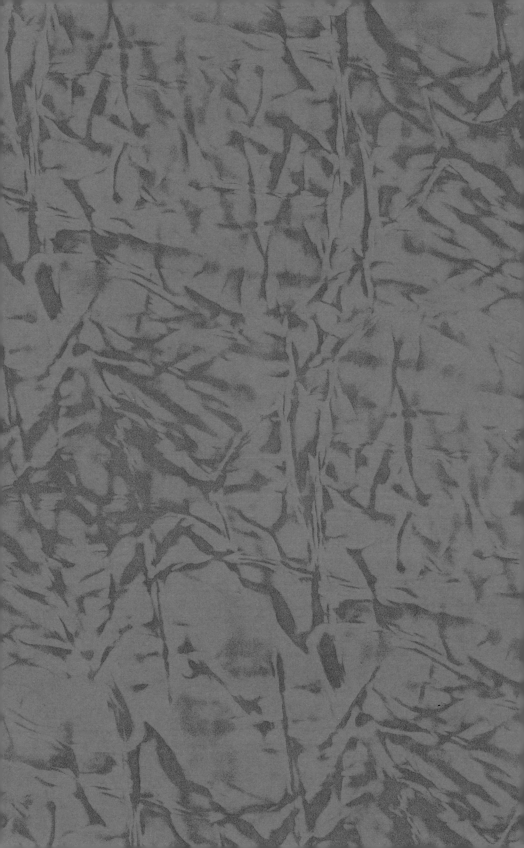

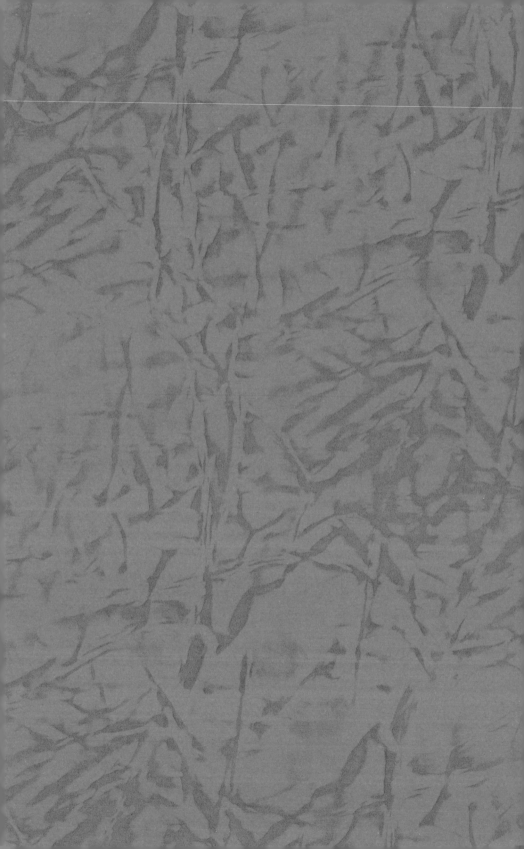